숭실대학교 한국문예연구소 학술총서 29

한국 기독교 소설
작가작품론

차봉준

서문

 필자가 기독교문학에 관심을 갖고 공부를 시작한 지도 벌써 다섯 해가 훌쩍 지났다. 아직 들인 공력이 일천해서 이 분야에 일가를 이룬 분들 앞에 이름 석 자 내밀기 부끄러운 것이 사실이다. 그렇지만 그 사이에 기독교소설을 주제로 박사학위를 취득했고, 몇 편의 논문도 갖게 되었다. 나름대로 일관되게 연구를 지속해 왔다는 점에서 자부심을 갖지만, 한편으로 척박한 기독교문학 연구의 현실 앞에서 막막함을 느낄 때도 한두 번이 아니다.

 이 책에 담은 내용들은 4부로 구성되어 있다. 제1부 〈기독교소설의 전개와 개화기 기독교 소설〉에는 서구적 근대성의 표상으로 기독교가 한국사회에 유입된 과정, 그리고 기독교와 한국문학의 만남 가운데 기독교소설이 어떻게 전개되어 왔는가에 대한 사적 고찰을 담았다. 또한 이 시기 대표적 기독교소설 작가인 안국선과 척병헌의 기독교 수용과성과 작품 속에 형상된 기독교 정신의 특질을 논구해 보았다. 제2부 〈성서 인물의 문학적 해석과 변용〉에는 성서에 전승된 주요 인물, 즉 예수와 가룟 유다와 빌라도를 형상화한 작품들을 중심으로 연구를 전개했다. 즉 김동리는 예수의 출생, 성장과정, 수난과 부활에 이르는 일대기적 요소를 네 편의 소설에서 다루고 있으며, 박상륭은 예수를 배반한 가룟 유다의 심리적 갈등과 죽음을, 그리고 백도기는 예수를 십자가 처형에 넘긴 빌라도에 대한 변론과 책임을 전면에 내세워 소설화했다. 이들은 성서 전승을 주체적으로 해석하면서 주류 신학의 입장에 대해 전면적인 대화를 시도하고 있다는 점에서 논의의 가치를 지닌다. 제3부 〈창세 설화의 문학적 해석과 변용〉도 제2부의 문제 인식과 맥락을 같이한다. 기독교의 창세 설화는 대단히 매혹적인 주제이다. 신과의 약속을 파기한 인간의 범죄, 그로 인한 낙원에서의 추방은 오늘날까지도 인간에게 죄의 굴레를 씌운 중대한 사건임에 틀림없다. 이에 대해 박상륭과 이승우는 일견 비슷하면서도 상반된 시각의 해석을 내리고 있다는 점을 주목하여 논의를 전개했다. 마지막으로 제4부 〈인간적 삶에 대한 기독교적 문제 인식〉에서는 기독교적 세계관과 현실의 부딪힘에 대한 이해를 담고 있는 작품들에 주목했다. 천상적 가치를 추구하는 기독교 정신이 과연 현세적 가치에 더욱 목말라하는 실존적 존재들에게 어떻게 합일될 수 있는가의 문제를 붙잡고 있는 작가가 최인훈과 이문열이다. 과연 기독교는 현실과는 일정 거리를 유지할 수밖에 없는 종교인가? 인간 삶에 개입한 신의 행위에 대한 정당성과 종교와 현실의 양립 가능성에 대한 진지한 모색을 이 두 작가의 소설을 통해 되새길 수 있을 것이다.

이 책에 담은 내용은 필자가 몇 해 동안 학과 전공 교과목(기독교문학)에서 학생들과 함께 고민하고 강의한 내용을 바탕으로 얻어진 결과들임을 밝혀둔다. 학생들에게 좀 더 체계적이고 깊이 있는 내용들로 강의하기 위해 얻은 결과들이 여러 학회를 통해 연구논문들로 발표되었고, 이를 이번 기회에 『한국 기독교소설 작가작품론』으로 묶게 되었다. 때문에 일부 내용들이 학회지 수록

논문들과 중복되는 문제는 피할 수가 없다. 가급적 저서의 성격에 부합하도록 내용을 보완하고 수정하는 절차를 거쳤음에도 불구하고 중복되는 내용에 대한 질타는 겸허히 받아들인다. 다만 강의실에서 만나게 될 미래의 학생들과 기독교소설 연구에 관심을 둔 독자들에게 조금의 편의라도 제공하게 된다면 그만으로도 만족히 여기겠다.

 이 책의 출판을 주저 없이 맡아준 도서출판 지식과 교양의 관계자 여러분들께 감사드린다. 무엇보다 오랜 기다림으로 묵묵히 세월을 인내하고 있는 사랑하는 모든 가족들, 아들 현승이에게 이 한 권의 책을 전하는 것으로 내 마음속 사랑과 감사를 대신한다.

2011년 8월 상도골에서
차봉준

이 책에 실린 글들은 관련 학회에 발표했던 글들을 바탕으로 수정·보완했다. 원문의 발표서지는 아래와 같고, 다만 원문의 제목은 본서에 실린 제목과 일치하지 않음을 밝혀둔다.

* 한국 기독교소설의 전개와 변이(『한국 기독교문학 연구총서』1, 박문사, 2010)
* 개화기 소설과 기독교적 근대성(『한중인문학연구』31, 한중인문학회, 2010.12)
* 개화기 소설과 기독교 변증론(『어문연구』149, 한국어문교육연구회, 2011.03)
* 동양적 세계인식에 기초한 예수의 생애(『어문연구』143, 한국어문교육연구회, 2009.09)
* 실존적 세계인식에 기초한 가룟 유다의 생애(『문학과 종교』12권1호, 한국문학과종교학회, 2007.06)
* 현실적 역사인식에 기초한 빌라도의 생애(『한국문학논총』53, 한국문학회, 2009.12)
* 창세설화의 주체적 해석과 실존적 자각(『현대소설연구』37, 한국현대소설학회, 2008.04)
* 상실한 에덴과 신성을 향한 갈망(『문학과 종교』16권1호, 한국문학과종교학회, 2011.04)
* 불의한 삶에 대한 신정론적 회의(『문학과 종교』14권2호, 한국문학과종교학회, 2009.08)
* 인간의 정의 실현을 위한 신과의 대면(『어문연구』138호, 한국어문교육연구회, 2008.06)

서문

제1부 - 기독교소설의 전개와 개화기 기독교소설   13

1. 한국 기독교 소설의 전개와 특질   15
    1. 문학과 종교의 상관성   15
    2. 기독교의 유입과 한국 소설과의 교섭   17
    3. 기독교 문학 연구의 자취와 또 다른 지향   27
    4. 한국 기독교 소설의 전개와 특질   39
    5. 한국 기독교 소설의 영지주의적 상상력   55

2. 개화기 소설과 기독교적 근대성   68
    - 안국선의 〈금수회의록〉
    1. 안국선의 생애와 문학사적 의의   68
    2. 안국선의 기독교 수용과 근대성의 확장   73
    3. 〈금수회의록〉의 기독교 담론과 근대적 정치성   82

3. 개화기 소설과 기독교 변증론 94
- 최병헌의 〈성산명경〉
  1. 최병헌의 기독교사적 의의와 연구사의 현황 94
  2. 〈성산명경〉의 문학적 양식과 그 특성 97
  3. 만종일련 사상의 지속·심화와 〈성산명경〉의 위치 104
  4. 〈성산명경〉에 나타난 대 유교 논쟁과 만종일련의 표명 109

제2부 - 성서인물의 문학적 해석과 변용 123

4. 동양적 세계인식에 기초한 예수의 생애 125
- 김동리의 '목공 3부작'과 《사반의 십자가》
  1. 동양사상에 기초한 기독교적 세계관의 성립 125
  2. 예수의 탄생 전승에 대한 샤머니즘적 인식 132
     - 〈마리아의 회태〉
  3. 예수의 성장 전승에 대한 동양적 윤리의식 142
     - 〈목공 요셉〉
  4. 예수의 부활 전승에 대한 그노시스적 인식 149
     - 〈부활〉《사반의 십자가》

5. 실존적 세계인식에 기초한 가룟 유다의 생애   162
   - 박상륭의 〈아겔다마〉
     1. 형이상학적 난해성과 통종교적 사유의 극대화   162
     2. 가룟 유다 전승의 연속성과 전도   168
     3. 차이를 통해 본 기독교적 사유와 실존적 지향   175

6. 현실적 역사인식에 기초한 빌라도의 생애   189
   - 백도기의 〈본시오 빌라도의 수기〉
     1. 백도기 소설의 현실 지향성의 근원   189
     2. 빌라도와 관련한 전승들과 텍스트의 서사적 연계성   197
     3. 빌라도에 대한 몇 가지 변명과 옹호   205
     4. 권력과 책임의 상관성에 대한 문학적 시론   213

제3부 - 창세설화의 문학적 해석과 변용   219

7. 창세설화의 주체적 해석과 실존적 자각   221
   - 박상륭의 〈역증가〉
   1. 동양 고전의 형식적 차용과 실존적 자각   221
   2. 실낙원 모티프와 자유의지   224
   3. 에덴 상실과 인간 비극에 대한 근원적 의문   229
   4. 카인과 아벨 모티프와 실존적 자각   233
   5. 창세 모티프의 주체적 해석과 영지주의적 사유   237

8. 상실한 에덴과 신성을 향한 갈망   248
   - 이승우의 〈태초에 유혹이 있었다〉
   1. 신성을 탐하는 에리직톤의 글쓰기   248
   2. 문학 정신의 본령과 창세기의 의미   255
   3. 선악과의 인식론적 의미와 욕망의 본성   261
   4. 잃어버린 신에 대한 관심과 소통   271

제4부 - 인간적 삶에 대한 기독교적 문제 인식   275

9. 불의한 삶에 대한 신정론적 회의   277
- 최인훈의 〈라울전〉
  1. 현실에 대한 본질적 저항과 방법적 자각   277
  2. 신의 공의에 대한 신정론적 입장과 문학적 수용   281
  3. 개인적 삶을 속박하는 불의와 절망적 시대인식   285

10. 인간의 정의 실현을 위한 신과의 대면   293
- 이문열의 〈사람의 아들〉
  1. 이문열과 시대의 불화, 그리고 《사람의 아들》   293
  2. 《사람의 아들》에 구현된 성서 모티프의 수용과 변주   301
  3. 아하스 페르츠의 이교 체험과 영지주의적 사유의 태동   307
  4. 종교와 현실의 양립 가능성과 실존적 자각   317

참고문헌   324

색인   333

한국 기독교소설
작가작품론

제1부
기독교소설의 전개와
개화기 기독교소설

1. 한국 기독교 소설의 전개와 특질
2. 개화기 소설과 기독교적 근대성
3. 개화기 소설과 기독교 변증론

1장. 한국 기독교소설의 전개와 특질

1. 문학과 종교의 상관성

문학의 발생 기원이 종교적 제의祭儀와 밀접한 관련이 있다는 점을 굳이 강조하지 않더라도 예술과 종교의 상호 관계성은 부인할 수 없는 사실로 역사의 면면에 나타나 있다. 멜빈 레이더(Melvin Rader)와 버트람 제섭(Bertram Jessup)은 "여러 세기에 걸쳐서 예술과 종교는 밀접히 얽히어 있어서, 전자를 이해하기 위해서는 후자를 이해하는 것이 필요하게 된다. 인간의 현재 못지않게 인간의 과거를 이해하기 위해서 우리는 이 더 넓은 예술적·종교적 상징주의의 영역에 우리의 정신을 개방해야만 한다. 그들이 비록 서로 다르다 할지라도, 예술과 종교는 인간의 가치에 심오하게 관계한다는 점에서 유사하다"[1]라고 예술과 종교의 긴밀함을 강조하고 있다. 이들은 예술과 종교 양자의 공통 주제를 인간의 탄생으로부터 죽음에 이르기까지 겪게 되는 상실감 혹은 박탈감으로

---

1. Melvin Rader·Bertram Jessup, 김광명 역, 『예술과 인간가치』, 이론과 실천, 1994, 282쪽.

부터의 극복에 대한 관심으로 보고 있다. 즉 실존주의적 표현을 빌리자면 세상으로부터의 '소외'[2]를 인식하고 그것을 극복함에 예술과 종교는 공통된 주제 의식을 지니고 있다는 것을 의미한다. 이렇듯 예술과 종교의 관계성에 주목할 때에 예술의 하위 범주인 문학과 종교의 관계성, 더 깊이 들어가서 문학과 기독교의 관계성에 대한 관심과 주목은 너무나 당연한 귀결임에 틀림없다.

서양의 예술사에서 기독교적 세계관이 짙게 드리운 작품은 그 수를 일일이 헤아릴 수 없을 정도이다. 문학은 물론이고 음악, 미술, 건축, 조각 등 각각의 예술 장르에서 인간과 신의 관계에 주목하여 그것을 하나의 예술로서 형상화한 빼어난 작품들을 손쉽게 발견할 수 있다. 그들은 천지의 창조로부터 인간의 타락과 범죄, 신에 대한 예배와 찬양, 혹은 신의 존재에 대한 실존적인 항변에 이르기까지 다양한 소재와 주제를 기독교적 상상력과 연결해 형상화해 내고 있다. 그러나 동양의 예술사, 특히 한국의 문학사에 이르면 기독교적 세계관이라는 용어 자체가 아직은 친숙하지 않은 것이 사실이다. 그것은 이 사유체계가 우리의 본래적인 것이 아님에서 기인하는 것이며, 이 사유체계를 받아들인 연원이

---

2. 여기서 '소외'란 이 세상에서의 안락함에 반대하는 감정으로, "그것은 뿌리가 없는 느낌이며 격리된 상태, 인간적인 따뜻함과 정감이 있는 접촉이 없는 상태, 세상 전부가 비인간화되고 인간의 자아는 영혼이 없는 자동기계 같은 상태"를 의미한다. 이와 같은 소외가 최대로 악화된 형태는 심오한 죄의식과 절망감이다. 이에 대해 "사르트르(Sartre)는 그것을 '불합리'로, 키에르케고르(Kierkegaard)는 '죽음에 이르는 병'으로, 니이체(Nietzsche)는 지극히 싫어했지만 도망할 수 없었던 '허무주의'로, 사무엘 베케트(Samuel Beckett)의 소설과 연극 속에서는 인물들의 육체적, 도덕적, 지적 붕괴로서 묘사"하였고 "종교적 언어로는 원죄 또는 인간의 타락, 신과의 분리, 영혼의 어두운 밤" 등으로 표현하고 있다. 위의 책, 249~250쪽.

그리 오래되지 못한 것에 따름이다.

그럼에도 불구하고 지난至難했던 한국의 근대사에서 기독교가 차지했던 비중이 가볍지만은 않았다는 점은 부인할 수 없는 사실이다. 비록 예술적 형상화의 양적·질적 수준에서 서구에 비해 현격한 차이를 나타냄은 어쩔 수 없는 것이라 하더라도 한국 근대사의 형성 과정에서 기독교가 미친 영향력을 따진다면 그것은 결코 가볍게 짚고 넘어갈 성질이 아니다. 따라서 자생적인 세계관이 아니었음에도 불구하고 짧은 시간 안에 뿌리내리고 하나의 세계관으로 굳건히 자리매김에 성공한 기독교의 유입 과정을 간략히 고찰하는 것에서부터 본 연구의 논의를 출발하고자 한다. 그리고 지금까지의 기독교 문학 연구가 지나온 발자취를 되짚어보고, 아울러 기독교 소설사의 전개 양상을 시기적으로 분류하고자 한다.

2. 기독교의 유입과 한국 소설과의 교섭

한국에 본격적인 의미의 기독교가 소개된 시점은 18세기부터라고 보는 것이 타당하다. 물론 신라新羅가 당唐을 통하여 경교景敎를 접촉했으리라는 가능성[3]을 통해 기독교와의 만남을 더 멀리까지 끌어올릴 수도 있겠지만 기독교석 세계관의 형성이라는

---

3. 로마 제국에서 이단자로 낙인찍힌 신학자 네스토리우스(Nestorius)의 파문 후 그를 중심으로 결성된 신학교가 동방 선교에 대한 포부를 키우고, 635년 드디어 중국에 전파되었는데 이를 경교(景敎)라 불렀다. 이때 당의 태종(太宗)은 경교에 대해 상당한 관심을 보였던 것으로 전해지고 있는데, 이런 분위기로 볼 때 당시 당과 밀접한 외교적 관계를 맺고 있었던 신라도 이 종교에 대한 관심을 가졌을 것이라는 가능성을 조심스럽게 제기하는 것이다. 민경배, 『한국기독교회사』, 연세대학교 출판부, 1996, 25~29쪽 참조.

측면에서는 별반 의미를 찾을 수 없다. 또한 임진왜란 당시 고니시 유키나가小西行長의 요청에 따라 종군사제從軍司祭로 입국한 그레고리오 세스페데스(Gregorio de Cespedes)라는 포르투갈인 신부가 1594년 12월 28일 경남 곰내熊川로 들어와 약 반년 동안 전도활동을 한 기록[4]이 남아있기도 하지만 그 역시 단순한 사건으로만 그쳤을 뿐 기독교적 세계관의 형성에는 별다른 영향을 주지 못한 것으로 평가된다. 따라서 초기 기독교의 전래는 소현세자昭顯世子로부터 그 연원을 살펴보는 것이 일반적이다.

  소현세자는 병자호란의 패배로 중국에서 8년여 간의 억류 생활을 하다가 귀국했다. 그런데 처음 심양에 볼모로 잡혀있던 소현세자 일행은 청이 명의 서울인 북경을 빼앗은 후 천도遷都함에 따라 북경으로 이주하게 되었고, 그곳에서 독일인 예수회 신부 아담 샬(Adam Schall)과 친교를 맺게 된 후 자연스럽게 기독교에 대한 관심을 보이게 되었다. 이후 소현세자가 환국還國하게 되었을 때 아담 샬이 천주상天主像과 아울러 천문학天文學, 산학算學, 기타 여

---

4. 일본은 마르틴 루터의 종교 개혁으로 수세에 몰린 로마 가톨릭 교회가 해외로의 교세 확장을 위해 자구책으로 결성한 예수회(The Society of Jesus) 소속 선교사 프란시스 사비에르(Francis Xavier, 1506~1552)에 의해 처음으로 기독교를 접하게 되었다. 그 후 일본이 임진왜란을 일으켰을 때 출병한 다수의 병사들이 기독교인이었다는 기록은 일본에서의 기독교 전파가 상당히 많이 진척되어 있었음을 증명한다. 이러한 기독교인 병사들을 위해 전장에 파병된 선교사 세스페데스가 이후 코메즈(Pierre Comez) 교구장에게 보낸 두 통의 편지가 지금도 포르투갈의 아쥬타 고서(古書) 박물관에 보관되어 있는데, 이 내용을 통해 임진왜란 당시 선교사가 조선 땅에 발걸음을 들여놓은 사실을 확인할 수 있다. 그러나 직접적으로 조선인과 접촉한 사실은 발견되지 않고 있으며, 단지 일본으로 끌려온 조선인 노예들에게 조선어로 번역된 각종 교리서들을 가르쳐 복음의 길로 인도한 기록은 전해지고 있다. 위의 책, 34~43쪽 참조. 소재영, 「기독교의 전래와 한국문학」, 『기독교와 한국문학』, 대한기독교서회, 1993, 13쪽 참조.

러 가지 과학 기재는 물론 『성교정도聖敎正道』와 같은 천주교 관련 서적을 세자에게 선물하였다는 기록을 통해볼 때 초기 기독교의 전래는 소현세자로부터 그 연원을 살펴봄이 타당할 것으로 여겨진다. 그러나 불행히도 소현세자는 환국한 지 불과 석 달이 지나지 않아서 세상을 뜨게 되었고 기독교적 세계관의 본격적인 전파는 그 기회를 다음으로 넘겨야했다.

소현세자 이후 조선의 기독교 전래에 큰 영향을 미치게 된 것은 마테오 리치(Matteo Ricci)의 『천주실의天主實義』에 대한 소개를 통해서다. 마테오 리치는 "서구의 정신문화로는 중화사상을 극복하는 것이 쉽지 않다고 보고 민족의 사상과 생활에서 유리될 수 없는 이른바 중국의 예속에 허용된 동양적 기독교 교의서가 필요하다"[5]는 취지에서 『천주실의』를 저술했다. 이 책은 이수광李睟光의 『지봉유설芝峰類說』에서 처음으로 소개되었고, 이후 이익李瀷의 『성호사설星湖僿說』에서 재차 언급[6]되고 있다. 이후로도 안정복安鼎福, 신후담愼後聃, 이헌경李獻慶, 이이명李頤命, 박지원朴趾源, 홍양호洪良浩 등과 같은 당대의 뛰어난 학자들에 의해 천주교가 소개

---

5. 소재영, 위의 글, 15쪽.
6. 이수광은 『지봉유설』에서 천주께서 천지를 지으시고 안양의 도(安養之道)로 모든 만물을 주재한다고 밝힌 후, 다음으로는 사람의 영혼이 불멸한다는 점에서 금수(禽獸)와 크게 다름, 불교의 윤회육도(輪廻六道)가 잘못되었음에 대한 변론, 천당과 지옥에 대한 것과 인성(人性)이 본래적으로 선하다는 점, 하나님의 공경하는 것이 천주의 뜻이라는 점 등을 설명하면서 마테오 리치의 『천주실의』를 소개하고 있다. 그런데 이익은 『성호사설』의 발문(跋文)에서 마테오 리치의 천주(天主)가 유가(儒家)의 상제(上帝)와 같지만 경건이나 신앙의 차원에서는 불씨(佛氏)의 석가(釋迦)와 같다고 해석하고 있으며, 이수광과는 달리 예수(耶蘇)에 대한 내용을 상세히 소개하고 있다는 점에서 차이를 보인다. 민경배, 앞의 책, 49~53쪽 참조. 소재영, 위의 글, 15~16쪽 참조.

되고 있는데 이들은 종교적 신앙의 차원에서라기보다는 서학西學에 대한 지적 탐구의 대상으로 바라보고 있다는 점에서 기독교적 세계관의 형성에 대한 공통된 한계를 지니고 있다.

한편 천주교를 학문적 탐구의 대상에서 접근하였던 당대의 분위기 속에서도 허균許筠, 홍유한洪有漢의 경우는 이를 신앙적인 차원으로 받아들인 모습[7]을 보여주고 있는데, 이는 이승훈李承薰 이후 본격적인 신앙화의 단초를 보여주는 사고의 전환으로 평가된다. 따라서 학문적인 연구 대상으로서의 천주교가 신앙화의 길로 접어들게 되는 단계에서 이승훈과 이벽李蘗의 활동상은 눈여겨보아야 한다. 특히 이승훈은 그동안 중국에서 유입된 빈약한 천주교 서적에 대한 논의만으로 전개되고 있는 상황에서 벗어나기 위해 1783년 동지사 일행을 따라 직접 북경으로 향했다. 그리고 그는 그곳의 예수회 선교사들과 학문을 토론하고 기독교의 교리를 학습한 후에 마침내 스스로 신앙을 고백하고 한국인 최초의 세례

---

7. 허균은 1610년 중국에 다녀오면서 「게(偈)」 12장(여기서 '偈'란 당시 천주교의 주기도문에 해당하는 것임)을 얻어온 후 당대의 유학자들과 논쟁을 벌였다고 전해지는데 이런 모습에서 그가 신앙의 차원에서 기독교를 받아들였음을 유추해볼 수 있다. 허균의 신자설을 뒷받침하는 논거들은 첫째, 이수광의 『지봉유설』에서 "허균이 총명하고 문장에 능하였으며 그의 글 때문에 문도가 된 자들이 하늘의 학설을 외쳤는데, 실은 서쪽 땅의 학이었다"라고 전하는 것, 둘째 안정복의 『순암집(順菴集)』에 "고금을 통하여 하늘의 학을 말하는 사람이 있는데, 그런 중에도 옛적에는 추연이 있었고 우리나라에는 허균이 있었다"라고 기록하고 있는 점에서 허균의 신앙적 면모를 추리해 볼 수 있을 것이다. 또한 이익의 제자였던 홍유한은 기독교와 관련된 여러 서적들을 수집 탐독하면서 그 가르침대로 살려는 실천적 면모를 보여준 것으로 기록되어 있는데, "그는 그리스도교의 축일이 7일마다 있다는 것을 알고, 매달 7일마다 모든 생업을 쉬고 안식하였으며, 묵상 속에서 보냈고, 또 모든 욕망은 사악이라 여겨 백산(白山) 기슭에 숨어 살면서 도를 닦는 생활을 계속하였다"고 전해지고 있다. 민경배, 위의 책, 53~55쪽 참조. 소재영, 위의 글, 16~18쪽 참조.

교인이 되어 돌아왔다. 또한 이익의 증손자인 이벽의 경우도 이승훈과 더불어 주로 중인층을 상대로 전교에 힘썼는데 권일신權日身, 권철신權哲身, 정약용丁若鏞, 정약전丁若銓, 정약종丁若鍾 등이 이벽에 의해 천주교에 입교하게 되었다. 이들은 1785년부터 서울 진고개에 위치한 김범우金範禹의 집을 성당으로 삼고 이벽이 신부의 소임을 대행하며 예배를 드리고 교리를 강습했다. 그러나 몰락한 남인 계통의 실학자들과 중인 계급에 속하는 자들을 중심으로 자생적으로 그 세력을 키워가던 천주교 운동은 그 세력이 점차 커져감에 따라 당대의 기득권 계층으로부터 박해를 불러일으키게 되었고 한국 천주교사에 길이 남을 신해교난辛亥敎難(1791), 신유교난辛酉敎難(1801), 기해교난己亥敎難(1839), 병인교난丙寅敎難(1866), 신미교난辛未敎難(1871)과 같은 순교의 역사를 남기게 되었다.

한편 개신교는 가톨릭의 전승과는 또 다른 방향과 방법으로 한국 사회에 진입하기 시작했다. 대원군의 쇄국정책이 막을 내리게 되고 조선이 서구 열강들에 의해 차례로 문호를 개방함에 따라 개신교의 유입은 자연스럽게 이루어질 수밖에 없었다. 물론 재야 유림을 중심으로 한 척사론자斥邪論者들의 반발이 강했던 것은 당연한 사실이다. 예를 들면 1880년 청의 참찬관參贊官이었던 황준헌黃遵憲이 일본 수신사 김홍집金弘集에게 전해 준『조선책략朝鮮策略』에서 조선의 한미수호가 또 다른 척사론을 야기할 것을 우려하여 예수교와 천주교를 근원은 같지만 주자학朱子學과 육상산陸象山의 파가 다른 것처럼 그 파가 전혀 다름을 주장하며, 또한 예수교는 정교분리의 원칙에 서 있다는 점을 들어 척사론자들의 반발을 완화시키기 위해 노력한 흔적이 보인다. 그러나 황준헌의 발상과 조정의 개화 지향 정책은 곧바로 수많은 저항에 직면하게

되었다.[8]

이후 개신교는 각국의 수호조약 체결 과정에서 국왕의 윤허를 받고 공식적으로 국내에 유입되었다. 1876년 한일수호조약의 체결 과정에서 조선은 조약문의 마무리 과정에서 여섯 개의 항목을 추가해 줄 것을 요구했고, 그 가운데 다섯 번째 항목이 아편과 기독교의 금수禁輸에 관한 조목이었다. 그러나 1883년 통상장정通商章程의 체결 과정에서 아편 문제만 명문화되고 기독교 문제는 조약문에서 빠지게 되었다. 이러한 현상은 1882년 한미 수호조약에서도 나타났다. 역시 조선은 예수교의 금교禁敎를 명문화하려 했으나 우여곡절 끝에 명문화되지 못했다. 이러한 현상은 이후 영국, 독일, 프랑스 등과의 조약 체결 과정에서도 지속적으로 나타나면서 기독교는 한국 사회에 유입되기 시작했다.

조선의 개항과 맞물려 도입된 개신교는 이미 그 이전부터 간헐적으로 전개된 노력의 결과였다. 1832년 네덜란드 선교회 소속의 칼 구츨라프(K.F.A. Gutzlaff)가 동인도회사東印度會社 소속의 선박으로 황해도 연안으로 들어와 짧은 기간 동안 한문성서를 배포하고 서양 문물과 지식을 전수하고 돌아갔다.[9] 1865년에는 스코틀랜드 출신의 로버트 토마스(R.J. Thomas) 선교사가 서해안 지역에

---

8. 황준헌의 주장에 대해 위정척사파(衛正斥邪派)의 저항은 즉각적이었다. 1880년 병조정랑(兵曹正郎) 유원식(劉元植)은 신구교(新舊敎)를 주륙(朱陸)의 차이로 비교한 것에 격분하여 '심한골송(心寒骨竦)'이라 상소했고, 1881년 영남의 유생인 이만손(李晩孫) 등은 '만인소(萬人疏)'를 올려 성현을 모욕함을 반박했다. 또한 황재현(黃載顯), 홍시중(洪時中) 등은 예수교를 아편이라 비난하고 홍재학(洪在鶴)은 김홍집(金弘集)을 거칠게 몰아세우고 심지어는 고종에 대한 망발로 능지처참을 당하기도 했다. 민경배, 위의 책, 121~122쪽 참조.
9. 위의 책, 133~136쪽 참조.

도착하여 두 달 반을 머물면서 성경책을 나누어주고 돌아갔다. 이듬해 제너럴 셔먼호(General Sherman)에 승선해 다시 조선에 들어왔던 토마스는 평양의 대동강에서 마지막 숨을 거두었다.[10] 병인양요의 참상이 벌어진 이후에도 스코틀랜드 성공회 출신의 알렉산더 윌리엄슨(A. Williamson) 같은 이는 직접 조선에 들어오지는 않았지만 1867년 만주에 드나들던 조선인들에게 전도 문서를 배포하고 조선에 관한 여러 자료들을 수집하여 문헌으로 남기기도 했다.[11]

이후 1884년 미국 북장로교 소속의 선교사 알렌(H.N. Allen)이 서울에 들어와 의사와 외교관의 신분으로 활동을 시작했다. 그는 처음에 선교사의 신분을 외부에 밝히지 않았으나 우정국 사건이 발생하면서 당대 조정의 중추 세력이었던 민영익(閔泳翊)의 상처를 치유해 준 일을 계기로 총애를 받게 되고 1885년 광혜원(廣惠院)이라는 병원까지 세우게 되면서 선교의 토대를 마련하게 되었다. 이를 계기로 장로교의 언더우드(H.G. Underwood), 감리교 소속의 아펜젤러(H.G. Appenzeller)와 스크랜튼(W.B. Scranton) 등 다수의 선교사들이 속속 국내에 들어와 선교의 영역을 넓히게 되었다. 이들은 선교의 방편으로 의료활동, 교육활동, 고아원 설립과 같은 사회사업활동, 성서번역을 통한 한글의 보급, 근대문학 형성의

---

10. 위의 책, 136~139쪽 참조.
11. 윌리엄슨은 1870년 「北中國, 滿洲, 東蒙古 旅行記 및 韓國事情」(Journeys in North China, Manchuria, and East Mongolia, with some account of Corea, London, 1870)에 자신이 수집한 한국과 관련된 다양한 정보와 문화를 담고 있다. 위의 책, 140~142쪽 참조. 조신권, 「한국문학과 기독교」, 연세대학교 출판부, 1983, 47쪽 참조.

토대 제공 등 다양한 방면에서 한국 사회의 근대화에 공헌을 하면서 그 세력을 넓혀가게 되었음은 주지의 사실이다.[12]

이상의 논의를 살펴볼 때 비록 본래적이지도 않았고 그 연원이 깊지 않음에도 불구하고 기독교가 한국 사회의 근대화에 다양한 영향을 끼쳤다는 사실은 분명해진다. 애초에 서학이라는 학문의 형태로 수용되기 시작한 천주교를 통해 이 땅에 기독교적 세계관이 소개된 이후로 불과 2백여 년이라는 짧은 기간에 기독교는 그 세력을 상당히 확장시켰고, 어떤 측면에서는 최근의 사상적 주류를 형성하고 있는 것으로 보아도 무리가 없을 듯하다.

이런 맥락에서 기독교의 전래가 한국 문학사의 전개에 있어서도 의미 있는 역할을 담당했다는 점을 인정한다면 한국문학과 기독교의 상관관계에 대한 연구 또한 나름의 의미를 지니게 될 것이다. 따라서 필자는 이처럼 비약적으로 발전을 거듭한 기독교가 한국 문학에 끼친 영향, 그 가운데서도 현대소설과의 영향 관계를 살펴보는 것에 초점을 맞추고자 한다. 그 이유의 하나는 한국의 현대 소설사가 한 세기 이상 전개되고 있는 이즈음에 기독교 문학론의 재정립을 위한 단초가 세워져야 할 것이라는 소박한 기대도 한 부분을 차지하고 있다. 때문에 한국의 현대소설이 과연

---

12. 개신교는 한국 개화기의 시대적 요구에 부응하여 의료, 교육 등의 다양한 방면에서 대중 속으로 파고 들 수 있었다. 이 시기에 많은 병원들이 세워지고 또한 근대화의 초석을 이룰 수 있는 학교가 전국 각지에 세워지게 되었다. 또한 성서의 보급을 위하여 한글로 번역하는 과정에서 한글의 보급화와 문맹 퇴치, 문체의 혁신 등이 나타났고 찬송가의 보급 등으로 근대 문학의 형성을 앞당길 수 있게 되었다. 이에 대한 자세한 내용은 다음의 연구들에서 다루어져 있다. 김병학, 『한국 개화기 문학과 기독교』, 역락, 2004, 23~33쪽 참조. 소재영, 앞의 글, 25~54쪽 참조. 조신권, 위의 책, 47~76쪽 참조.

진정한 의미에서 기독교적 세계관을 구현한 작품을 보유하고 있는가라는 질문은 지금 이 시점에서 다시 한 번 되짚어볼 의미 있는 물음이라 여겨진다.

초기 개신교의 전래가 한국의 문학사에 끼친 영향에 대하여 김병익은 "19세기 후엽에 선도되기 시작한 개신교는 그것이 동반한 서구문화에 대한 한국인의 폭넓은 선망과 영향 아래 한국의 신문학과 근대문학 초창기에 주목할 기여"[13]를 했다고 긍정적인 평가를 내리고 있다. 그런데 이미 한 세기를 넘어가는 영향 관계 속에서도 진정한 의미의 기독교 문학론 정립은 아직 미흡한 것이 사실이며, 아울러 기독교적 세계관의 수준 높은 형상화를 이룬 작품도 그 수가 미미한 점을 부인할 수 없다. 특히 기독교 문학의 성과적 측면에서 소설의 그것이 시詩에 비해 미숙한 발전을 거쳐왔다는 평가에 이르면 기독교 문학론의 정립에서 소설이 차지하는 위상은 더욱 그 입지가 좁아지고 마는데, 그 이유는 양자의 구조적 특성으로 설명할 수 있다.

흔히 말해지는 대로 시는 절대적인 감성을 표현하고 소설은 구체적인 세계관을 제시한다. 환언하면 시가 기독교적인 정서를 드러내야 한다면 소설은 기독교적인 세계관을 보여 주어야 한다. 한국시가

---

13. 김병익은 그 주장의 근거를 성서의 한글 번역과 찬송가의 편찬에서 찾고 있다. 즉 그때까지 서민 혹은 여성의 전유물로만 천대받아 오던 언문(諺文)이 바야흐로 문화어, 문학어로 발전할 가능성은 초창기의 성서 번역자들이 번역 작업에서 한글을 채택함으로 확산되었고, 이후 한글이 신소설과 근대소설의 언어로 자연스럽게 채택됨으로써 기독교는 한국의 현대소설과 중요한 인연을 맺게 된 것으로 보고 있다. 김병익, 「한국 소설과 한국 기독교」, 『상황과 상상력』, 문학과 지성사, 1979, 31쪽.

기독교적인 문학을 상당수 창조한 반면 한국 소설이 그렇지 못했다면 그것은 기독교를 감성 혹은 정서로 받아들였지만 세계관과 가치관으로 재구성하는 데에는 미흡했다는 것을 시사할지도 모른다.[14]

　김병익은 '절대적인 감성'을 표현하는 시에 비해서 '구체적인 세계관', 즉 '기독교적 세계관'을 표현해야 하는 소설이라는 장르의 구조적 특성 때문에 소설이 기독교 문학의 성과적인 면에서 다소 뒤처지고 있다고 분석하고 있다. 이러한 평가에 대해서 필자는 물론 대전제로는 충분히 공감을 표하면서도 한편으로는 재평가가 이루어질 때가 되었음을 지적하고자 한다. 한국의 현대시는 정지용, 윤동주, 박두진, 김현승 등의 뛰어난 시인들의 작품들 속에서 기독교적 정신이 매우 세련되게 형상화되었고, 작가의 기독교적 세계관이 깊이 있게 내재화되어 있음으로 초기부터 기독교 문학으로서의 위상을 굳건히 하고 있음에 동의한다. 반면 초기의 현대소설에서는 시에서와 같이 기독교적 정신이 심도 있게 다루어진 작품으로 내세울 만한 것이 없음도 피할 수 없는 현실이다. 이는 곧 인용문에서도 주지되었듯이 한국의 현대소설이 기독교의 정신을 그만의 세계관이나 가치관으로 재구성함에 실패한 데서 기인한다. 그러나 지금에도 이러한 평가가 유의미한 것인가에 대해서는 조심스럽게나마 반대의 의사를 표하고 싶다. 이제 한국의 현대소설에서도 그 세계관 혹은 가치관의 형상에 있어서 충분히 내세울만한 작품들을 다수 손꼽을 수 있으며, 기독교적 세계관에 대한 깊이 있는 사색을 보여주는 작가들을 다수 보

---

14. 위의 글, 33쪽.

유하게 되었기 때문이다. 예를 들어 이광수를 필두로 김동인, 전영택, 염상섭, 심훈 등의 작품에서 소박하지만 기독교적 세계관의 일단을 엿볼 수 있었다면, 이후 김동리, 황순원으로, 그리고 이청준, 이문열, 박상륭, 백도기, 조성기, 이승우, 정찬 등으로 이어지는 작가들의 작품 속에서 보다 심화된 기독교 문학의 특성을 발견할 수 있기 때문이다.

3. 기독교 문학 연구의 자취와 또 다른 지향

지금까지 한국문학과 기독교에 대한 연구는 몇몇 비평가와 학자들을 중심으로 지속적으로 이루어지고 있다. 그러나 문학연구 방법론으로서의 여타의 분야에 비하자면 그 양과 질 모두에 있어서 집중적인 조명을 받지는 못한 분야이다. 더구나 기독교 문학론의 관점에서 현대소설을 조명한 연구는 많은 부분에서 부족한 면모를 보인다. 기존에 이루어진 기독교 문학에 대한 연구 성과를 일별해보면 문학사의 관점에서 기독교문학 일반론에 대해 진행된 연구들, 그리고 작가·작품론적 관점에서 개별 작가와 작품의 성격을 규명하는 연구로 나누어 살펴볼 수 있다.

먼저 현대 문학사의 기대 담론 가운데 한 부분으로서 기독교 문학의 일반론에 대한 연구 성과는 다음의 두 항목으로 세분화되어 있다. 첫 번째는 초창기 기독교의 전래 과정에서 우리 문학이 기독교적 세계관을 수용함으로써 기독교 문학이 형성되어가는 과정에 대한 연구들이다.

백홍철, 「신문학에 끼친 기독교의 영향」, 『중앙대논문집』, 1963.

김송현,「개화기 문학에 끼친 기독교의 영향」,『기독교사상』96호, 1966.3.
김영덕,「한국 근대적 문학배경과 기독교」,『이화여대 80주년 기념 논문집』, 1966.
명계웅,「기독교 문학의 형성과정」,『기독교사상』146호, 1970.7.
명계웅,「한국기독교문학의 모색」,『현대문학』185호, 1970.
이상섭,「신문학 초창기와 기독교」,『한국문학』, 1976.
황헌식,「기독교의 영향과 문학적 수용」,『기독교사상』218호, 1976.8.
조신권,「한국 신문학에 미친 기독교의 영향」,『현상과 인식』1권3호, 1977.
김영수,『기독교와 문학』, 한국기독교문학연구소, 1978.
김병익,「한국소설과 한국기독교」,『상황과 상상력』, 문학과 지성사, 1979.
홍일식,「개화기문학의 사상적 연구」, 고려대학교 박사학위논문, 1980.
서광선,『종교와 문학』, 이화여자대학교 출판부, 1981.
김경수,「한국 개화기문학과 기독교」,『기독교사상』289호, 1982.7.
이인복,『한국문학과 기독교사상』, 우신사, 1987.
이민자,「개화기 문학과 기독교사상 연구」, 중앙대학교 박사학위논문, 1988.
최규창,「한국 기독교문학의 형성과 구체화」,『기독교사상』350호, 1988.2.
황양수,「한국기독교문학의 형성연구」, 중앙대학교 박사학위논문, 1988.
정한모,「기독교 전교시대와 한국문학」,『기독교와 문학』, 종로서적, 1992.
소재영,「기독교의 전래와 한국문학」,『기독교와 한국문학』, 대한 기독교서회, 1993.
최종수, 『문학과 종교의 대화』, 성광문화사, 1997.

위의 연구들은 주로 교회사적인 측면에 입각하여 초기 기독교가 한국 사회에 끼친 다양한 영향들 가운데서 특히 문학적 영향에 주목하여 전개되고 있다. 정한모는 「기독교 전교傳教시대와 한국문학」에서 천주교와 기독교의 전교과정을 비교적 상세하게 다루고 있는데, 천주교의 경우 "17세기 초 진보적 사대부층의 지적 탐구의 대상으로 출발한 천주교에 대한 관심은 18세기 말에는 봉건질서에 민감하게 저항하기 시작한 소장 실학파와 중인계층의 결합으로 본격적인 신앙운동으로 전환되었으며 19세기를 점철한 교난을 통해 신분질서의 밑바닥으로 광범위하고 치열하게 전파됨으로써, 봉건질서와 첨예하게 갈등하여 이 땅의 근대적 의식을 열어 놓은 선구적 역할을 담당"[15]했다고 분석하고, 아울러 "기독교는 봉건사회의 결정적 해체기인 개화기에 수용되어 당대 국민들의 팽배한 욕구에 순응하여 교육사업을 통해 선교를 진행시킴으로써, 천주교가 수행한 반봉건 운동을 문화적 방면에서 추구"[16] 했다고 평가하고 있다. 이 글은 교회사적인 입장에서 천주교와 기독교의 전교 과정이 우리 사회의 근대화에 끼친 영향을 정밀하게 분석하고 있다는 점에서 의의를 찾을 수 있지만, 그것이 한국문학에 끼친 영향을 논증함에 있어서 육당六堂 최남선의 시 한편만을 대상으로 삼았다는 데서 한계를 지니고 있다.

---

15. 정한모, 「기독교 전교시대와 한국문학」, 『기독교와 문학』, 종로서적, 1992, 128쪽.
16. 위의 글, 130쪽.

소재영은 「기독교의 전래와 한국문학」에서 기독교 문학의 형성 과정에 대한 좀 더 정치精緻한 분석을 보여주고 있다. 그는 기독교가 수용되는 과정의 검토와 아울러 기독교의 수난 과정, 기독교에 대한 당대의 비판적 견해와 옹호자들의 입장 등을 다양한 문헌자료를 토대로 소개하고 있으며, 아울러 성서의 번역 및 찬송가의 편찬이 우리 어문학의 발달에 공헌한 점에 대해서도 나름의 의미를 부여하고 있다. 또한 고전소설 〈홍길동전〉과 〈춘향전〉을 기독교적 관점에서 분석하는 시도를 하고 있는데, 전자의 경우는 작가 허균이 기독교를 학문적으로 연구하였을 뿐만 아니라 직접 신봉하기까지 했다는 전기적 측면에 미루어볼 때 그 가능성이 있다는 전제하에서 작품의 몇몇 요소를 성서와의 관계에서 해석하고 있다. 그리고 후자의 경우는 〈춘향전〉의 형성과 기독교의 수난연대가 대체로 일치한다는 전제 아래 "〈만화본〉-〈춘랑사〉-〈옥중화〉-〈광한루기〉 등으로 이어지는 관계양상을 연결시켜 보면 적어도 춘향설화·춘향가가 재창작 과정에서 기독교적 사건들과 연결되거나 관련지어졌을 가능성"[17]이 있다는 결론을 내리고 있다. 또한 최남선, 이광수, 안국선, 이상협, 이상춘, 최병헌, 배위량 부인 등의 작품들을 소개하면서 개화기 문학의 기독교 수용에 대한 단편적인 이해도 곁들이고 있다. 이 글은 지금까지 발굴된 기독교 관련 자료를 바탕으로 초기 기독교의 유입 과정을 객관적으로 검토하고 있다는 점에서 큰 의의를 지닌다. 하지만 고전소설에 대한 기독교적 접근이 가설적 추론에 머물렀다는 필자 스스로의 한계 인식은 앞으로의 과제로 남을 수밖에 없다.

---

17. 소재영, 앞의 글, 48쪽.

기독교 문학 연구의 두 번째 경향은 기독교 문학의 개념 정립을 위해 다양한 관점에서의 접근이 이루어진 연구 성과들이다.

> 전영택, 「기독교문학론」, 『기독교사상』 창간호, 1957.8.
> 임영빈, 「한국기독교문학이란」, 『기독교사상』 21호, 1959.5.
> 명계웅, 「한국기독교문학의 모색」, 『현대문학』 16권6호, 1970.
> 조남기, 「기독교문학론」, 『기독교사상』 243호, 1978.9.
> 조신권, 「기독교문학의 본질·구조·기능」, 『현대사조』, 1978.6-8.
> 황헌식, 「한국기독교문학의 모색」, 『기독교사상』, 1982.1.
> 김희보, 「기독교 문학은 무엇인가」, 『현대문학과 기독교』, 문학과 지성사, 1984.
> 김희보, 「기독교 문학 서설」, 『기독교와 문학』, 종로서적, 1992.
> 이상설, 『한국 기독교 소설사』, 양문각, 1999.

기독교 문학의 개념 정립에 대한 연구는 필자들의 관점에 따른 다양한 해석이 나타나고 있다. 이를테면 전영택은 「기독교 문학론」에서 넓은 의미에서의 기독교 문학을 "그 시대 그 사회의 민중이 그 생활에 있어서 고대 유태인이나 또 근대 서구 제국 같이 종교의 영향을 많이 받고 교회 신앙의 지배를 많이 받기 때문에 종교생활을 빼놓으면 그 생활을 이해할 수 없는 경우에는 웬만한 문학도 종교성을 다분히 띠고 있고 일반문학과 종교문학을 구별하기가 곤란"[18]한 고대 히브리 문학(구약성서와 그 밖의 외전들)이나 근대 불란서 문학과 같은 유형으로 규정하고 있다. 또한 "그 창작 활동에 있어서 신앙이 뿌리 깊이 움직이고 있으며 전폭적으로 그

---

18. 전영택, 「기독교문학론」, 『기독교사상』 창간호, 1957.8, 67~68쪽.

지배를 받고 있는 것이 참종교문학"[19]이라는 좁은 의미의 개념 규정을 적용할 경우는 단테, 밀톤, 파스칼로부터 근대에 와서는 키에르케고르, 도스토예프스키, 그리고 현대 작가로는 체스터톤, 부르제, 클로델, 모리악 등의 작품이 이에 해당한다고 설명하고 있다.

황헌식은 「한국 기독교 문학의 모색」에서 기독교 문학도 문학이어야지 신학이나 교리문답이어서는 안 된다는 전제 아래서 "기독교 문학 작품은 기독교 교리의 전부를 수용하려고 애쓸 필요가 없다. 문학에서의 삶이 구체적이고 상황적이기 때문에 우리에게 확실한 감동으로 부딪쳐오며, 그러한 감동이 종교의 핵심적 진리에 비약적으로 접근하게 한다"[20]라고 기독교 문학의 방향을 제시하고 있는데 바로 여기에 기독교 문학의 개념이 내포되어 있다. 아울러 그는 기독교 문학이라는 용어에 대한 가능한 해석을 '기독교인의 문학', '기독교의 문학', '기독교를 위한 문학', '문학 속의 기독교', '기독교적인 문학' 등의 다섯 가지로 분류하여 설명[21]하고 있는데, 그 중에서 마지막의 '기독교적인 문학'이라는 관점의 해석은 본 연구에서 규정하고자 하는 기독교 문학의 개념과 상당한 일치를 보여준다. 여기서 '기독교적'[22]이라는 의미는 그 작가가 누구냐, 즉 작가가 기독교인이냐 아니냐를 관계하는 것이 아니라 작품이 기독교적 요소를 지녔는가에 대한 맥락에서 '기독교'보다는 '문학'에 비중을 둔 개념 규정이다. 말하자면 "기독교인 정

---

19. 위의 글, 68쪽.
20. 황헌식, 「한국기독교문학의 모색」, 『기독교사상』, 1982.1, 107~107쪽.

신이 훌륭하게 나타나 있는 문학을 지칭"[23]하는 것인데, 이 경우 "작가는 '무관심성' 속에 있고 오히려 작품이 말하는 그런 것이 기독교 문학으로서 바람직"[24]하다는 관점이다.

김병익은 T.S. 엘리엇의 「종교와 문학」[25]에서의 논의를 인용하면서 엘리엇이 언급한 제3의 카테고리인 "종교의 대의를 전파하는 데 성심껏 노력코자 원하는 사람들의 작품"[26]으로 종교 문학의 범주를 규정하고자 했다. 그리고 여기에 "계획적이거나 도전적이라기보다 차라리 무의식적으로 기독교적인 문학"[27]이야말로 진정한 의미의 종교 문학임을 주장했다. 아마도 계획적이거나 도전

---

21. 우선 '기독교인의 문학'이라는 해석은 크리스천 작가가 쓴 기독교적 내용의 작품을 의미하는 것이다. 그런데 이 경우 작가가 크리스천이라는 이유 때문에 작품에 대한 지나친 기독교적 해석을 가하는 오류와 함께 반대로 기독교적 요소를 지녔음에도 불구하고 크리스천 작가가 아니라는 이유로 작품이 간과되는 문제를 안고 있다. 다음으로 '기독교의 문학'이라는 것은 엄밀한 의미에서 성서문학을 의미할 수밖에 없는 것으로서 창조성을 문학의 기본 정신으로 볼 때 지극히 제한된 의미를 갖는 한계에 봉착한다. '기독교를 위한 문학'이라는 정의는 문학이 어떤 것에 봉사한다는 의미에서 문학성이 크게 손상당하는 문제를 안고 있는데, 이는 T·S 엘리엇이 말한 〈2류시〉로 전락할 위험성을 내포하고 있는 개념이다. '문학 속의 기독교'라는 해석은 어떤 장르적 성격을 제시하는 것이 아니라 문학 일반과 장르적 外延을 같이한다는 점에서 기독교 문학의 특수한 정의로 삼을 수는 있다. 끝으로 '기독교적인 문학'은 처음의 '기독교인의 문학'과는 달리 작가가 누구냐와는 상관없이 작품의 기독교적 요소에 따라 개념을 규정하는 해석인데 논자는 이러한 해석의 틀이 오늘날의 기독교 문학에 대한 정의에 적용되는 것이 바람직하다고 여겨진다. 위의 글, 105~106쪽 참조.
22. 쿠르트 호호프(Curt Hohoff)는 문학에서의 '기독교적'이라는 의미를 "문학에서 기독교적이라고 하는 것은 소재적(stofflicher)이거나 주제적(motivischer)인 상태이지, 어떤 형식적인 원칙이 있는 것이 아니다"라고 정의하고 있다. 쿠르트 호호프, 한숭홍 역, 『기독교 문학이란 무엇인가?』, 두란노, 1992, 13쪽.
23. 황헌식, 앞의 글, 106쪽.
24. 위의 글, 106쪽.
25. 최종수 역, 『문예비평론』, 박영사, 1974, 98~103쪽.
26. 김병익, 앞의 글, 30쪽.

적인 문학은 바로 종교 문학의 질적인 면을 급격히 저하시킬 수 있는 호교주의護敎主義로 빠질 위험성을 내포하고 있음을 경계하고 있기 때문일 것이다. 논자도 종교 문학의 범주를 규정함에 있어서 김병익의 관점에 동의한다. 그 아무리 종교문학이라는 독특한 울타리에 들어와 있다 하더라도 문학은 분명 작가의 상상력의 산물임을 망각해서는 안 되기 때문이다. 만약 작가의 신앙적 감동이 문학적 형상화 과정을 거치지 않은 채, 신의 교리와 복음을 전파함에 매몰된다면 그것은 차라리 문학이 아니라 신앙 간증으로 보는 것이 마땅하다. 다시 말하거니와 진정한 의미의 종교 문학은 작가의 신앙적 체험 혹은 감동이 문학적 형상화라는 과정을 반드시 통과하고, 그것이 보다 수준 높은 질적 상승을 획득했다고 평가될 수 있는 작가의 상상력이 돋보여야 한다는 점을 간과하지 말아야 한다.

여기서 다만 한 가지 더 짚고 넘어가야 할 문제가 발생한다. 필자가 작금의 현대소설에서 기독교적 세계관이 심도 있게 다루어진 많은 작품이 있다는 사실과, 그러한 깊이 있는 사색을 보여주

---

27. 김병익은 T·S·엘리어트의 종교 문학을 세 가지 카테고리로 분류했다. 첫째는 광의의 입장에서 문자로 기록된 기독교 문헌으로서 문학적 의미에서 평가되는 흠정역(欽定譯) 성서를 지칭한다. 다음으로는 '시의 모든 주제를 종교적 정신으로 다루는 것이 아니라 제한된 부분만을 취급하는' 작품으로서의 신앙시를 의미한다. 그러나 엘리어트는 첫 번째 범주가 문학 자체와는 관련이 없는 비문학적 작품이라는 점에서, 두 번째 범주는 '인간의 중요한 정열이라고 생각되는 것을 도외시하고 그것으로 인하여 그 정열에 대한 자기의 무지를 폭로하는' 일종의 이류시(二流詩)라는 점에서 각각 진정한 종교 문학으로 볼 수 없음을 지적한다. 따라서 엘리어트는 제3의 카테고리로 '종교의 대의를 전파하는 데 성심껏 노력코자 원하는 사람들의 문학 작품'을 진정한 의미의 종교 문학으로 규정하고 있다. 위의 글, 30쪽 참조.

는 작가군이 넓어졌음을 주장함에 있어서 기존의 기독교 문학의 범주에 대한 이해가 달라져야 한다는 것이다. 즉 기독교 문학의 범주를 확정함에 있어서 또 하나 유의해야 할 점은 기독교 문학이 되기 위한 조건과 그 성격의 문제이다. 이 역시 위에서 언급한 바와 같이 '계획적이거나 도전적이라기보다 차라리 무의식적으로 기독교적인 문학'이 전제되어야 함은 주지의 사실이다. 그런데 '종교의 대의를 전파하는데 성심껏 노력코자 원하는 사람들의 작품'이라는 한정에 대해서는 곰곰이 되새겨 보아야 할 것이다. 엘리엇의 이 견해는 김희보의 논의에서도 그대로 유지되고 있는데, 즉 "'기독교 문예'의 작가는 우선 크리스천이어야 한다"[28]라고 전제하면서 기독교 문학의 성격을 논의한다. 그런데 종교적 대의를 전파함에 성심껏 노력하고자 원하는 크리스천의 작품으로만 기독교 문학의 범주를 국한하는 것이 온당한 것인지에 대해서는 이견이 있을 수 있다. 우선 크리스천이 아님에도 불구하고 기독교 문학을 창작할 수 있는 가능성은 열려있음을 부인할 수 없을 것이다. 이 점에 대해서는 김희보 스스로도 그의 글에서 "'기독교 문예'는 어디까지나 '문예'이지 신학이 아니다. 보편적으로 알려진 대로 문예는 인간을 묘사하는 예술"[29]이라고 천명하고 있다. 심지어는 크리스천이 아님에도 신학사일 수 있다. 그런데 신학도 아닌 예술로서의 문학을 창작함에 있어서 굳이 크리스천 작가의 작품이라야만 기독교 문학일 수 있다는 한정은 지나친 억측이자

---

28. 김희보, 「기독교 문학 서설」, 김우규 편저, 『기독교와 문학』, 종로서적, 1992, 8~10쪽.
29. 위의 글, 9쪽.

좁은 범주화로 여겨질 수밖에 없다.

아울러 기독교 문학의 성격을 규정함에 있어서 '종교적 대의를 전파함에 성심껏 노력'하는 작품이라는 것에 대해서도 새로운 시각의 이해가 필요하다. 앞에서도 지적했듯이 진정한 의미의 기독교 문학은 호교적인 성격에서 벗어남이 옳다. 때로는 기독교가 가지고 있는 문제점, 혹은 그 사상적 모순까지도 적나라하게 파헤치고 비판을 가함으로써 진리에 한걸음 더 나아감이 진정한 의미의 기독교 문학이 지향할 바이다. 그리고 이러한 열린 시각으로 작품의 범주를 넓혀나가는 것이 장차 기독교 문학이 당당히 문학의 한 범주로서 그 자리매김을 보다 굳건히 할 수 있는 방편이 될 것이다.

따라서 기독교 문학에 대한 개념은 지금까지의 논의를 토대로 다음과 같이 정의할 수 있다. 우선 작가가 기독교인이냐 아니냐를 관계하는 것이 아니라 작품이 기독교적 요소를 지녔는가에 대한 맥락에서 '기독교'보다는 '문학'에 비중을 두어야 한다. 그래야만 크리스천 작가의 작품만을 제한적으로 바라보는 협소한 관점, 즉 '기독교인의 문학'이라는 한계성을 극복할 수 있기 때문이다. 다음으로는 계획적이거나 도전적이라기보다 차라리 무의식적으로 기독교적인 문학에서 기독교 문학의 본질을 찾아야 한다. 그렇지 않다면 자칫 기독교 문학은 '기독교를 위한 문학'으로 전락할 위험성을 내포하고 있기 때문이다. 이 경우 기독교 문학은 문학에 비중을 둔 것이 아니라 역으로 기독교에 봉사하는 종속적 관계로 빠져들어 경계의 대상인 호교주의에 빠져들 수 있다.

지금까지는 기독교 문학에 대한 일반론적인 연구 성과에 기독교 문학의 개념과 범주에 대한 연구 결과들을 종합적으로 검토하면서 필자 나름의 기독교 문학에 대한 새로운 개념을 정리해 보앗다. 한편 기독교 문학론의 전개 과정에서 또 하나의 연구 경향은 일반론적인 접근을 벗어나서 구체적 작품을 대상으로 기독교 문학의 지평을 열어간 연구 성과들이다. 즉 개화기와 신문학 초창기의 작품들에 대한 기독교 문학적 논의[30], 현대소설을 기독교적 관점에서 논의한 글[31], 그리고 개별 작가·작품론에 해당하는 글[32] 등으로 분류 가능하다.

개화기와 신문학 초창기의 소설에 대한 기독교적 관점의 연구는 대체적으로 백악춘사白岳春史의 〈다정다한〉을 시작으로 〈월하의 고백〉, 이승교의 〈쟁도불공설〉, 반아般阿의 〈몽조〉, 최병헌의

---

30. 김송현, 「개화기 문학에 끼친 기독교의 영향」, 『기독교사상』 96호, 1966.
　　백　철, 「신문학에 끼친 기독교의 영향」, 『중앙대논문집』, 1963.
　　이상섭, 「신문학 초창기와 기독교」, 『한국문학』, 1976.
　　황헌식, 「기독교의 영향과 문학적 수용」, 『기독교사상』, 1976.8.
　　홍일식, 「개화기문학의 사상적 연구」, 고려대학교 박사학위논문, 1980.
　　김경수, 「한국 개화기문학과 기독교」, 『기독교사상』 289호, 1982.
　　이인복, 『한국문학과 기독교사상』, 우신사, 1987.
　　이민자, 「개화기 문학과 기독교사상 연구」, 중앙대학교 박사학위논문, 1988.
　　정한모, 「기독교 전교시대와 한국문학」, 『기독교와 문학』, 종로서적, 1992.
　　김병학, 『한국 개화기 문학과 기독교』, 역락, 2004.
31. 백　철, 「현대소설에 끼친 기독교의 영향」, 『중앙대논문집』 4집, 1959.
　　김병익, 「한국소설과 한국기독교」, 『상황과 상상력』, 문학과 지성사, 1979.
　　이동하, 「한국현대소설과 구원의 문제」, 『현대문학』, 1983.5
　　신익호, 『기독교와 한국현대소설』, 한남대 출판부, 1990.
　　강요열, 「한국 현대 기독교소설 연구」, 고려대학교 박사학위논문, 1991.
　　한승옥, 「기독교와 소설문학」, 『기독교와 한국문학』, 대한기독교서회, 1993.
　　김봉군, 「한국소설의 기독교 의식 연구」, 단국대학교 박사학위논문, 1995.
　　임영천, 『한국현대문학과 기독교』, 태학사, 1995.
　　이보영, 「기독교 문학의 가능성」, 『한국소설의 가능성』, 청예원, 1998.
32. 이 분야에 해당하는 현대소설의 작가들은 주로 이광수, 김동인, 전영택, 김동리, 황순원, 백도기 등에 집중되어 있다. 본고에서는 김동리, 박상륭, 이문열 등을 대상으로 하고 있으므로 이들에 대한 연구 성과를 다루는 것으로 한정하고자 한다.

〈성산명경〉, 이해조의 〈고목화〉, 안국선의 〈금수회의록〉, 김필수의 〈경세종〉, 이상협의 〈재봉춘〉과 〈눈물〉, 이상춘의 〈박연폭포〉, 작자미상의 〈부벽루〉 등을 대상으로 전개되고 있다. 이들 소설은 영혼 구원, 박애정신, 회개정신, 가정 구원, 평등사상, 현실비판과 풍자 등의 주제의식으로 개화기의 기독교적 세계관을 형상화하고 있다는 것이 공통적인 결론들이다.

또한 현대소설을 기독교적 관점에서 논의한 다수의 글들과 개별 작가 및 작품들에 대한 분석적인 논저들은 향후 기독교문학 연구의 중심을 이루는 의미 있는 성과들이다. 여기에 대상이 되고 있는 일련의 작품들은 이광수의 〈무정〉을 시작으로 김동인의 〈이 잔을〉과 〈명문〉, 전영택의 〈화수분〉, 염상섭의 〈삼대〉, 심훈의 〈상록수〉, 김동리의 〈무녀도〉, 〈마리아의 회태〉, 〈목공 요셉〉, 〈부활〉, 〈사반의 십자가〉, 백도기의 〈청동의 뱀〉, 〈가룟유다에 대한 증언〉, 〈등잔〉, 〈본시오 빌라도의 수기〉, 이청준의 〈낮은 데로 임하소서〉, 황순원의 〈움직이는 성〉 이문열의 〈사람의 아들〉, 조성기의 〈라하트 하헤렙〉, 〈야훼의 밤〉, 이승우의 〈에리직톤의 초상〉 등을 꼽을 수 있다. 그런데 기독교 문학을 작가론적·작품론적 측면에서 고찰한 다수의 연구들은 일부 작가의 특정 작품에 편중되어 있는 양상을 드러내고 있으며, 또한 그 연구의 경향이 대상 텍스트에 대한 정밀한 분석을 전제로 하기보다는 너무 포괄적으로만 이루어져 왔다는 문제점을 안고 있다. 즉 텍스트에 대한 정치한 분석을 바탕으로 작가의 사유 체계를 보다 세밀하게 접근한 시도가 별로 눈에 뜨지 않는다는 연구사적 한계가 노출되고 있다. 이는 앞으로 연구자들의 역량이 더욱 모아져야 할 과제로 남아 있다.

4. 한국 기독교소설의 전개와 특질

한국의 기독교는 극심한 박해와 우여곡절의 사회 변혁 속에서도 그 명맥을 유지하여 현대 한국 종교의 대표로 자리매김하기에 이르렀고, 아울러 기독교 사상이 한국의 사회·문화 현상에 파급하는 영향이란 실로 그 깊이를 헤아리기 어려울 정도임에 틀림이 없다. 이와 같은 기독교 사상의 영향력은 한국 현대소설의 형성과 전개 과정에도 뚜렷한 현상으로 나타나고 있다. 따라서 한국 현대소설에서 기독교적 세계관을 형상화한 작품들의 전개 양상을 간략하게나마 정리해 봄으로써 기독교 소설의 형성 및 변천 과정에 대한 이해를 돕고자 한다.

한국의 기독교 소설은 크게 세 시기로 구분할 수 있다. 첫 번째 단계는 개화기로부터 근대 신문학 형성기 이전까지의 작품들로서 주로 개화의식과 기독교 정신에 바탕을 둔 계몽 의식을 표방하고 있는 작품들로 분류할 수 있을 것이다. 두 번째 단계는 신문학 형성기로부터 해방 전후에 해당하는 작품들로서 식민지 시대를 배경으로 기독교 정신에 바탕을 둔 독립의식의 표방과 한국 기독교의 문제의식에 대한 비판적 인식이 드러나는 작품들이 여기에 해당한다. 마지막 세 번째 단계는 6·25이후로부터 오늘에 이르는 다수의 작품들로 전쟁이 가져다 준 부조리한 현실 속에서 인간 존재에 대한 실존적 천착과 아울러 한국 현대사의 격동 속에서 진정한 기독교의 지향에 대한 진지한 성찰, 그리고 성서 모티프를 영지주의적 관점에서 해석하여 주류 기독교의 세계관에 대한 정면 도전이라는 신신학적新神學的 해석 등 사유의 다변화가 이루어지고 있는 작품들이 이 시기에 해당한다.

먼저 첫 번째 시기로는 백악춘사의 〈다정다한〉(1906)을 시작으로 〈월하의 고백〉(1907), 이승교의 〈쟁도불공설〉(1907), 반아般阿의 〈몽조〉(1907), 최병헌의 〈성산명경〉(1907), 이해조의 〈고목화〉(1907), 안국선의 〈금수회의록〉(1908), 김필수의 〈경세종〉(1908), 이상협의 〈재봉춘〉(1912)과 〈눈물〉(1913), 이상춘의 〈박연폭포〉(1913), 작자미상의 〈부벽루〉(1913) 등을 꼽을 수 있다.[33]

필명 백악춘사의 〈다정다한〉은 『태극학보』에 실린 소설로서 전체가 7장으로 분절된 사실소설寫實小說[34]에 해당한다. 주인공 삼성선생은 신문학을 익힌 지식인으로 경무국장의 자리까지 오르는 고위직 관리이다. 그러나 독립협회 주관의 만민공동회를 탄압하라는 상부의 지시를 어김으로 지방으로 좌천당하고 그곳에서도 민간인을 옹호하고 신당을 철폐하여 미신을 타파하는 등의 활

---

33. 본격적인 기독교 소설이 성립되기 이전 단계에 천주교 신도들에 의해 간행된 몇몇 수상록과 전기문학 등을 확인할 수 있다. 신유박해(1801)를 겪은 어느 교인에 의해 씌진 것으로 추측되는 〈주책〉은 인간의 내면적 세계를 깊이 성찰하면서 아울러 결사적 신앙고백과 참회의 눈물을 담고 있다는 점에서 평가를 받고 있다. 또한 기해교난(1839) 때 순교한 79인의 전기를 간략히 기술한 현석문(玄錫文)의 〈기해일기〉는 순교사기(殉敎史記)에 가깝지만 그러면서도 단순한 사기나 일기라기보다는 순교자들의 신앙생활과 순교 사실을 정확히 기록한 전기문학(傳記文學)으로서의 의미를 지닌다. 이 외에도 〈최도마 량업(良業)신부 이력셔〉, 〈송(宋)아가다 회고록〉, 〈뎡산일긔〉, 〈병인순교자전(丙寅殉敎者傳)〉, 〈봉교자술(奉敎自述)〉, 〈김(金)안당스긔〉 등의 전기류가 전해지고 있다. 이들 작품들을 통하여 기독교 소설이 본격적으로 형성되기 이전의 일면을 엿볼 수 있을 것이다. 조신권, 앞의 책, 45~46쪽 참조.
34. 사실소설(寫實小說)이라는 명칭은 작가 스스로가 붙인 것으로 서술의 사실성을 뜻하는 것이 아닌 내용상 실화를 바탕으로 하였다는 의미이다. 소설의 마지막에 '아멘'이라는 말이 붙어 있는 것으로 볼 때 개신교의 간증과 비슷한 느낌을 주는 것에서 내용의 사실성을 더욱 수긍하게 한다. 이상설, 『한국 기독교 소설사』, 양문각, 1999, 28쪽.

동을 하다가 면직 당한다. 이후 상경하여 소학교를 신축하려다 옥고를 치르게 되는데 이 과정에서 〈천로역정〉 등의 기독교 관련 서적을 읽으면서 기독교에 귀의하게 된다. 이후 3년 만에 무죄로 석방되어 세상에 나와서도 사회사업과 자선사업, 전도사업에 종사하는 주인공의 모습을 통해서 기독교 정신으로 당대의 부패한 관료를 구원하려는 시대정신과 가난하고 불우한 이웃을 기독교적 박애주의로 구원하려는 실천적 모습을 통하여 부조리한 사회상을 구제하는 방편으로서의 기독교에 대한 옹호를 형상화하고 있다.

같은 지면에 발표된 이 작가의 또 다른 작품인 〈월하의 고백〉(1907)도 죄의 고백을 통해 구원에 이르고자 하는 기독교 정신이 형상화되어 있다. 한 노인이 자신의 살아 온 인생을 독백하는 형식으로 전개되는 이 소설은 당시 부패한 관리들의 부정과 학정을 비판하고 눈앞의 이익에만 급급한 속물적 관료들의 정신을 일깨우려는 비판의식과 함께 회개를 통해 구원에 이르고자하는 기독교적 구원관이 드러나 있다.

『야뢰』에 발표된 이승교의 〈쟁도불공설〉(1907)은 유교와 기독교가 서로 우월성을 논박하는 내용으로 전개되다가 결국 기독교의 우월성을 인정하는 것으로 결말이 나는 소설이다. 별호가 구세자인 기독교인인 한 부인과 유교적 세계관에 충실한 정부인 사이의 논쟁을 통하여 유교의 구시대적 허구성을 비판하고 남녀의 평등 문제와 여성 교육의 필요성, 그리고 기독교 정신에 입각한 유교적 허례허식의 비판과 미신 타파 등의 기독교적 세계관이 강조되어 있다.

기독교를 여타 종교와의 비교론적 측면에서 다루고 있는 또 하나의 주목할 작품은 최병헌의 〈성산명경〉(1909)을 꼽을 수 있다.[35] 『신학월보』에 연재된 이 소설은 재래 종교와의 비교를 통해 하나님의 절대성과 유일성을 강조함으로써 궁극적으로 기독교에 대한 옹호를 드러내고 있다. 즉 주인공 신천옹이 유·불·선 삼교를 두루 체험한 후 마침내 기독교에 귀의하여 대중들에게 삼교의 불합리성을 지적하고, 아울러 예수를 믿게 하는 내용으로 전개하면서 기독교적 구원의 논리를 명확히 이해시키고자 하였다. 특히 이 소설은 작가가 목사라는 신분적 특성에 의해 기독교의 삼위일체론, 하나님의 존재 등에 관한 교리적 측면이 나타나고 있다. 또한 기독교와 타종교를 비교 종교학적 측면에서 논쟁적으로 전개함으로써 기독교의 우수성을 드러내었다.

『황성신문』에 발표된 반아의 〈몽조〉(1907)는 개화기 근대화의 과정에서 지식인 선각자가 맛볼 수밖에 없었던 좌절과 극복을 기독교의 구원을 통해 성취한다는 의미를 지닌 작품이다. 이 소설은 개화운동을 하다가 옥중에서 희생당한 한대홍의 부인 정씨를 주인공으로 하여 개화운동에 좌절한 인물이 기독교를 통하여 위안을 얻고 있는 내용으로 전개되고 있는데, "죄로 타락된 인간 세상에서 죄 사함을 받아 구원을 받을 수 있는 길은 오직 하나님을 믿는 길밖에 없다는 기독교적 구원관과 전도자를 통한 기독교의

---

35. 최병헌(1858~1927)은 1892년 존스 목사에게 세례를 받고 아펜젤러 목사의 신약성서 번역에 적극 협력하고 우리나라 최초의 도서관인 대동서시를 세우는 등 초기 기독교사에서 중요한 자리를 차지하는 인물이다. 1894년『조선그리스도회보』,『신학월보』의 주필로 있다가 1902년 목사가 되어 정동교회 2대 담임목사로서 12년간을 시무하였고 감리교 신학교에서 교수로 활동하였다. 〈성산명경〉은 원래 〈성산유람기〉라는 제목으로『신학월보』에 연재되었다가 이후 단행본으로 간행될 때 작품명을 개칭했다. 위의 책, 47쪽.

전파라는 기독교의 전도관"[36]의 표출, 그리고 "종결부에서 8회에 걸쳐 성서의 해설과 문답이 장황하게 전개된 것을 보면, 기독교 정신에 의해 마음의 구원을 얻었다는 일종의 종교소설의 유형이라 할 만한 작품"[37]이라는 점에서 개화기 기독교 소설의 전형으로 평가할 수 있다.

또한 이해조가 필명 동농東儂으로 『제국신문』에 발표한 〈고목화〉(1907)도 당시 국내에 소개되어 급속히 확산되던 기독교에 대한 긍정적 시각을 드러내고 있는 작품이다. 이 소설은 의사이면서 기독교 신자인 조박사가 희생적 헌신으로 권진사를 감화시키고 자신을 죽이려한 원수마저도 기독교의 사랑으로 용서함으로써 결국 그들을 회개하게 만드는 서사 구조를 보여주고 있다. 따라서 기독교의 사랑을 통해 민족의 화합을 모색한다는 당대의 문제의식을 잘 드러내고 있는 작품으로 평가할 수 있다.

황성서적업조합皇城書籍業組合에서 출간된 안국선의 〈금수회의록〉(1908)은 널리 알려진 개화기 신소설로서 우화적이면서 풍자적 수법에 의해 당대 사회의 부조리함을 신랄하게 비판하고 있다. 그는 개인 윤리의식의 타락과 그로 인한 가정의 파탄, 과도기적 사회 혼란기의 관리의 부패, 사회 기강의 해이 등을 동물들의 입을 빌어 우화적으로 비판하는데 그 이년에는 기독교적 윤리관이 가치 판단의 기준으로 작용하고 있음을 발견할 수 있다. 예를 들자면 소설의 도입부에 소개된 '개회취지'에 나타난 "대져 우리들이 거주하야 사는 이 세상은 당초부터 있던 것이 아니라 지

---

36. 위의 책, 36쪽.
37. 송민호, 『한국 개화기소설의 사적 연구』, 일지사, 1980, 121쪽.

극히 거룩하시고 지극히 전능하신 하나님께서 조화로 만드신 것이라 세계 문물을 창조하신 조화주를 곧 하나님이라 하나니 일만 이치의 주인되시는 하나님께서 세계를 만드시고 또 만믈을 만드러 각색 물건이 세상에 생기게 하셨으니 이같이 만드신 목적은 그 영광을 나타내어 모든 생물로 하여금 인자한 은덕을 베프러 영원한 행복을 받게 하려 함이라"[38]는 표현은 지극히 기독교적 신앙에 기초한 작가의 신앙고백으로 볼 수 있다. 또한 소설의 내용에 나타나는 사회비판 의식도 주로 기독교적 인간관과 세계관에 바탕을 두고 있다는 점에서 이 소설의 기독교 소설적 가치에 공감할 수 있다.

한편 같은 해 발표된 김필수의 〈경세종〉(1908)도 동물들의 입을 빌어 우화적으로 기독교인들의 제반 문제점을 비판적으로 지적하고 교인들의 충실한 신앙심을 촉구하고 있다는 점에서 〈금수회의록〉과 더불어 주목할 만한 작품이다. 작가는 양적으로 팽창하던 기독교의 형세에 견주어 신자 개개인의 신앙적 수준이 아직까지는 미숙하다는 점을 비판하면서 기독교인들의 내적 반성을 요구하고 있다. 특히 성서의 내용을 그대로 인용하거나 비유한데서 기독교 소설의 표면적 특성을 발견할 수 있는데, 성서의 〈시편〉이나 〈예레미아서〉에 기초하여 신을 상실한 사회에 대한 회개와 화해의 촉구가 나타나는 장면 등에서 기독교 소설로서의 면모를 확인할 수 있다.

동양서원에서 발간된 이상협의 〈재봉춘〉(1912)은 반상의식의 타파와 인간평등 사상의 고취를 기독교 정신을 바탕으로 형상화하고

---

38. 안국선, 〈금수회의록〉, 황성서적업조합, 1908, 4~5쪽.

있다는 점에서 주목할 만하다. 몰락한 양반층을 대변하는 허부령이 비록 신분은 높으나 마음과 행위가 지극히 비루한 인물임에 비해, 소위 백장이라든가 천장으로 멸시받는 신분의 백성달이라는 대비적 인물 설정을 통하여 기독교적 인간평등 사상에 기초한 주제의식을 형상화하고 있다. 아울러 『매일신보』에 연재된 〈눈물〉(1913.7.16~1914.1.20)에서는 화해와 용서를 통한 기독교적 구원관을 드러내고 있다. 갖은 악행을 일삼던 평양집이 구세군 마야대좌의 구원을 받고 회개하면서 새로운 인물로 거듭나는 것에서 누구든지 자기의 죄를 고백하고 회개하면 구원에 이를 수 있다는 기독교적 구원관이 드러난다. 또한 연고도 모르는 남의 자식을 데려다 인내와 사랑으로 교육하다가 결국 친부모가 나타났을 때는 뼈를 깎는 듯한 고통을 참으면서도 친부모에게 돌려주는 남씨 부인의 행동에서 기독교적 박애의 실천적 면모를 확인할 수 있다.

끝으로 유일서관에서 발행된 이상춘의 〈박연폭포〉(1913)는 도적 떼의 괴수였던 최성일이 회심하여 동경에서 기독교 신학을 공부한다든가, 도적에게 해를 입었던 인물이 '원수를 사랑하라'는 기독교 정신에 따라 용서를 베풂으로써 그들을 회개시킨다는 부분에서 기독교 사상을 실천적으로 형상화한 특징을 발견할 수 있다. 그리고 보급서관에서 발간된 직자 미상의 〈부벽루〉(1914)에서는 주색에 빠진 남편에 의해 색주가에 팔린 부인이 목사의 도움으로 기독교에 귀의하고 탕자였던 남편도 회개에 이른다는 점 등에서 기독교적 소명 의식을 반영하고 있는 작품으로 볼 수 있다.

지금까지 간략히 살펴본 개화기 기독교 소설들은 근대화 초창기 개화의식의 충실한 반영과 함께 서구 기독교의 유입에 따른 기독교적 가치관을 소개하고 그 실천적 의지를 형상화하고 있다는 점에서 가치를 찾을 수 있으나, 한편으로 주제의식을 드러내는 면에서는 여전히 미숙함을 드러내고 있다는 점에서 한계를 찾을 수 있다.

한국 문학사에서 기독교 소설사의 두 번째 시기는 이광수의 〈무정〉(1917)을 기점으로 한국의 소설문학이 현대적 소설로 진입한 이후부터 식민지 시대를 배경으로 발표된 시기의 작품들을 대상으로 살펴볼 수 있다. 즉 이광수의 〈무정〉(1917), 〈재생〉(1924~1925), 〈흙〉(1932~1933), 〈애욕의 피안〉(1936), 〈사랑〉(1938), 김동인의 〈이 잔을〉(1923), 〈명문〉(1925), 〈신앙으로〉(1930)와 신채호의 〈용과 용의 대격전〉(1928), 조명희의 〈R군에게〉(1926), 최서해의 〈보석반지〉(1925), 주요섭의 〈인력거꾼〉(1925)과 〈천당〉(1926), 전영택의 〈천치? 천재?〉(1919), 〈흰닭〉(1924), 〈화수분〉(1925) 등의 작품들, 염상섭의 〈삼대〉(1931)와 김동리의 〈무녀도〉(1936), 심훈의 〈상록수〉(1935), 박계주의 〈순애보〉(1939) 등에서 기독교적 소설의 일단을 확인할 수 있다.

한국 문학사에서 1920년대는 3·1운동의 실패에 따른 좌절과 퇴폐적 경향의 세기말적 현상이 어우러져 감상적 낭만주의, 빈곤과 이데올로기의 갈등 등이 문학의 주류를 형성하던 시기였다. 특히 민족주의 진영과의 대치와 세력 다툼이라는 환경에서 사회주의 진영의 주된 비판의 대상에 오른 기독교에 대한 인식은 이 시기 기독교 소설의 형성에도 나름의 영향을 끼칠 수밖에 없었다. 즉 이전 시기의 기독교 소설이 개화기 근대의식의 전파라는 기독교의 순기능적 측면에 초점이 맞추어진 것이었다면, 20년대 이후 식민지 시대의 기독교 소설은 기독교의 반사회적 기능에 대한 비판이라는 새로운 인식이 덧붙여진 점을 그 특징으로 삼을

수 있다.[39]

이와 같은 20년대 전후의 경향을 대표적으로 보여주는 소설이 이광수의 〈무정〉(1917)일 것이다. 춘원은 민족주의적 계몽문학의 선구자로서 종교적 인생관을 작품화함에 큰 성과를 남겼는데,[40] 특히 기독교와 불교 사상과 관련된 작품이 다수를 이루고 있다는 것은 주지의 사실이다. 그 중에서도 작가는 초기와 중기의 전반부에 걸친 시기에 기독교적 세계관과 관련된 다수의 작품을 발표하고 있는데 이는 작가가 처한 시대적 상황 및 개인적 경험에서 필연적으로 나타난 현상으로 여겨진다.[41]

〈무정〉은 "작가도 기독교인이고 거기에 강조되어 있는 윤리가 기독교적이고 주제는 영적 사랑과 동포애"[42]라는 전대웅의 평가처럼 여러 가지 면에서 기독교 소설로서의 요소를 내포하고 있다. 이에 대해 백철은 "기독교 교리를 작품의 사상성으로 소화하

---

39. 이 시기 기독교에 대한 비판적 인식을 드러낸 대표적 지식인으로 이광수를 빼놓을 수 없다. 그는 1917년 11월 『청춘』에 게재한 「금일 조선 야소교회의 결점」에서 한국 교회의 계급주의적 성격, 교회지상주의적 사고, 교역자의 무식, 그리고 미신적 경향 등의 4가지 측면에서 기독교에 대한 비판적 인식을 피력하고 있다. 고주, 「금일 조선야소교회의 결점」, 『청춘』, 1917.11, 76~82쪽.
40. 조연현, 『한국현대문학사』, 성문각, 1964, 174~175쪽.
41. 이상설은 『한국 기독교 소설사』에서 이광수가 불교사상보다도 기독교에 더욱 근접하게 된 동기를 다음과 같이 분석하고 있다. 첫째, 그의 성장기인 개화기는 신시대의 심볼로 기독교가 큰 비중을 차지하고 있었다는 점, 둘째는 그의 청소년기에 큰 영향을 끼친 인물인 남강 이승훈과 도산 안창호 등이 모두 기독교계의 중요 인물이었던 점, 셋째는 그가 공부한 명치학원이 기독교계가 설립한 학교이었기에 필연적으로 기독교와 친숙해질 수밖에 없었으며 이 학교에 입학한 이후 성경을 처음으로 배웠다는 점, 그리고 마지막 네 번째는 그가 기독교를 긍정적으로 받아들인 이면에는 톨스토이에 대한 신봉이 결정적 계기가 되었다는 점 등을 이유로 제시하고 있다. 이상설, 앞의 책, 67~68쪽.
42. 전대웅, 「춘원문학의 주제」, 『기독교사상』 110호, 대한기독교서회, 1967, 37쪽.

려고 한 유일한 작가"[43]라고 평가하여 〈무정〉의 기독교적 사상성을 논증하고 있다. 또한 춘원 스스로가 밝힌 창작 동기에서도 "내가 〈무정〉을 쓸 때 의도로 한 것은 그 시대의 조선의 신청년의 이상과 고민을, 그리고 아울러 조선 청년의 진로에 한 암시를 주자는 것이었다. 이를테면 일종의 민족주의, 자유주의의 이데올로기를 가지고 쓴 것이다. 그 자유주의란 속에는 청교도적 박애사상도 들어갔다고 믿는다"[44]라고 밝히고 있는데, 이는 춘원의 기독교 사상이 민족주의와 휴머니즘을 향한 박애정신의 표상이라는 특징을 보여준다.

이광수와 더불어 이 시기의 대표적 작가인 김동인도 기독교와 밀접한 영향을 주고받을 수밖에 없는 환경에서 태어나고 성장함으로써 기독교적 사상을 저변에 깔고 있는 다수의 작품을 발표하였다.[45] 그런데 그의 소설들은 인간적 고뇌에 대한 표출과 기독교

---

43. 백철,「기독교와 한국의 현대소설」,「동서문화」, 계명대학교 동서문화연구소, 1967, 9쪽.
44. 이광수,「나의 교단고행삼십년; 병상록」, 133쪽. 이상설, 앞의 책, 70쪽 재인용.
45. 김동인은 한국 개신교의 성지라 할 수 있는 서북지방의 중심부인 평양에서 태어났고 가계적으로도 평양 진석동 교회 장로인 부친 김대윤(金大潤)과 역시 기독교인인 모친 아래에서 자랐다. 부모의 신앙에 의해 유아세례도 받았으며 이복형 동원도 이후 장로가 되는 전형적인 기독교 가정에서 성장했다. 아울러 그가 다닌 학교도 대부분 숭덕소학교, 숭실중학교, 명치학원 등 기독교 계열이었다. 또한『창조』의 동인이었던 주요한, 전영택 등이 목사의 아들이거나 이후 목사가 되었다는 점에서 교유 관계 역시 기독교와 상당한 관계를 유지하고 있었다. 그럼에도 불구하고 김동인의 소설이 기독교에 대한 신랄한 비판 의식을 담고 있다는 사실은 매우 특이하다고 볼 수 있다. 이점에 대해 한승옥은 "개화기 선각자라는 자부심과 김동인 특유의 오만함과 굽힐 줄 모르는 자존심, 그리고 더 근본적으로는 한국 개신교의 세속화와 물신주의로 빠지는 데 대한 반작용"으로 그 원인을 분석하고 있다. 한승옥,「기독교와 소설문학」, 소재영 외,『기독교와 한국문학』, 대한기독교서회, 1993, 114~115쪽.

의 부정적 측면에 대한 비판을 다루고 있다는 점에서 주목할 만하다. 그의 소설 〈이 잔을〉(1923)은 최후의 만찬, 베드로의 예수에 대한 부인, 겟세마네 동산에서의 예수의 기도 등 성서 모티프를 그대로 차용하고 있다는 점에서 작가의 기독교적 인식을 가장 직접적으로 발견할 수 있는 작품이다. 그런데 최후의 만찬 도중 제사장에게 쫓겨 도망가는 모습과 죽음에서 벗어나려는 예수의 두려움과 공포에서 인간의 나약한 모습과 인간적 갈등이 생생하게 묘사되고 있다. 아울러 겟세마네 동산에서 기도하는 예수의 모습에서도 지나온 삶을 회상하며 왜 자신이 죽어야만 하는가에 대한 회의에 빠져 있는 예수를 통하여 신적인 속성보다는 인간적 모습의 예수에 초점을 맞추고 있는데 이러한 발상은 작가의 기독교에 대한 인식의 범상치 않은 면모를 드러내는 단서가 된다.

또한 기독교에 대한 회의와 비판적 작가 인식을 가장 두드러지게 나타내고 있는 작품으로 『개벽』에 발표된 〈명문〉(1925)을 들 수 있다. 김동인은 〈명문〉에서 전주사의 맹목적 율법주의에 신랄한 냉소적 태도를 시종일관 유지하고 있다. 즉 전주사가 기독교인이 된 사실부터가 신앙의 내면화에 따른 것이 아닌 우연적 결과일 뿐이며, 따라서 그의 신앙적 행위들도 기독교의 본질에서 벗어난 피상적이고 자의적 행태로 그려지고 있는데 이러한 형상화는 그 시대 기독교의 모순에 대한 작가의 비판적 인식이 적나라하게 반영된 결과로 해석된다. 한편 〈신앙으로〉(1930)는 독실한 기독교 신자였던 주인공이 동생의 죽음으로 신앙에 대한 회의를 품고 기독교를 떠났다가 결혼 후 아들의 죽음으로 다시 기독교의 세계로 귀의한다는 서사 구조를 보여주고 있다. 이러한 서사의 전개는 김동인의 기독교에 대한 비판적 인식이 작가의 말년으로 가면서 조금씩 희석된 방증으로 해석할 수 있다.

기독교에 대한 비판적 시각의 소설은 신채호의 〈용과 용의 대격전〉(1928)에서도 나타난다. 부정한 권위의 총화인 상제上帝에 빌붙어 세도를 부리는 미리라는 용과 분노한 민중의 앞에 서서 활약하는 드레곤이라는 용을 대비시켜 후자의 승리로 서사를 끝내는 일종의 우화소설이다. 그런데 이 소설에서는 상제의 아들인 야소기독耶蘇基督을 매우 부정적으로 묘사하고 그의 부활에 대해서도 교활한 속임수로 몰아가고 있다. 뿐만 아니라 십자군 전쟁이나 30년 전쟁을 예로 들어 기독교를 '사람 잡는 술법을 가르쳐 주'는 종교로, 또한 예수의 산상수훈의 가르침이 억압받는 민중의 저항정신을 약화시켜 한낱 지배자의 이익을 지켜주는 종교라고 비판[46]하는 점에서 작가의 반기독교 정서를 감지할 수 있다.

목사의 신분으로 기독교적 세계관에 바탕을 둔 다수의 소설을 창작한 전영택도 이 시기의 빼놓을 수 없는 작가 가운데 한 사람이다.[47] 그의 초기 소설들은 표면적으로 기독교적 용어나 표현을

---

46. 이동하, 「한국 현대소설에 나타난 기독교 비판」, 『한국소설과 기독교』, 국학자료원, 2003, 256~257쪽.
47. 전영택은 같은 〈창조〉 동인이었던 김동인의 전기적 측면과 비교할 때 출생과 성장기는 그다지 기독교적 환경이 아니었다. 그러나 대성학교에 입학하여 도산 안창호의 사상을 접하면서부터 기독교를 접하게 되었고 부친을 여읜 후 작은 형이 교회에 다니기 시작하면서부터 본격적인 신앙인이 되었다. 그는 일본 유학 때 편입한 청산학원 신학부에 입학하면서 목사가 되기로 결심하였으나 이후 문학과 기독교 신앙 사이에서 많은 갈등을 겪는다. 1921년 신학교에 복교하면서 사목의 길을 다시 선택하게 되었고 1923년 신학교를 졸업한 이후 감리교 신학교 교수를 역임, 1927년에는 서울 아현교회 목사로 사목활동을 시작한다. 그는 1924년 창간된 〈조선문단〉을 터전으로 인도주의적이면서도 기독교적 박애사상을 바탕으로 하여 동물 혹은 미천한 인물들에 대한 따뜻한 애정을 작품화했다. 이상설, 앞의 책, 87~88쪽. 한승옥, 앞의 글, 117~118쪽.

드러내지는 않지만 기독교적 박애사상을 내면화하고 부활의 의미를 내재화하고 있다는 점에서 오히려 기독교적 제재를 직접적으로 표면화한 후기의 작품들보다도 더 높은 평가를 받고 있다.[48] 〈천치? 천재?〉(1919)는 천치 같은 속성을 지녔으면서도 발명의 천재적 소질을 가진 칠성이가 자신의 재능을 인정해 주지 않는 동네를 떠나 자유의 세상을 찾아 가다가 결국에 얼어 죽고 만다는 내용을 통해 죽음이 매개하는 의미부여를 기독교적 세계관에서 접근하고 있는 것으로 해석할 수 있다. 또한 그의 대표작으로 볼 수 있는 〈화수분〉(1925)에서는 화수분 부부의 비극적 죽음 속에서도 생명을 잃지 않은 어린아이를 통해 기독교적 인도주의와 구원의 양상을 발견할 수 있다.

염상섭의 대표작 〈삼대〉(1931)에서도 당대 기독교적 세계관의 일면을 발견할 수 있다. 외견상 염상섭은 기독교 신앙에 투철한 신앙인도 아니었고 기독교적 세계관을 표방하는 작품을 발표하지도 않았다. 그러나 "당대의 부조리를 극복하는 이념으로 채택된 기독교의 현실적 허구와 패배"[49]를 염상섭 특유의 사실주의적 세계관으로 묘사했다는 김병익의 지적처럼 〈삼대〉는 기독교에 대한 비판적 작가 인식을 너무나 잘 드러내고 있는 작품이다. 이를테면 조덕기의 부친, 긴병회의 부친, 홍경애의 부친 등을 통

---

48. 이 경우에 해당하는 전영택의 후기작에는 〈남매〉(1939)와 해방 이후에 창작된 〈크리스마스 새벽〉(1948), 〈집〉(1957), 〈한 마리 양〉(1959), 〈크리스마스 전야의 풍경〉(1960), 〈생일파티〉(1964) 등이 있다. 이 작품들은 초기의 작품에 비해 기독교적 제재를 취하고 있는 양상이 구체적으로 드러남으로써 작가의 기독교 사상의 면모를 보다 표면적으로 나타내고 있다.
49. 김병익, 「한국소설과 한국기독교」, 김주연 편, 『현대 문학과 기독교』, 문학과 지성사, 1984, 68쪽.

해 당대 기독교의 세 가지 전형을 매우 사실적으로 그려내고 있는데, 즉 덕기의 부친은 장로의 신분임에도 주색과 도박 등을 일삼는 '사이비 기독교'의 전형으로, 목사 신분인 병화의 부친은 형식적이고 기복적 신앙의 테두리를 벗어나지 못하고 있는 '보수적 기독교'의 전형으로, 그리고 홍경애의 부친은 식민지적 상황에서 민족을 위해 실천적으로 헌신하는 '진보적 기독교'의 전형으로 그리고 있다.[50] 염상섭은 이들 세 유형의 인물에 대한 사실적 묘사를 통해서 당대 기독교의 부정적 실상에 대한 비판, 그리고 기독교가 나아가야 할 방향의 제시를 동시에 던져주고 있다.

이 밖에도 영신이라는 기독교적 주인공을 통해 교회를 중심으로 농촌 계몽운동을 펼치는 심훈의 〈상록수〉(1935), 이용도라는 실명의 목사에게서 받은 신비주의적 사랑의 실천을 형상화한 박계주의 〈순애보〉(1939) 등도 이 시기의 기독교적 소설의 지평을 넓혀 준 작품들이며, 기독교와 샤머니즘의 대결 구도 속에서 당대 기독교가 한국의 민중에게 어떻게 인식되고 전파되었는가를 여실히 느낄 수 있게 해주는 김동리의 〈무녀도〉(1936)도 이 시기의 대표적 기독교 소설로 규정할 수 있다.

지금까지 살펴 본 식민지 시기의 기독교 소설에서 빠져 있는 하나의 부류가 더 있다. 그것은 다름 아닌 사회주의의 영향을 짙게 받은 경향소설에서의 기독교적 세계관이다. 3·1운동의 실패 이후 기독교는 사회적으로 냉혹한 비판을 당하기 시작하는데[51] 이에 대한 극복과 새로운 방향의 모색 과정에서 사회주의를 수용하게 된다. 1인칭 주인공 '나'가 R군에게 띄운 편지 형식의 소설

---

50. 이상설, 앞의 책, 164쪽.

로서 기독교에 대한 입교와 배교의 과정을 비교적 체험에 근거하여 형상화한 조명희의 〈R군에게〉(1926), 최목사라는 위선적이고 탐욕적이고 독선적 인물을 통하여 종교인의 이중성과 탐욕성을 비판한 최서해의 〈보석반지〉(1925)를 대표적인 작품으로 제시할 수 있겠다. 또한 주요섭[52]의 〈인력거꾼〉(1925)과 〈천당〉(1926)도 노동자와 농민 등 무산계급의 참상에 대한 사실적 묘사와 살인이나 방화 등의 폭력적인 항거를 통한 부르주아 대 프롤레타리아의 대립을 형상화하고 있다는 점에서 사회주의적 영향의 기독교적 세계관을 드러낸 의미 있는 작품으로 평가할 수 있다.

한국 기독교 소설의 전개에 있어서 마지막 세 번째 시기는 6·25 직후의 혼돈으로부터 격동의 현대사를 같이 한 작품들이다. 이 시기의 기독교 소설들은 당대의 부조리한 현실 속에서 실존적 자아의 주체적 인식이 신과의 치열한 대결을 지속하고 있는 작품, 기형적이고 진리를 벗어난 한국의 현대사에서 기독교가 지향해

---

51. 이 시기의 기독교에 대한 일반 사회의 비판은 대체적으로 다음의 세 가지 원인에 기인하고 있다. 첫째는 일제의 기독교 분열정책에 편승한 외국선교사의 친일화 및 타협화의 경향과 잦은 비행과 추문들, 둘째는 초월적 신비주의 부흥운동이라는 새로운 신앙양태, 셋째는 당대 기독교 공동체의 지도자들이 대체로 순수 종교화에 열중하여 민족공동체의 정치적, 사회적 문제를 외면하는 경향 등이 기독교에 대한 비판적 기류를 형성함에 중요한 원인으로 작용하고 있었다. 위의 책, 98~100쪽.
52. 주요섭은 사회주의 계열의 기독교적 작가들 가운데서도 기독교와 매우 밀접한 관계성을 지니고 있다. 평양 태생인 그는 출생 당시 부친이 신학교를 졸업한 목사였고 자신도 마포(Moffett) 선교사와의 인연으로 평양 신학교를 졸업하는 등 기독교와 매우 밀접한 삶을 살아왔다. 특히 평양의 숭덕소학교, 숭실중학교를 졸업하고 그의 부친이 동경 한인교회 목사로 부임함에 따라 동경으로 건너가서는 아오야마 학원에 편입하여 이광수, 김동인 등과 교유하면서 문학과 기독교에 대한 영향을 주고받았다. 위의 책, 128쪽.

야 할 바람직한 정신적 지향을 갈망하는 작품, 그리고 기존 신앙의 틀을 과감히 벗어나서 영지주의적 사유를 드러내고 있는 작품들이 해당한다. 예를 들면 김동리의 〈마리아의 회태〉(1955), 〈사반의 십자가〉(원작본:1955~1957/개작본:1982), 〈목공 요셉〉(1957), 〈부활〉(1962), 임옥인의 〈월남전후〉(1956), 〈박여인 이야기〉, 〈들에 핀 백합화를 보라〉, 박영준의 〈종각〉(1965), 이종환의 〈에덴의 후원〉과 〈사도전서〉, 정을병의 〈성〉(1975), 김원일의 〈행복한 소멸〉(1977), 백도기의 〈청동의 뱀〉(1974), 〈가롯유다에 대한 증언〉(1977), 〈등잔〉(1977), 〈본시오 빌라도의 수기〉(1986), 이청준의 〈행복원의 예수〉(1967)와 〈낮은 데로 임하소서〉(1981), 황순원의 〈움직이는 성〉(1973), 이문열의 〈사람의 아들〉(1979), 조성기의 〈만화경〉(1971), 〈라하트 하헤렙〉(1985), 〈야훼의 밤〉(1986), 이승우의 〈에리직톤의 초상〉(1989)과 〈태초에 유혹이 있었다〉(1998), 정찬의 〈빌라도의 예수〉(2004), 그리고 김성일의 〈땅끝에서 오다〉(1983)를 비롯한 다수의 작품들이 여기에 해당한다.

일제로부터 해방을 맞이하자마자 이어지는 좌·우 대립과 전쟁의 혼란상은 문학사적으로도 공백기를 가져왔지만, 다행히도 전쟁이 끝난 후 되살아 난 문학 창작의 열기는 전쟁 체험에서 비롯한 생의 문제와 인간 실존의 깊이 있는 성찰로 이어졌다. 이러한 경향은 삶과 죽음의 문제에 대한 종교적 성찰과 맞물리면서 기독교적 세계관의 소설 등장에도 영향을 주게 되었다. 그리고 이 시기 기독교 소설의 또 하나의 특징은 이전 시기에 비해 작가들의 기독교에 대한 인식의 깊이가 상당히 깊어지고 있다는 점이다. 개화기로부터 일제치하의 근대문학 형성기에 이르는 시기의 기독교 인식이 단순한 계몽·개화의지의 표출에 머물고 말았다든가,

아니면 식민지적 상황에서의 기독교에 대한 정치·사회적 비판 인식의 표상에 그쳤다는 내용적 빈약함이 이 시기에 오면 상당한 질적 성숙으로 변모되고 있다는 사실이다. 즉 기독교에 대한 단편적인 이해, 혹은 성서 모티프를 단순히 차용하는 수준에서 벗어나 기독교적 세계관을 바탕으로 한 인간 이해, 그리고 성서 모티프에 대한 심도 깊은 철학적·신학적 성찰의 흔적이 작품 곳곳에서 나타나고 있다. 따라서 기독교 문학의 성과를 논함에서 소설의 그것이 시에 비해 미숙한 발전을 이루었다는 김병익의 평가는 이 시기의 기독교 소설에 이르러서는 재고해 볼 여지가 있다.

5. 한국 기독교소설의 영지주의적 상상력

"신화들은 그 신화가 만들어진 시대, 그 시대의 정신과 세계관을 반영하지만, 그러나 결코 한 시대에 갇히는 법이 없다. 모든 시대들에 드리우는 큰 그늘, 그것이 내가 생각하는 신화이다"[53]라고 작가 이승우는 창세기를 모티프로 작품을 창작한 동기를 밝히고 있다. 대다수의 작가와 독자들은 알게 모르게 신화로부터 무수한 상상력을 제공받고 있으며, 그 신화적 상상력을 통하여 현대적 삶의 가치를 곱씹어 보게 된다. 즉 결코 한 시대에 갇히지 않고 모든 시대에 드리우는 신화의 그늘 아래서 인류는 당대의 정신과 세계관을 재창조하게 되는 것이다. 바로 이런 맥락에서 작가들은 성서의 모티프에 관심을 기울이게 된다. 인간의 기원에

---

53. 이승우, 「작가의 말」, 《태초에 유혹이 있었다》, 문이당, 1998, 6쪽.

대한 창세 신화로부터 무수히 이어져 내려온 인류의 기원과 발생에 대한 신화적 상상력, 그리고 복음서에 나타난 예수의 일생을 중심으로 엮어진 신비적 사고 등은 그 시대의 정신과 세계관을 충실히 반영하고 있다. 그러나 그것들은 단순히 그 시대적 범주에 머무르지 않고 작가들의 상상력을 충동함으로써 다양한 변이를 거쳐 새로운 모습으로 독자들에게 다가오게 된다.

그런데 이와 같이 신화가 갖는 범세계적 보편성을 인정한다 할지라도 기독교적 세계관은 동양, 그 중에서도 한국적 토대에서는 낯설고 특수한 사고 체계임에 분명하다. 그럼에도 불구하고 한국의 근대화와 더불어 유입된 기독교적 세계관은 전혀 이질적인 토양 위에서도 그 싹을 틔우고 이즈음에는 나름의 의미 있는 결실을 맺어가고 있음을 우리는 다수의 작품들을 통해서 확인할 수 있다. 그 가운데서도 최근으로 올수록 작품의 경향이 다소 과감한 상상력의 전개를 서슴지 않고 있다는 점에 눈길이 간다. 즉 성서의 소재를 본의대로 수용하고 해석하기 보다는 여타의 다양한 전승까지 폭넓게 수용함과 더불어 거기에 다소 파격적인 해석까지 곁들이고 있다는 점이 그것이다. 이를테면 영지주의적 사유에 대한 이해가 바탕이 되어야 할 작품이 지속적으로 출현하고 있다는 점이 최근의 경향이다. 때문에 이 장에서는 영지주의에 대한 특성을 간략히 살펴보고, 그것이 문학적으로 수용될 가능성에 대해 살펴보고자 한다.

기독교의 역사를 살펴보면 정통 기독교의 세계관과 동떨어진, 심지어는 심각하게 왜곡된 관점의 세계관이 존재함을 발견할 수 있다. 그 대표적 사례가 영지주의적 관점의 세계관이다. 기독교의 역사에서 영지주의의 전통은 그 연원이 꽤나 오래되었다. 아마도 예수의 사후 그 제자들과 사도들에 의해 지금의 주류(mainstream)[54] 기독교의 경전으로 추인된 정경들이 창작·보급될 당시에도 다수의 영지주의적 복음서와 문헌들이 존재했었던 것으로 짐작할 수 있다. 예를 들면 1945년 12월 이집트 남부의 한 농부에 의해 발견되어 세상에 알려지면서 많은 논란을 불러일으킨 나그함마디 문서(Nag Hammadi Library)[55]들은 지금으로부터 약 천 5백여 년 전에 제작된 것으로 적어도 사용된 양피지와 콥트어 글자체로 미루어볼 때 서기 350~400년경에 기록된 것으로 추정되고 있다.[56] 따라서 이 문서들이 그보다 훨씬 오래된 그리스어 원본을 콥트어로 옮긴 번역본임을 감안한다면 개중에는 서기 120~150년경 이전에 제작된 문서들도 있는 것으로 밝혀지고 있다. 또한 그 당시 영지주의주들을 반박함에 앞장을 섰던 리용의 주교 이레네우스(Irenaeus, 115~200)가 180년경 『이단 반박론』(Against Heresies)이라는 다섯 권의 저서에서 "이교도들은 실제로 존재하는 것보다 더 많은 복음서들을 가지고 있다며 으스대고 있다"[57]라고 경계하면서 "오늘날 이단을 전수하는 자들의 관점을 제시하고……그들의 주장이 얼마나 어리석고 진실과 어긋나는지를 보이고자 한다……이 책을 읽은 자들은……지인들이 그러한 광기

---

54. 영지주의적 세계관을 지향하는 기독교는 오늘날 일반적 의미의 기독교와는 다른 것을 지향하고 있음은 분명한 사실이다. 그렇기 때문에 영지주의를 이단으로 규정하고 배척해왔음을 감안해서 일반적 의미의 기독교를 정통 기독교로 부르는 것이 보편적이다. 그러나 본고에서는 정통과 이단의 변별적 자질로 규정하는 방식보다는 주류 대 비주류로 변별하고자 한다. 본고는 영지주의적 세계관의 신학적 본질에 대한 가치 판단을 목적으로 삼고 있지 않기 때문이다. 단지 기독교의 역사에서 중심적 흐름에 속한 것인지 아닌지 정도의 기준에서 두 세계관을 구별 짓고자 한다.

와 그리스도에 대한 불경의 나락에 빠지지 않도록 경고하라"[58]고 경계하고 있다. 이레네우스 주교의 심각한 경고를 보자면 이미

---

55. 나그함마디 문서의 발견으로 인하여 영지주의의 연구는 새로운 국면을 맞이하게 되었다. 이 문서들이 발견된 정확한 위치는 추측으로만 남아 있으나 일부 학자들은 이 문서들을 담은 항아리가 나그함마디 계곡이 내려다보이는 산 속의 수많은 동굴 가운데 하나에서 발견되었을 것으로 추정한다. 그 이유는 기독교 수도원 운동의 창시자인 콥트 교회의 수도사 파코미우스(Pachomius)가 거대한 수도원 공동체를 설립한 곳이 바로 이 지역이기 때문이다. 영지주의적 인식을 담고 있는 열세 권의 파피루스 사본은 아마도 이 수도원 소속의 수도사들이 읽던 문서들이었을 것인데 4세기경 이단에 대한 박해가 휩쓸 당시 불안을 느낀 수도사들이 자신들이 소유하고 있던 이단적 서적들을 은밀히 보관하기로 한 까닭에 여기에 묻히게 된 것으로 추정하고 있다. 물론 발굴된 나그함마디 문서들에는 〈조스트리아노스(Zostrianos)〉와 플라톤의 〈국가(Republic)〉 일부, 헤르메스주의적 입교식을 담은 〈여덟 번째 세계가 아홉 번째 세계를 드러내다〉 등의 영지주의적 사유를 벗어난 텍스트도 있지만 나머지는 모두 영지주의와 관련된 내용을 담고 있다. 이들 자료들은 대개 여섯 가지 범주로 분류되고 있다. 첫째는 창조와 구원에 관한 신화로서 세계의 창조, 아담과 이브, 구원의 로고스인 예수의 하강에 관한 이야기들이다. 두 번째는 영혼의 본질과 영적 구원, 그리고 세상과 영혼의 관계와 같은 다양한 영지주의적 주제에 대한 설명과 해설들이다. 세 번째는 예배와 입교식에 관한 문서들이며, 네 번째는 여성성을 지닌 존재인 소피아에 관한 문서, 다섯 번째는 사도들에 관한 문서, 마지막 여섯 번째는 예수의 말씀과 그의 삶에서 벌어진 사건들에 관한 문서들로 구성되어 있다. Stephan A. Hoeller, 이재길 역, 『이것이 영지주의다』, 샨티, 2006, 249~252쪽.
56. 나그함마디 문서가 발견되기 이전에는 영지주의와 관련된 문헌을 직접적으로 발견하기가 쉽지 않았다. 다만 주류 기독교가 이들을 비난하기 위하여 만든 단편적인 자료들을 통해서만 간간히 알려진 정도였다. 나그함마디 문서들이 발굴되기 이전의 최초의 영지주 문헌은 1769년 스코틀랜드 관광객인 제임스 부루스가 남부 이집트 테베 근처를 여행하다가 콥트어 필사본을 구입하면서 드러나게 되었다. 이 필사본은 1892년에 와서야 출간이 되었는데 거기에는 예수와 제자들(제자의 무리에 여성도 포함되어 있음)의 대화를 그대로 옮겨 놓았다고 주장한다. 이후 1773년에도 한 수집가에 의해 런던의 서점에서 예수와 제자들이 '갖가지 비밀'에 관해 나눈 대화가 기록되었다는 콥트어 사본이 발견되었고, 1896년 독일의 이집트학자가 카이로에서 발견한 필사본에는 막달라 마리아 복음과 요한외경 등의 내용이 나타나 있다. 그러나 영지주의에 대한 본격적인 이해는 나그함마디 문서와 사해 문서들이 발견되면서일 것이다. Elaine Pagels, 하연회 역, 『숨겨진 복음서 영지주의』, 루비박스, 2006, 23쪽 참조.

당대에 영지주의자들의 주장과 그 문헌들의 보급이 보편화되어 있었음을 짐작할 수 있다.

이러한 영지주의 문서들이 주류 기독교의 입장에서 심각한 경계심을 지닐 수밖에 없었던 이유는 그 내용들이 함유하고 있는 도발적 사유 때문이다. 이를테면 〈빌립복음서〉에서는 마리아의 처녀 수태라든가 예수의 육신 부활 등의 주류 기독교의 일반적 믿음을 무지에서 비롯한 오해의 소산으로 몰아간다. 또한 〈진리복음서〉에서는 인류의 기원과 관련한 창세기의 내용을 뱀의 시각에서 풀어나감으로써 뱀을 신성한 지혜의 본원으로 묘사하고 있다. 이 외에도 대다수의 영지주의적 문헌들은 주류 기독교의 세계관을 뛰어넘는 매우 기발하면서도 이단적인 사유 체계를 주장함으로써 초기 기독교적 세계관의 형성기에 논란의 한 축을 차지하고 있었다. 그러나 영지주의자들은 이단으로 박해를 받기 시작하면서 3~4세기 이후 거의 자취를 감추게 되었으나 오늘날에도 그들의 가르침과 의식의 일면은 서양 문화사의 면면에 유전되고 있음을 부인할 수 없다.[59] 또한 한국 현대소설의 기독교적 상상력을 논의함에 있어서도 작가의 영지주의적 상상력이 형상화된 다수의 작품들이 문학적 성과를 이루어내고 있다는 점에서도 그 가치를 가볍게 넘길 수 없는 것이다.

영지주의자(gnostic), 혹은 영지주의(gnosticism)라는 용어는 그리스어 그노시스(gnosis; 靈知)에서 유래되었는데 일반적으로 '지식'(knowledge)으로 번역된다. 대체적으로 이 당시의 다수파는 궁극

---

57. 위의 책, 12쪽.
58. 위의 책, 16쪽.

적 실재에 대해서는 아는 바가 전혀 없다고 주장하는 반영지주의
자(agonostic)였음에 비해 이들은 지식을 통해서 구원을 추구할 수
있다고 보았다.[60] 그런데 영지주의자들이 추구하는 지식은 경험
적 지식을 의미한다는 점에 유념해야 한다. 그리스어에서는 논리
적 지식과 경험적 지식을 엄밀히 구분하여 사용하고 있다. 따라
서 경험을 통해 직접적으로 얻게 된 지식이 그노시스이며, 이러
한 그노시스를 추구하는 사람을 영지주의자로 보는 것이다. 영지
주의자들은 직관적 경험을 통하여 자신을 알아가는 지식의 추구,
즉 자기 지식(self-knowledge)을 강조하는데 이는 결국 인간의 본성
과 운명에 대한 앎으로 확장될 수 있으며, 궁극적으로는 신적 실
재에 대한 지식에까지 도달할 수 있다고 보았다.[61]

---

59. 오랫동안 영지주의에 대한 연구를 지속해 오고 있는 연구자인 스티븐 휠러
 (Stephan A. Hoeller)는 영지주의에 대한 연구가 그동안 미흡했던 이유를 다음
 과 같이 밝히고 있다. 첫째는 영지주의가 오직 역사적 연구로만 접근할 수 있는
 소멸된 종교 전통이라는 오해, 둘째는 영지주의가 우주적 염세주의에 너무 깊
 이 빠져 있으므로 진보의 시대적 분위기에 맞지 않다는 점, 셋째는 영지주의가
 이성이나 경험과는 무관하게 사변적 공상에 지나지 않는다는 이유 때문에 진지
 하게 다루어지지 못했다고 분석한다. 그러나 실제로 영지주의는 그 지지자들은
 물론이고 볼테르, 윌리엄 블레이크, W.B. 예이츠, 헤르만 헤세, 그리고 C.G. 융
 과 같은 뛰어난 사람들까지도 매료시켰고, 철학에서도 실존주의에 많은 영향을
 끼치는 등 오늘날 다양한 분야의 많은 사람들이 영지주의자임을 자처하고 있다
 고 영지주의의 부활을 예견하고 있다. Stephan A. Hoeller, 이재길 역, 앞의 책,
 5~18쪽.
60. 'a-'는 '비(非)' 혹은 '무(無)'를 뜻하는 접두어로서 agonostic은 반영지주의자 또
 는 불가지론자의 의미를 지닌다.
61. 영지주의의 경험적 지식에 대한 좀더 자세한 이해는 다음의 자료를 참고하기
 바란다. Stephan A. Hoeller, 이재길 역, 앞의 책, 18~19쪽. Elaine Pagels, 하연
 희 역, 앞의 책, 17쪽.

신이라든가 창조, 그 비슷한 문제들에 관한 연구는 그만두도록 하
라. 네 자신을 출발점으로 삼아 신을 찾으라. 네 안에서 모든 것을 신
의 것으로 만들고 "나의 신, 나의 마음, 나의 생각, 나의 영혼, 나의
몸"이라 말하는 자가 누구인지 깨달으라. 슬픔, 기쁨, 사랑, 증오의
원천이 무엇인지 깨달으라……이러한 문제들을 주의 깊게 살피고
나면 너는 바로 네 안에서 그를 발견하게 될 것이다.[62]

인용문은 영지주의자의 한 사람인 모노이무스의 견해이다. 그의 말처럼 영지주의의 출발점은 자기 자신에 대한 앎에서부터 시작한다. 궁극적 실재에 도달하기 위해서는 무엇보다도 자신의 모든 것에 대해 깨달음으로써 가능한 것이다. 이처럼 영지주의의 자기 지식(self-knowledge)에 대한 근원은 인간 마음(mind)의 심층과 깊은 관련을 맺을 수밖에 없다. 따라서 스티븐 횔러(Stephan A. Hoeller)는 영지주의를 원형심리학과 종교 신비주의가 함께 어우러진 심리의 경험에서 기인하는 것으로 파악한다.[63]

이제 영지주의 세계관의 특징적 관점 두 가지를 살펴보기로 하자. 이것은 주류 기독교의 세계관과 너무나 현격한 차이를 나타내는 것들임을 쉽게 파악할 수 있을 것이다. 그리고 영지주의 세계관의 비기독교적 관점에 대한 이해는 앞으로 본문에서 다루고자 하는 텍스트의 분석에서 개별 작가들의 영지주의적 인식의 특성을 밝히는데 토대가 될 수 있을 것이다.

첫 번째는 하느님과 우주의 창조에 대한 독특한 해석이다. 주류 기독교에서는 인간을 불완전한 존재로 규정한다. 따라서 최초

---

62. Elaine Pagels, 하연희 역, 위의 책, 18쪽.
63. Stephan A. Hoeller, 이재길 역, 앞의 책, 19쪽.

의 인간인 아담과 하와가 하느님의 질서(법)를 어김으로써 인류의 타락과 전피조물의 타락을 가져왔다고 주장한다. 그러나 영지주의자들은 이 세계가 불완전한 방법으로 창조되었기 때문에 결함을 지닐 수밖에 없었다는 근원적 의문을 제기한다. 다시 말해서 주류 기독교를 신봉하는 무리들이 하느님을 절대적인 조물주이자 우주의 관리자, 법의 집행자로 신뢰함에 반해서 영지주의자들은 하느님과 우주에 대한 새로운 시각을 견지하고 있는 것이다.

> 영지주의자들의 하느님은 창조된 세계 너머에 있는, 어떤 점에서는 창조된 세계와 완전히 동떨어져 있는 궁극의 실재이다. 카발리스트(Kabbalist;유대 신비주의자)들과 전 세계 대부분의 비교秘敎 신봉자들처럼, 영지주의자들도 창조라는 관념 대신 신성한 존재로부터의 방출(emanation)이라는 개념을 사용했다. 초월적 하느님은 창조에 참여하지 않는다. 신적 본질이 방출되어 나아감에 따라 드러나지 않던 것이 드러나고, 그 과정이 더 진행되면서 훨씬 더 구체적인 창조가 이루어진다. 근본 하느님은 시종 제일원인으로 남아 있으며, 그 대신 다른 존재들이 창조의 부차적인 혹은 이차적인 원인이 된다.[64]

영지주의자들의 하느님은 창조된 세계와는 동떨어진 궁극의 실재이다. 그는 창조된 세상 너머에 존재하며 이 불완전한 세계의 창조에 직접적으로 관여하지 않았다는 것이 영지주의자들의 관점이다. 다만 이 세계의 구체적인 창조는 근본 하느님의 신적 본질이 방출됨에 따라 나타난 다른 존재에 의한 결과물일 뿐이다. 달리 표현하자면 "최고의 신은 물질적 측면이나 특성을 갖지

---

64. 위의 책, 36쪽.

않는, 절대적으로 영적인 존재"[65]로서 이 신에 의해 만들어진 '에온'(aeon)들의 일부에 의해 세계는 창조된 것이다. 따라서 이러한 신화를 따르면 인간이 살아가는 세계를 창조한 신, 즉 구약의 창조신은 이류의 열등한 신에 불과한 존재이며, 때문에 우리 모두가 숭배해야 할 대상이 아닌 허상이라는 것이 영지주의 세계관의 한 특징이다.

영지주의 세계관의 두 번째 특징적 관점은 인간과 구원에 대한 이해이다. 주류 기독교적 세계관은 인간을 창조주의 위대한 결과물로 인식한다. 그러나 영지주의는 인간이 본질적으로 물질세계의 결과물이 아니라는 독특한 관점을 나타내고 있다.

> 그들은 인간의 몸이 지상에서 생겨나고 인간의 영은 아득히 먼 곳, 진정한 근본 하느님(Godhead)이 머물고 있는 충만(Fullness)의 세계에서 온다고 믿었기 때문이다. 인간은 썩어 없어지고 말 육체적·심리적 요소들과 함께 신적 본질의 파편인 영적 요소-때로 신의 불꽃이라 불리는-로 이루어져 있다. 이런 이원론적 본성-인간뿐만 아니라

---

65. 다양한 그노시스 종파의 세계관에 의하면 이 세계를 창조한 신은 유일한 신이 아니며 가장 강력하거나 전지전능한 신도 아니다. 오히려 훨씬 열등하고 무지한 신일뿐이다. 최고의 신은 이 세상으로부터 완전히 분리되어 있다. 그리고 이 신은 '에온'(aeon)이라는 다수의 후예들을 만들어 냈다. 그리고 태초에는 하느님과 에온들이 사는 영역만이 존재했지만, 우주에 한 차례의 재앙이 일어났고 이 때 에온들 가운데 하나가 신의 영역에서 추락하여 다른 신들을 창조하게 되었는데 이렇게 만들어진 신들이 바로 우리가 살아가는 물질세계를 창조해 낸 하등의 신이라는 것이 영지주의자들의 독특한 우주관이다. 이들의 논리를 따르면 결국 이 세계의 타락은 불완전한 인간에 의함이 아니라 애초에 이 세계가 불완전한 방법에 의해 창조되었기 때문이라는 논증이 성립된다. 바트 D. 에이먼, 「정통 그리스도교에 대한 도전: 유다복음이 제시하는 또 다른 관점」, 로돌프 카세르·마빈 마이어·그레고르 부르스트, 김환영 역, 『예수와 유다의 밀약 유다복음』, 네셔널 지오그래픽, 2006, 72~74쪽.

세계의-을 인정하기 때문에 영지주의는 이원론적이라는 평가를 받아왔다.[66]

인간은 육체적 요소와 함께 영적인 요소의 이원론적 체계로 이루어져 있다는 것이 영지주의의 관점이다. 여기서 신의 본질적 요소, 즉 '신의 불꽃'[67]으로 비유되는 영적 요소는 누구에게나 주어지는 것은 아니다. 오히려 대다수의 인간은 자신의 속에 깃들어 있는 이 불꽃을 인식하지 못하고 살아감으로써 무지의 상태에 머물러 있지만 영지주의자만은 이 불꽃 덕분에 무지의 함정에서 빠져나올 수 있다는 것이다.

그렇다면 암흑과 같은 영적 무지의 상태에 머물러 있던 인간의 영을 본래의 의식 상태로 회복시켜 신성한 존재에게로 이끌기 위해서 신의 사람들 혹은 빛의 사자들이 등장할 수밖에 없는데, 영지주의 문헌에서 자주 언급되는 구원자로는 세트(Seth;아담의 셋째 아들), 예수, 예언자 마니(Mani) 등을 꼽을 수 있다. 이 외에도 구약성서의 일부 예언자들을 비롯한 여타의 종교 창시자들이 언급되기도 하지만 대부분의 영지주의자들은 단연 예수를 최고의 구원자로 여기고 있다. 그렇지만 이 문헌들에 등장하는 예수는 신약

---

66. Stephan A. Hoeller, 이재길 역, 앞의 책, 38쪽.
67. 불꽃(étincelle)은 불티 또는 반짝이는 불씨로도 번역할 수 있다. 이 개념은 유대인들의 구원의 신비론에서도 중요한 역할을 한다. 스티븐 휠러는 신의 불꽃을 "우리는 머리 위의 어두운 창공을 마치 구멍 뚫린 베일처럼, 그래서 그 작은 구멍들을 통해 궁극적 실재의 빛이 우리의 시력(vision)을 꿰뚫고 들어오는 것처럼 생각할 수 있다. 구멍들 - 우주의 틈 - 을 통해 초월적인 광휘가 우리 의식으로 들어오는 것이다. 이 빛이, 오랫동안 갈망해 왔으나 아직 깨닫지 못한 가능성들로 우리를 깨워 이끄는 그노시스의 빛이다"라고 비유적으로 풀어 설명하고 있다. 위의 책, 31쪽.

성서의 예수처럼 죄와 회개에 대해 말하지 않는다는 점을 주목해야 할 것이다. 즉 우리 인간을 죄에서 구원하기 위해 왔다가보다는 영적 그노시스에 접근할 수 있도록 도와주는 길잡이로서만 기능할 뿐이다. 그리고 대상이 깨달음에 도달하고 나면 더 이상 영적 스승으로 기능하는 것이 아니라 그와 동등한 위치로 내려서는 존재라는 점에서 주류 기독교에서의 예수상과는 그 모습을 달리한다.[68] 따라서 영지주의에서 개인의 구원은 전적으로 대속적·집단적인 것이 아닌 개인적 차원에서 이해되어야 한다.

> 주류 기독교가 주장하는 대속 신앙(예수가 인류의 죄를 대신해 죽었다는 교리)의 메시지는 영지주의자에게 아무 의미도 갖지 못한다. 세계는 완전하게 창조되지 않았고, 현재 상태는 타락의 결과가 아니며, 인류는 누구에게나 전해진다고 하는 원죄의 영향 아래 있지도 않다. 따라서 분노한 아버지를 진정시키고 인류를 구원하기 위해 희생당해야 할 하느님의 아들도 필요 없다.[69]

영지주의적 관점에서도 인간이 죄인이라는 점을 인정한다는 점에서는 주류 기독교와 태도를 같이하고 있다. 그런데 그리스어에서 '죄'를 의미하는 단어인 하마르티아(hamartia)가 '과녁(표적)을 벗어나다(빗나가다)'는 어원을 지니고 있음을 주목하면 영지주의자의 죄에 대한 인식이 주류 기독교와 차이를 나타낸다는 사실에 이르게 된다. 즉 영지주의는 이 세계를 완전한 창조물로 인정하지 않기 때문에, 따라서 현재의 상태란 결코 타락의 결과가 아

---

68. Elaine Pagels, 하연희 역, 앞의 책, 19쪽.
69. Stephan A. Hoeller, 이재길 역, 앞의 책, 40쪽.

니며 인류에게는 원죄라는 것이 존재하지 않는다고 인식한다. 그렇다면 현재의 인간이 죄인이라는 것은 단지 과녁을 벗어난 무지의 상태에 머물러 있다는 것을 의미하는 것일 뿐이며, 이러한 무지를 벗어나 참되고 신성한 존재에 도달하는 순간 인간은 죄의 굴레로부터 벗어나서 구원에 이를 수 있다는 것이다. 따라서 영지주의에서의 구원은 대속자의 희생을 필요로 하는 것이 아니라 전적으로 개인의 깨달음에 의한 것이다. 여기서 빛의 사자의 역할은 무지로 인한 과녁의 벗어난 상태에서 영적인 깨달음을 도와주는 길잡이일 뿐이며, 인간에게 필요한 것은 그노시스에 이르는 영적 노력과 성실성이다.

지금까지 살펴본 것처럼 영지주의의 세계관은 하느님과 우주의 생성에 대한 관점에서부터 인간과 구원에 관한 인식에 이르기까지 주류 기독교의 세계관과는 상이한 관점을 보여주고 있다는 사실을 확인할 수 있었다. 영지주의는 단연코 하느님에 대한 유일신적 숭배를 거부하고 있으며 나아가 우주의 창조를 절대적 유일자의 행위로 인정하지 않는다. 또한 그들은 인간의 죄와 구원에 대한 주류 기독교의 태도마저도 인정하지 않으며 오직 무지의 상태에서 벗어난 그노시스에 도달함으로써 영적 안정에 이르게 된다는 관점을 옹호한다. 이와 같은 영지주의적 세계관은 초기 기독교의 박해로부터 자유로울 수 없었고 역사의 오랜 전개 과정에서 큰 주목을 받지 못한 채 근근이 명맥을 이어오고 있었다. 그러나 오늘날에 이르러 영지주의는 서서히 그 모습을 드러내면서 점차 그 토대를 넓혀가고 있는데 그 하나의 양상이 예술적 형상화를 통한 대중 속으로의 파급이다. 그 중에서도 문학적 상상력이 이러한 영지주의적 세계관을 형상화하는데 보다 적극적이라는 사실을 최근의 소설들에서 두드러지게 나타나는 현상임을 확인할 수 있을 것이다. 이를테면 김동리의 〈마리아의 회태〉, 〈목공 요셉〉, 〈부활〉 등과 같은 단편들과 〈사반의 십자가〉, 그리고 박상륭의 〈아겔다마〉와 〈역증가〉, 이문열의 〈사람의 아들〉, 백도기의 〈본시오 빌라도의 수기〉 등이 좋은 사례가 될 것이다.

2장. 개화기 소설과 기독교적 근대성
- 안국선의 〈금수회의록〉

1. 안국선의 생애와 문학사적 의의

이른바 구한말 개화기는 중세적 봉건질서의 완고함이 급격히 해체되면서 이 틈새를 비집고 들어온 서구적 근대성이 사회 전반을 뒤흔들기 시작한 격동의 시기였다. 한편에서는 과거를 고수하려는 수구적 보수성이 격렬한 저항을 불태웠고, 그 반대편에선 이 기회를 놓치지 않으려는 개화의 열망이 뜨겁게 달아올라 그 형세를 키워나가던 격전의 시대였다. 결과적으로 이 시기에 대한 후대의 평가는 "전통 질서의 극복이라는 긍정적 측면과 함께 서구 열강의 제국주의가 새로운 침략을 시작하는 부정적 측면을 동시에 내포하고 있는 모순의 역사"[1]라는 의견으로 공감대가 형성되고 있다. 이러한 격랑의 모순적 역사에 등장한 소설 양식으로서의 '신소설' 혹은 '개화기 소설'이란, 따라서 당대적 실상을 적나라하게 담아내고 있는 가장 단적인 사례가 될 것이다. 아울러 이 소

---

1. 황정현, 「신소설 연구」, 집문당, 1997, 29쪽.

설적 양식은 당대의 실상을 반영하는 데서 머물지 않고, 서구에서 유입된 각양의 근대 사상을 소개하고 확산하는 각축의 장으로 그 기능을 빠르게 전환시켜 나갔다. 이러한 여러 개화기 소설 가운데서도 서구적 근대성을 근간으로 당대의 세태에 대한 냉철한 비판을 보여 준 대표적 작품으로 안국선安國善(1878~1926)의 〈금수회의록禽獸會議錄〉을 꼽는 것에 대해서는 큰 이론이 없을 것이다. 안국선이 이 시기 서구적 근대성을 수용하고 그것에 바탕을 둔 정치사상을 구현하는 데 그 누구보다 적극적이었다는 사실은 재론의 여지가 없기 때문이다. 본 연구에서는 작가 안국선이 서구적 근대성의 표상으로 수용한 기독교가 그의 대표 소설 〈금수회의록〉에 어떻게 형상화되었으며, 나아가 그 속에 내재한 근대적 정치성이 기독교적 세계관과 어떤 방식으로 결합되고 있는지에 대해 논의를 집중하려 한다.

안국선의 생애에 관한 연구는 대체적으로 그 성과가 풍부한 편이다. 물론 그 가운데서 재론의 여지가 전혀 없는 것은 아니지만 그의 사상적 근원을 규정하는 데 큰 오해를 불러 올 만큼 심각한 차이는 아니라고 본다.[2] 천강天江 안국선은 경기도 안성군 고삼면에서 1878년 12월 5일에 안직수安稷壽의 장남으로 태어나 1926년 7월 8일 사망했다.[3] 비록 오십을 넘기지 못한 짧은 생애였지만

---

2. 안국선의 생애와 관련한 연구는 윤명구의 「안국선 연구」(서울대 석사학위논문, 1973), 권영민의 「안국선의 생애와 작품세계」(『관악어문연구』 제2집, 1977), 최기영의 「안국선의 생애와 계몽사상(上)」(『한국학보』 63, 1991) 등을 주목할 수 있다. 특히 최기영의 연구는 안국선의 생애와 학문적·사상적 성과를 평가함에 있어서 매우 구체적인 자료들을 바탕으로 전개하고 있다는 점에서 그 가치를 높게 매길 수 있다.

1900년 후반기부터 1910년대에 걸쳐 활동한 개화기 신소설 작가로, 그리고 정치·외교·경제·법률·연설·역사 등의 다방면에서 적지 않은 논설과 저술 활동을 남긴 개화기의 대표적 지식인으로 기억되고 있다. 안국선의 집안은 이미 7대조부터 벼슬길에 진출하지 못한 잔반殘班계열의 한미한 가문이었으나, 그의 재종백부再從伯父가 되는 안경수安駉壽(1853~1900)가 1895년 군부대신에 오르면서 그에게도 지식인으로 성장할 수 있는 기회가 열렸다. 즉 안경수는 구한말에 관료를 지낸 인물로서 군부대신에 오르는 등, 일본을 통해 서구문물을 수입하는데 앞장을 섰던 대표적 개화친일정객이었다. 그는 자신의 죽산 안씨竹山 安氏 문중에서 여러 사람을 후원했는데 그 중에서도 안국선에 대한 신임이 두터웠던 것 같다. 안국선이 17세 때인 1895년, 갑오경장의 수행과정에서 조선 정부가 일본에 파견한 제1차 관비유학생에 안국선이 선발된 데에는 바로 안경수의 추천이 작용했던 것이다.[4] 유학생에 선발된 안국선은 그해 8월 경응의숙 보통과慶應義塾 普通科에 입학하여

---

3. 안국선의 출생에 대해서 그 동안 대부분의 연구자들은 1878년 출생을 수용하고 있다. 이는 안국선에 대한 선행 연구의 대표격인 윤명구의 「안국선 연구」(서울대 석사학위논문, 1973), 『개화기 소설의 이해』(인하대학교 출판부, 1986)와 이재선의 「「공진회」와 단편소설」(『한국개화기소설연구』, 일조각, 1972), 그리고 권영민의 「안국선의 생애와 작품세계」(『관악어문연구』 제2집, 1977) 등에서 줄곧 이어지면서 굳어진 것이다. 이들이 공통적으로 1878년 출생설을 제기하는 것은 서울 중구 다동 3번지와 경기도 안성군 고삼면 월향리 171번지 소재의 제적부(除籍簿)를 근거로 한 주장이었다. 그런데 안국선의 생애와 계몽사상 등에 대해 심도 있는 연구를 진행한 최기영에 따르면 1893년 간행된 『竹山安氏族譜』의 "高宗 己卯年 12월 5일"이라는 기록에 근거하여 1879년생임을 주장하고 있다. 이러한 주장은 후대인 일제 강점기에 만들어진 호적의 기록보다는 1890년대에 만들어진 족보의 기록이 더 정확할 것이라는 추정에 따른 것이다. 최기영, 위의 글, 1991, 127쪽 참조.

다음해인 1896년 7월에 졸업한다. 그리고 8월에 동경전문학교東京專門學校(現 早稻田大學)의 방어정치과邦語政治科에 진학한 후 1899년 7월에 졸업한다. 이러한 학업의 과정에 안경수의 도움이 직접적인 큰 영향력이 되었음은 너무나 분명한 사실이다. 이렇듯 안국선은 일본 유학이라는 기회를 얻음으로써 서구적 근대의식을 배양케 되었고, 이는 향후 안국선의 정치사상과 사회활동 등에 가장 중요한 자양분으로 기능하게 된다.

안국선은 동경전문학교를 졸업한 후 곧바로 국내로 귀국하지 못했다. 그 이유는 안국선의 후원자였던 안경수가 이 당시 일본에 망명 중이었기 때문이다. 안경수는 1896년 7월에 조직된 독립협회의 회장을 맡기도 했고, 1898년 6월에는 개화당의 거물인 박영효朴泳孝와 연계하여 고종을 퇴위시키고 대원군의 손자 이준용

---

4. 1895년 관비유학생으로 선발된 인물은 대략 200여 명으로 추정된다. 이 해에 청·일 전쟁일 끝나면서 시모노세키 조약이 체결되었고, 이에 조선에 대한 발언권을 강화한 일본이 1895년 7월에 조선과 유학생 파견에 관한 계약을 체결하게 된다. 이 계약을 간략히 소개하면, "학부대신 이완용(李完用)과, 일본 게이오의숙 숙장 후쿠자와를 대리한 가마다(鎌田榮吉)의 협의로 된 것인데 전문이 15개 조이다. 이에 의하면, (1)조선국 학부는 매년 게이오의숙에 일정한 유학생을 유학시키되, (2) 초년도 유학생 수는 300명이요 이후는 서로 협의 결정하며, (3)유학생 경비는 1인당 매월 20엔을 게이오의숙에 미리 예치하고 이 돈의 사용 및 유학생의 지도 감동 등 일체의 권한은 후쿠자와에게 일임한다."(임종국, 반민족문제연구소 엮음, 『실록 친일파』, 돌베개, 1991, 59쪽.)고 되어 있다. 이러한 계약에 따라 1차로 182명의 조선 청년들이 관비유학생에 선발되어 일본에 유학하게 되었는데, 거기에 안국선이 포함되어 있었다. 그러나 실제 유학생 명단에는 안국선이라는 이름이 없다. 대신 경기도 양지군 봉촌 거주 안직수의 장남으로 '安明善'이라는 이름이 기록되어 있다. 이는 안국선의 初名이 '周善'이었다가 20대 중반에는 '明善'으로, 그리고 1900년대 중반에 와서 '國善'이라는 이름을 사용했기 때문이다. 최기영, 위의 글, 128쪽. 김학준, 『한말의 서양정치학 수용 연구-유길준·안국선·이승만을 중심으로』, 서울대학교 출판부, 2002, 112~113쪽 참조.

에게 양위를 도모한 역모를 꾀하다 망명 중이었으므로 이러한 상황이 안국선의 귀국을 주저하게 했을 것이다.[5] 그러나 1899년 11월 귀국길에 오른 안국선은 곧바로 경무청에 체포되고 1904년 초까지 미결수의 신분으로 종로감옥에 수감되었다가, 1904년 3월에야 재판을 받고 태 100대에 종신유형을 선고받아 전라도 진도로 유배를 간다. 본론에서 보다 상세히 다루겠지만 안국선의 삶에서 종로감옥 시절이란 기독교 신앙을 수용하고 기독교적 세계관에 근거한 사회개혁사상을 배태한 중요한 시기로 작용했다. 이후 3년이 경과한 1907년 3월 20일자로 유배에서 풀려나면서 안국선은 본격적으로 현실 정치에 발을 들여놓게 되었고, 사회개혁에 대한 다양한 목소리를 냄으로써 개화기 지식인으로서의 근대의식을 발현시켜 나갔다.

  이처럼 파란만장한 인생 역정을 거친 안국선의 문학적 성과에 대한 연구는 대표작 〈금수회의록〉을 중심으로 단편 소설집 〈공진회〉에 이르는 과정에 집중되어 있다. 즉 개화기 지식인의 현실 참여의 양상과 그 변모 과정을 밝혀내거나, 혹은 〈금수회의록〉이 갖는 정치소설, 우화소설, 기독교 소설로서의 특질을 분석하는 데에 모든 연구가 초점이 맞추어져 온 것이 사실이다. 특히 기독교 소설로서의 다양한 연구들도 그 양적인 면에서 결코 적지 않은 면면을 보여주고 있다.[6] 그러나 작품 자체에 표면화된 문맥에 의거하여 기독교 인식과의 상관성을 결론짓는 데 급급한 면이 여전히 흠으로 남는다. 안국선이 개화기 지식인으로서의 사상적 틀을 체계화하는 데에는 서양 정치사상을 학문적 배경으로 삼

---

5. 김학준, 위의 책, 115쪽.

은 것과 더불어 기독교적 세계관이 근대의식의 밑거름으로 상호 작용했다는 전제 하에서 그의 기독교 수용 과정을 좀 더 면밀히 고찰할 필요가 있다. 따라서 본 연구에서는 안국선의 기독교로의 개종 과정을 사적으로 고찰하는 작업을 선행할 것이다. 그리고 이를 토대로 기독교적 사상이 그의 개화의식을 형성함과 작품의 창작에 어떤 식으로 관여하고 있는가를 분석함으로써 〈금수회의록〉에 대한 기독교 소설로서의 의미를 재론하고자 한다.

2. 안국선의 기독교 수용과 근대성의 확장

안국선의 기독교 수용, 그리고 이를 개화기라는 특수한 시대적 상황 속에서 민족과 사회의 미래를 선도할 근대성으로 확장한 데에는 종로감옥 수감 시기를 전후한 생애에 대한 면밀한 이해가 선행되어야 한다. 안국선이 본격적으로 사회 활동을 전개해 나간 생애의 전반에 걸쳐 서구적 근대성을 바탕으로 한 개화의식이 사상적 근간이 되었다는 점을 인정한다면, 결국 그러한 인식 형성에 절대적으로 기여한 기독교의 수용 과정을 간과해서는 안 되겠기 때문이다. 우선 안국선의 기독교 수용은 아들 안회남의 기록

---

6. 안국선에 대한 기독교 소설로서의 연구로는 조신권의 「안국선 문학에 미친 기독교의 영향」(『현상과 인식』 1권3호, 한국인문사회과학회, 1977), 송지현의 「안국선 소설에 나타난 이상주의의 변모양상 연구-〈금수회의록〉과 〈공진회〉를 중심으로」(『한국언어문학』 26, 한국언어문학회, 1988), 권보드래의 「신소설에 나타난 기독교의 의미-〈금수회의록〉, 〈경세종〉을 중심으로」(『한국현대문학연구』 6, 한국현대문학회, 1998), 최기영의 「한말 안국선의 기독교 수용」(『한국기독교와 역사』 5, 한국기독교역사연구소, 1998), 김경완의 「개화기 기독교 소설 〈금수회의록〉 연구」(『국제어문』 21, 국제어문학회, 2000) 등을 꼽을 수 있다.

을 통해서도 확인할 수 있다.

> 나의 先親께서 基督敎信者이신 時節이 있었다. 少年인 그때의 나는 每日 朝飯前에 아버님과 함께 聖經을 읽고 讚頌歌를 불으고 祈禱를 하고 했다. 내 누이동생도 參席을 하고 其外 食客들도 끼었다. 그렇건만 우리 어머님은 除外되었든 것이다. 勿論 그 時刻에 어머님께서는 食母를 다리고 아츰밥을 지으시는 것이다. 나는 어머님이 그 職責 때문으로 하여서 아츰禮拜에 빠즈시는 것이라고는 생각지 않었다.[7]

안회남은 어머니를 회고하는 글에서 아버지 안국선과 관련한 기억의 단상을 펼치고 있다. 인용문의 내용처럼 안국선의 기독교적 삶의 실천은 일상에서 매우 규칙적이고 엄격했던 것으로 보인다. 비록 안회남의 기록에서 "나의 선친께서 기독교신자이신 시절이 있었다."라는 구절이 다소 의문으로 다가오긴 하지만 실제 안국선은 삶을 마감하는 순간까지 기독교를 배교하지는 않았던 것으로 보는 것이 타당하다.[8] 여하간 일본 유학에서 돌아 온 안국

---

7. 안회남, 〈나의 어머님〉, 『조광』 제6권6호, 1940.6, 207쪽.
8. 종로감옥에서 기독교로 개종한 안국선은 수감에서 풀려난 후인 1907년경 연동교회에서 세례를 받은 것으로 추정된다. 이후 기독교 신앙을 지속적으로 유지하던 그가 1910년대 말을 전후한 어느 기간에 사업 실패로 인한 좌절로 음주를 하는 등 일시적 방황기가 있었던 것은 사실이나 전면적으로 기독교를 떠나지는 않았던 것으로 판단된다. 그럼에도 불구하고 아들 안회남의 기록에 이러한 표현이 나타난 것에 대해서 최기영은 「한말 안국선의 기독교 수용」(『한국기독교와 역사』 5, 한국기독교역사연구소, 1998, 39쪽 참조)에서 "그가 좌익계열의 작가였음을 고려"할 때 짐작이 가능한 부분이라 해석하고 있다. 그리고 그에 대한 방증으로 안국선이 1921년 YMCA에서 발간한 『청년』 창간호부터 제 2, 3호까지 총 5회에 걸쳐 원고를 수록했던 점을 근거로 제시하면서 그가 죽을 때까지 YMCA와 관련을 맺으며 신앙생활을 지속한 것으로 주장한다.

선이 이후 죽음에 이르기까지의 전 생애가 기독교적 세계관을 바탕으로 꾸려졌으며, 더불어 그가 주장한 여하의 사상이 바로 기독교를 근간으로 한 서구의 근대성과 직접적으로 연관되어 있다는 사실이 무엇보다 중요하다. 때문에 안국선이 본격적으로 기독교를 접하고 이를 신앙적 차원에서 수용하게 된 종로감옥 수감 당시의 상황은 안국선 연구의 중요한 출발점이 된다.

1899년 7월 동경전문학교를 졸업한 안국선은 조선에 돌아온 직후 '某種의 政治運動을 劃策'[9]하다가 체포되어 1904년 초까지 미결수 상태로 종로감옥에 수감되었다. 그런데 이 당시 종로감옥에 갇혀 있었던 대다수의 정치범들이 이곳에서 기독교로 개종하였고, 더욱이 훗날 한국 개신교의 지도자적 인물로 활동한 인사들이라는 점을 주목할 필요가 있다. 특히 안국선이 옥중에서 이러한 인사들과 어느 정도의 교분을 유지하고 있었다는 사실을 확

---

9. 안국선의 아들 안회남이 쓴 〈나의 어머님〉에 보면 부친이 동경 유학에서 돌아온 이후 당대 조선 현실에 통탄하여 모종의 종치운동을 획책하다가 종로 감옥에 수감되었고, 이후 전남 진도로 유배된 사실을 추억하고 있다.(안회남, 위의 글, 1940.6, 208쪽.) 또한 윤성렬의 회고기인 「배재학당」(「남기고 싶은 이야기들」, 『중앙일보』, 1977.3.12.)에서도 안국선에 대한 기록이 보이는데, 여기서도 안국선이 어떤 죄명으로 구속되었는지는 확인되지 않는다. 그런데 최기영의 연구(「안국선의 생애와 계몽사상(上)」, 『한국학보』 63, 1991, 130~131쪽)에 따르면 간접적이긴 하지만 박영효와 관련된 역모 사건에 대한 혐의 때문으로 체포의 이유를 꼽고 있다. 반면에 최원식(「『비율사 전사(戰史)』에 대하여: 아시아의 연대(連帶)Ⅱ」, 『문학과 역사』 제1집, 1987, 244~258쪽 참조)은 안국선이 종로감옥에서 찍은 두 장의 사진을 면밀히 검토하고 관련된 자료들을 분석함으로써 박영효와 간접적으로 연계된 '정변획책' 때문이 아닌 '이상재 사건'에 연류된 것을 수감의 이유로 들고 있다. 즉 독립협회의 회원이자 개화파의 일원이던 월남(月南) 이상재 선생이 1902년 6월에 '조작된 개혁당 사건의 주모자'로 지목되어 이완용이 설치한 특무기관에 체포되었다는 것이다. 하지만 이 분석은 안국선의 수감 시기를 1902년으로 보고 있다는 점에서 안국선의 귀국 시기와 일치하지 않는 의문을 남긴다.

인할 수 있는 몇 가지 증거 자료가 있다. 첫째로는 이승만이 옥중에서 저술하여 1917년 미국 로스앤젤레스 소재의 '태평양잡지사'에서 간행한 『독립정신』에 실린 한 장의 사진이다. 이 사진은 1903년 이승만이 감옥에서 찍은 사진인데 여기에 안국선의 모습이 나타나 있다.[10] 다음으로는 이 시기 정치범으로 수감되어 있던 이원긍李源兢의 장남 이능화李能和가 부친을 면회 다니며 보게 된 당시의 광경을 기록한 글에서도 안국선과 이들 사이의 교류와 기독교로의 개종 사실을 확인할 만한 단서를 얻을 수 있다.

> 光武五年 辛丑之春三月에 先考府君(寫眞右三 號取堂 前韓從二品嘉善大夫法部協辯) 及李商在氏(號月南 前韓從二品嘉善大夫議政府參贊) 兪星濬氏(號兢齋 前韓從二品嘉善大夫內部協辯) 金貞植氏(號三省 前韓警務官) 李承仁氏(號竹史) 月南先生之次子 前韓爲扶餘郡守 卒于官) 洪在箕氏(號斗庭 前韓開城郡守 卒于官) 李承晩氏(哲學博士) 安國善氏(曾經郡守) 金麟氏(官歷未詳) 等이 一時被拘ᄒ야 同逮字獄ᄒ니 本無罪案之可構오 唯有官歷之是咎ᄂ니 此所謂莫須有之事也라 三個星霜 鐵窓生活에 幽鬱慘憺ᄒ야 苦惱畢備러니 幸而獄法에 許看宗敎書籍ᄒ고 亦許洋人入獄布敎라(時米國人宣敎師 房巨氏(A.D.Bunker) 入獄傳導矣) 於是에 同監諸公이 相與硏究新約全書ᄒ야 誓心決志ᄒ야 領洗守戒ᄒ니 是爲官紳社會信敎之始라 光武八年甲辰歲初에(日露戰役開始之際) 始得釋放ᄒ야 復見天日ᄒ야 遂相率從事干京城蓮洞敎會ᄒ니(時 奇一(Gail)牧師主管蓮洞敎會)……後自蓮會로分向各方ᄒ야 獻身於宗敎事業ᄒ야 用力於精神指導ᄒᆯ새……[11]

---

10. 이광린,「구한말 옥중에서의 기독교 신앙」,『한국개화사의 제문제』, 일조각, 1986, 223쪽 참조.
11. 이능화,『조선기독교급외교사』, 조선기독교 창문사, 1928, 203~204쪽.

이능화의 기록에 의하면 이 당시 종로감옥에 수감된 정치범들의 대다수, 즉 부친인 이원긍을 포함하여 이상재, 유성준, 김정식, 이승인, 홍재기, 이승만, 안국선, 김린 등이 '官紳信敎之始'였다고 증언한다. 이능화의 말처럼 과연 이들이 관료집단 가운데 최초의 기독교 개종자였는지는 단언하기 어렵지만, 적어도 이때에 종로감옥에 수감 중이었던 정치범의 대다수가 기독교로 개종한 것만은 사실인 듯하다. 그리고 여기에 안국선의 실명이 거론되고 있다는 점에서 그의 기독교 수용이 적어도 이 근간이 아닌가 짐작가는 대목이다. 인용문에 따르면 죄수들이 감옥에서도 종교서적을 볼 수 있도록 허락이 되었다는 점, 서양인 선교사인 방거트房巨트(A.D. Bunker)목사가 종로감옥을 자유로이 드나들며 포교활동을 할 수 있었다는 점, 그리고 이들이 함께 신약전서를 연구했다는 기록 등에서 안국선을 위시한 정치범들이 기독교로 개종할 환경적 여건이 충분히 조성되어 있었음을 짐작케 한다. 결과적으로 이들 대부분은 석방된 직후 연동교회 게일(Gail)목사에게서 세례를 받았으며, 이후 기독교 신앙에 바탕을 둔 개화기 지식인으로서의 사회적 역할을 충실히 담당하였음을 초기 한국 교회사의 여러 기록을 통해 확인할 수 있다.

안국선이 종로감옥 수감 당시 위에 언급한 지식인들과 더불어 기독교를 접하게 되었으며, 다수의 기독교 관련 서적을 탐독하면서 기독교 신앙을 적극적으로 수용하게 되었을 것이라는 정황은 이승만의 「옥중전도獄中傳道」에서 보다 정확한 자료를 얻을 수 있다.

어룬의 방은 신흥우씨가 거하여 가라치며 아해들의 방은 양의종씨가 거하야 가라치는데 공부여가에는 성경말삼과 올흔 도리로 주야

권면하며 나는 매일 한시를 분하야 두군대를 가라치매 관계되는 일이 불소하야 자연히 분주하나 성취되여 가는 거시 자미로어 괴로온 줄을 깨닷지 못할너라. 매 토요일은 본 서장이 대청에서 친히 도강을 밧은 후에 우럴을 보아 조회로 상급을 주며 불하는 자는 절로 벌을 행하며 매 주일은 정학하는대 쌩거목사가 와서 공부한 거슬 문답도 하며 성경말삼도 가라치시며 그 효험이 대단한지라.[12]

1902년 음력 구월, 종로감옥에는 획기적인 사건이 일어났다. 당시 새로 부임한 서장 김영선과 간수장 이중진, 박진영 등의 지지를 얻어 드디어 감옥 안에 학교가 세워진 것이다. 이승만의「옥중전도」에 따르면 새로운 소장과 간수장들이 도임한 이후 다수의 정치범들은 옥중에 있는 총명한 아이들을 교육할 기회를 허락해 줄 것을 의논한 것으로 기록되어 있다. 그리고 이 요구가 받아들여져 처음에는 감방 하나를 비워 아이들을 대상으로 국문, 동국역사, 명심보감, 글쓰기, 영어, 일어, 산학 등을 가르쳤고, 곧 배우기를 원하는 어른을 대상으로 하나의 감방을 다시 비워 영어, 지리, 문법 등을 가르친 기록이 전한다.[13] 또한 인용문에 적시된 것처럼 주로 아이들은 양의종이 어른들은 신흥우가 교육을 담당했고, 이승만은 양쪽을 모두 담당했다. 여기서 우리가 주목해야 할 것은 이들이 가르친 내용에 성경말씀이 포함되어 있다는 점과 주일에는 방거목사가 정기적으로 방문하여 성경을 가르쳤다는 사실이다. 이는 당시 종로감옥 안에서의 기독교 수용이 전폭적으로 이루어졌음을 짐작케 하는 증언이며, 때문에 전술한 이능화의

---

12. 이승만,「옥중전도」,『신학월보』, 1903.5. 이광린, 위의 글, 227쪽.
13. 이광린, 위의 글, 225~227쪽.

자료에서 언급했던 것처럼 안국선 역시 이 분위기에 편승하여 기독교로의 개종이 이루어졌던 것으로 이해할 수 있다. 또 한 가지 주목할 사항은 감옥 내 학교의 설립에 이어 서적실書籍室, 즉 오늘날의 도서실이 설치되었다는 점이다. 이 역시 이승만의 옥중서신에서 그 정황을 살펴볼 수 있다.

> 이 날(필자 註:1902년 12월 25일) 오전에 쌩거목사씌서 례물을 후히 가져오고 위로차로 오셧다가 모인 아해들을 보고 대단히 깃버하야 매주일에 와서 가라치기를 작뎡하매 관원들이 다 감사히 치사하엿스며 서적실을 설시하야 죄수들로 하여금 임의로 책을 엇어 보게 하려 하매 성서공회에서 깃거히 찬조하야 오십원을 위한 하고 보조하기를 허락하매 사백양 돈을 들여 칙장을 만들고 각처에 청구하여 서칙을 수합하매 지어 일본과 상해에 외국교사들이 듯고 서칙을 연조한 자 무수한지라. 영어·한문·국문의 모든 서칙이 방금 잇는 거시 이백오십여권인대 처음 십오일 동안에 칙 본 사람이 통히 이백륙십팔인이요 지난 달은 일삭 동안에 통히 이백사십구인이라.[14]

방거목사의 제의가 받아들여지고 뜻을 같이하는 다수의 도움에 힘입어 종로감옥에는 서적실이 갖추어졌다. 일명 『감옥서 도서대출록監獄署 圖書貸出錄』[15]의 〈감옥서서적목록監獄署書籍目錄〉에 따르면 처음 서적실이 설치될 때에는 이승만의 「옥중전도」에 기록된 것처럼 중국 상해와 일본 등지에 있던 외국인 선교사들이 보내온 250여 권의 목록으로 시작되었다. 그러나 이내 한문책 222종 338권, 국문책 52종 165권, 영문책 20종 20권 등 전체 294

---

14. 위의 글, 229쪽.

종 523권이 소장될 정도로 보유 서적이 증가하였고, 더불어 서적을 대출하여 독서하는 죄수들의 열성도 꾸준했음을 확인할 수 있다.[16] 그런데 방거목사를 비롯한 여러 선교사들의 기증으로 만들어진 서적실의 소장 도서 대부분이 기독교 관련 내용들로 채워졌음은 너무나 당연한 일이다. 즉 한문책 222종 가운데 약 50종, 국문책 52종 가운데 약 10종, 영문책 20종 가운데 13~4종이 정치, 경제, 법률, 과학, 전기 관련이었고 그 나머지가 전부 기독교계통의 서적이었다.[17] 안국선은 바로 이 서적실을 통해 기독교 관련 서적들을 탐독하였고, 결국 기독교로의 개종을 결심하였을 것으로 짐작할 수 있다. 그의 독서 내력에 관련된 기록들을 『감옥서도서대출록』에서 검토해보면, 1904년 1월 25일〈텬료력뎡〉의 대출을 시작으로 1905년 3월 21일까지 모두 27회의 대출 이력이 남아있는데, 그 가운데 대부분이 역시 기독교 관련의 서적들이었다.[18] 이와 같이 당시 종로감옥에 수감 중이던 대부분의 정치범들

---

15. 이 자료는 광무(光武) 7년(1903) 1월 17일부터 광무 8년(1904) 8월 31일까지 서울 종로감옥에 있었던 죄수와 간수들이 서적실에서 누가 무슨 책을, 언제 대출해 가서 언제 반납했는가를 기록한 것이다. 그리고 중간 중간에는 일별, 월별 도서대출상황이 집계되어 있고, 마지막 부분에는 〈監獄署書籍目錄〉이라 하여 당시 소장되어 있던 도서의 내용도 확인할 수 있다. 이는 월남 이상재(月南 李商在, 1850~1927)선생의 차남 이승인(李承仁, 1872~1908)이 부친과 함께 수감되어 있다가 출옥할 때 갖고 나온 것이라 하며, 현재 그의 아들인 이홍직(李鴻植)에게 전해지고 있다. 위의 글, 217쪽 참조.
16. 위의 글, 229~230쪽 참조.
17. 당시 서적실에는 구·신약을 합친 한문본 성서가 2부, 신약성서 한문본이 5부, 한글본이 1부 있었다. 이 외에도 『그리스도신문』, 캐나다인 선교사 게일(James S. Gale-奇一,1863~1937)이 번역한 『텬로력뎡(天路歷程)』과 『張哀兩友相論』, 『德慧入門』, 『近代敎士列傳』, 『西方歸道』, 『救世敎益』, 『耶蘇聖蹟□五度』, 『耶蘇敎要理問答』 등의 신문, 잡지, 서적 대부분이 기독교를 내용으로 한 것들이었다. 위의 글, 232~233쪽 참조.

이 방거목사를 통해 성경에 대한 이해를 촉발할 수 있었고, 아울러 『신약젼서』를 필두로 다수의 기독교 관련 서적들을 탐독할 수 있었던 우연적 계기는 안국선에게도 태생적 유교주의에서 기독교적 세계관으로의 인식 전환을 가능케 한 기회였음이 분명하다.

끝으로 1904년 10월 19일자 『황성신문皇城新聞』 잡보의 「천황점문天荒漸聞」이라는 제명의 기사에서도 안국선이 종로감옥 수감 시절부터 기독교를 본격적으로 수용하고 이후 더욱 발전시켜 나갔다는 사실을 확인할 수 있다.

> 珍島난 千里化△에 民愚俗昧하더니 數月前부터 有志數人이 新學研究와 風俗改良의 目的으로 親睦會를 組織하였는딕 其會員은 安天江, 朴鳳禹, 蘇文奎, 朴永培, 崔基元等 二十餘人이오 每月一次式開會하야 講演責善한다난딕……[19]

이 기사는 진도에서 신학연구와 풍속개량을 목적으로 하는 친목회가 조직되었고, 거기에 참여한 20여 명의 인사 중에 '안천강安天江'이란 인물이 있었음을 증언하고 있다. 그런데 안천강은 안

---

18. 안국선은 이 시기에 안명선(安明善)이라는 이름으로 서적을 대출하였다. 그런데 같은 정치범 수감자 다수가 많게는 90회에서 적어도 40회 이상의 도서 대출을 한 내력에 비하자면 안국선의 도서 대출은 그리 많은 편이 아닌 것 같다. 그러나 안국선이 대출하여 읽은 대부분의 서적이 『텬로력뎡』, 『近代敎士列傳』, 『路得改敎紀略』, 『그리스도 신문』, 『신약젼서』, 『主僕談道』, 『太平洋傳道錄』, 『孩訓喩說』, 『救世敎成全儒敎』 등과 같은 기독교 관련 서적들이었고, 특히 『신약젼서』를 4차례에 걸쳐 총 57일간 대출하였다는 기록은 그가 이 시기에 기독교에 대한 연구와 신앙적 고민이 깊었음을 짐작하게 한다. 이광린, 위의 글, 232쪽. 최기영, 「한말 안국선의 기독교 수용」, 앞의 책, 33~34쪽 참조.
19. 「天荒漸聞」, 『皇城新聞』 잡보(1904년 10월 19일자). 최기영, 위의 글, 35쪽 재인용.

국선의 또 다른 필명이었음은 이미 밝혀진 사실이다. 그의 아들 안회남이 쓴 자전소설〈명상瞑想〉을 보면 "아버님께서는 천국天國의 생명수生命水라는 의미로 천강天江이라 호하셨던 것이다"[20]라고 언급하고 있다. 실제 안국선은 '천강'이라는 필명을 사용하여 1906년 이후 다수의 글을 발표하고 있는데,[21] 이는 1904년 진도 유배시기부터로 추정된다. 이처럼 기독교적 색채가 짙게 베어나는 필명을 이 시기에 사용하기 시작했다는 사실은 안국선의 기독교 수용과 개종이 종로감옥 수감과 때를 같이함을 증언하는 것이다. 아울러 당시 기독교에 대한 그의 신앙적 태도가 매우 신실하였음도 가늠케 한다.

3. 〈금수회의록〉의 기독교 담론과 근대적 정치성

종로감옥 수감시절 접하게 된 기독교 신앙이 이후 안국선의 사상 형성에 지대한 영향을 끼쳤다는 점은 더 이상의 재론이 필요치 않다. 안국선이 진도 유배에서 풀려난 이후부터 매우 적극적으로 현실 정치에 참여했음은 그가 거쳐 간 관직과 각종 대중 집회에서의 연설들을 통해 확인할 수 있다. 특히 다수의 정치학 관

---

20. 안회남,〈瞑想〉,『朝光』제3권2호, 1937.2, 332쪽.
21. 안국선이 진도 유배시 사용하기 시작한 '天江'이라는 필명으로 기고한 다수의 글이 확인되고 있다. 예를 들면,「가정경제론」(『가뎡잡지』4호, 1906.6),「부즈런 홀 일」(『가뎡잡지』5호, 1906.10),「부인을 낫게 봄이 불가 홀 일」(『가뎡잡지』7호, 1907.1) 등에 '안텬강', 혹은 '安天江'이라는 필명을 사용했고,「日本行爲에 對 혼 國際法 解釋」(『大韓每日申報』, 1906.11.1)에는 '天江生'으로,「豊年不如年凶論」(『夜雷』4호, 1907.5)에는 '天江 安國善'으로 글을 게재하였다. 최기영, 위의 글, 35~36쪽 참조.

계 번역서와 저술을 통해 서구 정치학을 국내에 소개한 일세대로 인정받기에도 모자람이 없다. 그런데 이러한 정치학 관련 저술 및 대중 연설에서 나타난 사상적 면모도 엄밀히 따지고 보면 기독교적 인식을 바탕으로 한 근대의식의 확장임을 발견할 수 있다. 이제 필자는 그의 대표적 소설 〈금수회의록〉에 반영된 기독교 담론의 특성을 간략히 살펴보면서 이에 연계된 근대적 정치성에 대해 고찰하고자 한다. 그리고 이를 통해 안국선의 근대의식이 기독교적 세계관에 근거한 사상의 발현임을 보다 분명히 하고자 한다.

> 30여 년 전에 박문관博文館 출판[22]으로 〈금수회의록〉이란 책이 세상에 나왔었는데 그 때 그것이 매상 40,000여 부를 돌파하고 그만 발금되었다 한다. 조선에서는 아직도 그것이 최고 기록일 게라는 기사를 언젠가 『매일신보』 지상에서 읽었다. 어렸을 적에 나는 가끔 집안 어른들에게서 이 책에 대한 이야기를 들었는데 내용은 금수의 회화를 빌어 당시에 부패한 세태와 물정을 야유한 것이다. 선친 저작이 10유여有餘 종임에도 불구하고 사람들이 항상 이것만 가지고 노노呶呶한 것을 생각하면 이 책이 어지간히 많이 읽혔다는 것을 헤아릴 수 있다.[23]

안회남의 기록에 따르면 1908년 2월 황성서적조합을 통해 출간된 〈금수회의록〉에 대한 세간의 관심이 상당히 높았다는 사실

---

22. 아들 안회남은 〈금수회의록〉을 박문관에서 출판한 것으로 기록하고 있으나 이는 이 소설이 금서로 출판이 금지된 이후 상당한 시간이 경과하면서 생긴 착각이자, 부친의 소설을 직접 구하지 못한데서 연유한 것으로 여겨진다.
23. 안회남, 〈선고유사(先考遺事)〉, 『박문』, 1940.6, 2쪽.

을 짐작할 수 있다. 이 소설은 발간 3개월 만에 재판을 찍을 정도로 넓은 독자층을 확보했으나, 일제의 대 조선정책과 친일정부의 대신을 비판했다는 이유 등으로 1909년 5월, 출판법에 의해 압수·금서 처분을 당한다.[24] 이러한 사실을 볼 때 이 소설을 발표할 당시까지는 안국선의 역사인식과 근대적 이념이 매우 바람직한 상태에 머물고 있었다고 평가할 수 있다.[25] 즉 을사조약 이후의 민족현실에 대한 안국선의 역사인식은 국민계몽을 통한 국권회복, 그리고 이를 달성하기 위한 실력 양성론에 맞닿아 있었던 것이다. 또한 실력 양성을 위한 방편으로 주창한 것이 교육(교화)과 실업의 권장이었다는 점에서도 당대의 계몽주의 지식인들과 다를 바 없었다. 그런데 안국선은 국가발전의 추진력을 실업의 증진에 두면서도 근본적 방책은 교화에서 찾고 있다. 그리고 국

---

24. 이 책은 출판된 뒤 5개월 밖에 지나지 않은 시점에 통감부의 경시청에 의해 판금조치 당한다. 『대한매일신보』 1908년 7월 18일자 기사를 보면, "엊그제 하오 5시경에 경시청에서 각 분서에 지휘가 있었는데, 각 서포(書鋪)에 소유한 〈금수회의록〉이라는 책자를 일일이 수탐해 수거했는데 서적계의 압수함은 초유(初有)라더라."고 전하고 있다. 그러나 이 뒤로도 이 책은 계속 읽힌 듯하다. 그래서인지 이듬해인 1909년 9월 7일자 『황성신문』의 보도에 의하면 경시청이 1909년 5월 다시 각 서점을 뒤지고 압수한 기사가 발견된다. 김학준, 앞의 글, 152쪽 참조.
25. 안국선이 1915년에 발표한 〈공진회〉에 이르면 작가의 사상이 친일적 성향으로 변질되어 있음을 확인할 수 있다. 여기에 수록된 세 편의 단편, 즉 〈기생〉, 〈인력거군〉, 〈시골노인 이야기〉에는 안국선이 현실적 상황에 대한 비판적 개혁론자에서 단순한 관찰자 내지는 방관자로 전락되어 있음을, 그리고 여론의 순응을 강요하던 일제의 식민지 정책 속에서 패배하고 있는 작가의식을 여실히 드러내 보인다. 이에 대한 자세한 논증은 이재선의 「〈공진회〉와 단편소설」(『한국개화기소설연구』, 일조각, 1972), 권영민의 「안국선의 생애와 작품세계」(『관악어문연구』 2집, 서울대학교 국어국문학과, 1977.12), 송지현의 「안국선 소설에 나타난 이상주의의 변모양상 연구-〈금수회의록〉과 〈공진회〉를 중심으로」(『한국언어문학』 26, 한국언어문학회, 1988) 등에서 확인할 수 있다.

민교화의 구체적 방법론으로 제시한 것이 교육과 종교였는데, 이 가운데서도 교육보다는 종교에 역점을 두었다는 점에서 안국선의 기독교 중심적 사상성을 발견할 수 있다. 이는 곧 종로감옥 시절부터 각인된 기독교적 세계관이 이 당시 그의 사상 전반을 지배하고 있었다는 방증이 된다.

> 大抵 我韓에 宗敎가 無홈은 知者의 慨嘆ᄒᆞᆫ 바이라. 我國을 勿論ᄒᆞ고 文明은 宗敎로 因ᄒᆞ야 發達됨이 原則이니……금일 歐美의 文明을 輸入ᄒᆞ랴 홀진딕 耶蘇敎를 信ᄒᆞ야 宗敎를 改良홈이 必要ᄒᆞ오……西洋文明을 輸入ᄒᆞ랴면 人民의 性質을 全然 感化ᄒᆞ여야 홀터이닛가. 宗敎ᄭᅵ지 改宗ᄒᆞ야 二十世紀의 大勢를 適應ᄒᆞ면 國家의 獨立과 社會의 文明이 自然히 成就될 것이오.[26]

이처럼 그는 문명화의 전제 조건을 '종교의 개량', 즉 야소교(耶蘇敎; 基督敎)로의 개종에서 찾았다. 그리고 이렇게 함으로써 20세기의 대세에 적응할 때 국가의 독립과 사회의 문명이 성취될 것이라고 주장하고 있다. 이른바 '기독교 구국론'의 주장인 셈이다. 특히 그는 '我國에 宗敎가 無홈'이라 표명하고 있다. 이는 애써 유교를 종교로서 인정하지 않으려는 의사의 반영이다. 즉 전통사회를 지배해 온 유교에 대한 종교성을 의도적으로 배제하고 단순히 윤리적·철학적 가치로만 규정하는 저의에는 기독교와의 불필요한 마찰을 최소화하고 두 사상을 각자의 독자성을 훼손시키지 않는 범위 안에서 자기화하려는 고심의 흔적으로도 해석할 수 있

---

26. 김대희, 「安國善氏 大韓今日善後策」, 『二十世紀朝鮮論』, 1907, 2쪽.

다. 이처럼 안국선은 자주독립 국가의 건설과 사회의 문명화를 이룩하기 위한 제일의 조건으로 기독교로의 개종을 그 누구보다도 강조했으며, 이러한 기독교적 세계관을 현실에 대한 가치 판단의 절대적 기준으로 삼았다는 사실은 지금까지 안국선의 〈금수회의록〉에 대한 선행 연구들에서도 대부분 일치된 견해를 나타낸다.

권영민은 안국선의 〈금수회의록〉을 "문학의 형식을 통해 저항적인 의식을 표현한 개화기의 대표적인 작품"으로 규정하며, "민족 공동의 관심을 우화적寓話的인 수법으로 재구성하여, 연설의 형식을 빌어 더욱 강렬하게 표현"[27]해낸 작품으로 평가했다. 즉 당대 현실에 대한 비판적 인식과 작가 개인의 정치적 성향이 이 소설을 통해 적극적으로 표명되고 있다는 분석이다. 그러나 문학 작품으로서의 〈금수회의록〉이 지닌 실질적 측면을 이해하기 위해서는 몇 가지 조건이 전제되어야 한다면서, 그 중에서도 작품에 전반적으로 수용되고 있는 기독교 사상에 대한 검토가 선행될 것을 제기했다. 이는 작중 동물의 비판적 진술이 기독교적 인간관과 세계관에 근거한 양상을 드러내고 있기 때문이며, 아울러 현실에 대한 개선 의지도 기독교 사상의 범주에서 그 출발을 보이고 있기 때문이다. 이러한 견해는 조신권에 의해서도 동일하게 제기되고 있다. 그 역시 "〈금수회의록〉은 그 사상과 수법면에 있어서 기독교의 영향을 가장 많이 받은 우화소설로 기록되어야 할 것"[28]이라 평가한다. 여기서 '사상'이란 기독교적 신관·인간관·윤리관을, '수법면'이라 함은 성서적 알레고리와의 관련성에 근거한

---

27. 권영민, 위의 글, 132쪽.

주장이다. 이처럼 〈금수회의록〉은 초창기 한국문학에 나타난 기독교 담론의 면모를 확인할 수 있는 자료적 가치를 지닐 뿐만 아니라, 작가 개인의 근대적 정치성이 기독교에 기초한 것임을 확증할 단초도 제공한다. 즉 〈금수회의록〉에 형상화된 기독교적 인간관과 윤리의식 등을 바탕으로 한 사회비판은 이 당시 안국선의 기독교적 세계관과 근대의식의 조응 관계를 확인할 수 있는 명시적인 자료가 되는 셈이다.

〈금수회의록〉은 양심과 도덕, 의리, 염치, 절개 등 모든 윤리적 가치 기준이 심각한 훼손된 당대의 세태에 대한 자각과 반성에서 출발하고 있다. 그리고 〈금수회의록〉은 이들 가치의 회복과 사회의 건강성 획득을 기독교 윤리의식을 잣대로 비판하고, 아울러 기독교적 구원관을 근거로 회복의 가능성을 열어두었다. 이러한 인식은 "가마귀 쳐럼 효도흘줄도 모로고 개고리 쳐럼 분수직힐줄도 모로고 여호보담도 간샤ᄒᆞ고 호랑이보담도 포악ᄒᆞ고 벌과갓치 정직ᄒᆞ지도 못ᄒᆞ고 파리갓치 동포 ᄉᆞ랑흘줄도 모로고 창ᄌᆞ업ᄂᆞᆫ 일은 게보다 심ᄒᆞ고 부정흔 힝실은 원앙새가 붓그럽"[29]지만, 그럼에도 불구하고 "예수씨의 말삼을 드르니 하ᄂᆞ님이 아직도 사ᄅᆞᆷ을 ᄉᆞ랑ᄒᆞ신다ᄒᆞ니 사ᄅᆞᆷ들이 악흔 일을 만히 ᄒᆞ엿슬지라도 회개ᄒᆞ면 구완 잇ᄂᆞᆫ 길이 잇다ᄒᆞ엿스니 이 세상에 잇ᄂᆞᆫ 여러 형졔ᄌᆞᄆᆡᄂᆞᆫ 깁히깁히 생각"(〈금수회의록〉, 95쪽)하라는 메시지를 통해 확인

---

28. 조신권, 「안국선 문학에 미친 기독교의 영향」, 『현상과 인식』 1권3호, 한국인문사회과학회, 1977, 161쪽.
29. 안국선, 〈금수회의록〉, 95쪽. 본고에서 인용하는 〈금수회의록〉은 다음의 출처에 따른 것임을 밝혀둔다. 소재영·김경완, 『개화기소설과 기독교』, 숭실대학교 출판부, 1994.

할 수 있다. 즉 짐승만도 못한 지경으로까지 타락한 인간 세태에 대한 통렬한 자기반성에 이어, 그럼에도 불구하고 회개를 통한 구원의 가능성이 열려있음을 제시한다. 다만 그 가능성의 획득에는 예수의 말씀을 실천함이라는 기독교 윤리의식의 회복이 전제된 것이다. 또한 그보다 더 근원적 전제로는 여전히 타락한 인간을 향한 하나님의 사랑이 건재하다는 신의 은총(섭리)을 언급함으로써 기독교적 인식의 농후함이 여실히 드러나고 있다.

또한 〈금수회의록〉을 관통하고 있는 윤리의식의 회복과 인간성의 개조, 그리고 전통적 구습에 얽매인 풍속의 개량 등이 기독교적 세계관을 바탕으로 전개되어야 한다는 작가의 신념은 다음의 표현에서 더욱 분명히 드러나 있다.

> 今日 歐美의 文明을 輸入ᄒ랴 훌진디 耶蘇敎를 信ᄒ야 宗敎를 改良홈이 必要ᄒ오. 我韓이 與外通商혼지 于今五十餘年에 改革을 實施ᄒ고 雜(維의 誤)新을 主張ᄒ야 舊日의 面目이 未嘗不改新ᄒ얏스나, 社會의 狀態ᄂᆞᆫ 如前히 腐敗ᄒ고 人民의 思想은 依舊히 固陋ᄒ야 野蠻의 批評을 尙此不免ᄒ니 此ㅣ 何故오. 無他라 根本的 文明을 實施치 못홀 所以오. 그런, 政府의 官制나 改ᄒ고 人民의 衣冠이ᄂᆞ 新ᄒ면 文明이 되겟소? 人民의 性質을 全然히 改變ᄒ야 病의 根源을 痛除치 아니ᄒ면 眞開化를 待望키 難ᄒ오. 社會人民의 病이 今日에 至ᄒ야 俱深ᄒ얏시니 人民의 依賴心과 怪㤼心과 倨傲心과 懶怠心과 欺狂心과 猜忌心과 淫慾과 亂俗을 一切拔去ᄒ고 正道와 德義를 養成치 아니ᄒ면 人民의 獨立心이 生ᄒ기 難ᄒ고 勤勉心이 發ᄒ기 不能ᄒ고 合衆心을 見ᄒ기 不能ᄒ리니 此ᄂᆞᆫ 人民의 性質을 感化ᄒ여야 홀 것이라. 感化性質은 宗敎에 依치 아니ᄒ야ᄂᆞᆫ 不可ᄒ오.[30]

---

30. 김대희, 위의 글, 3쪽.

안국선은 정부의 관제, 혹은 인민의 의관이나 개신하는 정도에 머무는 외형적 개혁만으로는 진정한 개화를 달성할 수 없다고 생각했다. 따라서 내재적 개혁을 통한 '근본적 문명을 실시'하는 것만이 진정한 개화의 방편이라 여긴 것이다. 그리고 이러한 목적에 도달하기 위해서는 '정도'와 '덕의'를 양성하여 '인민의 성질을 감화'하는 것이 필수적인데 이는 곧 종교의 수용, 즉 기독교를 통해서만 가능하다는 데에 안국선의 기독교 사상에 대한 기대를 짐작할 수 있다. 이러한 맥락에서 〈금수회의록〉의 서사를 면밀히 분석해 본다면 작품 전반을 관통하고 있는 기독교적 세계관의 표출이 의미하는 바가 더욱 명확해질 것이다. 한편 '人民의 依賴心과 怯怯心과 倨傲心과 懶怠心과 欺狂心과 猜忌心과 淫慾과 亂俗을 一切拔去'해야 한다는 주장 역시 당대에 이러한 부정적 현상들이 비일비재하게 만연되어 있던 세태에 기인한 것이라 본다면, 이 역시 〈금수회의록〉의 서사 전반에 어렵지 않게 확인되는 바이다. 즉 여러 동물들의 연설 속에 반복적으로 강조되어 있는 관리들의 매국적 행위에 대한 비판, 무지하고 무능한 관리들의 행태와 부정부패에 대한 비판, 국민들의 독립정신 부족에 대한 비판, 그리고 강대국의 약소국에 대한 침략주의적 행태 비판 등에 각각의 부정적 요소들에 대한 인식이 개입되어 있는 것이다. 그러므로 이 모든 불합리의 일소를 위해 안국선이 제시한 것이 기독교를 통한 문명화였고, 이를 근대적 정치성으로 수용·실천하면서 그러한 사상성의 일단을 문학적으로 형상화해 낸 것이 〈금수회의록〉이라는 점에 문학적 의의를 둘 수 있다.

끝으로 〈금수회의록〉이 기독교적 세계관을 근간으로 근대적 정치성을 적극적으로 형상화해 낸 데에는 이 당시 안국선의 정치적 편력과 밀접한 관련이 있음을 살펴봄으로써 논의를 마무리하고자 한다. 그는 종로감옥에서 석방된 이후 본격적인 정치·사회 활동을 황성기독교청년회(YMCA)에 입회함으로 시작한다. 그리고 이후 『대한매일신보』, 『야뢰』, 『대한협회 회보』, 『기호흥학회 월보』 등에 다수의 논설을 기고하면서 근대적 정치성을 다듬어 나간다. 이에 대해 권영민은 "이러한 논설 속에는 안국선이 근대적인 서구의 정치이론을 공부하면서 습득한 민주적인 정신이 잘 드러나 있다"[31]라고 평가하면서 특히 "모든 정부는 통치자의 권력에 의존하지 않고 그 백성들의 자유로운 동의에 의거해 움직일 때에만 올바른 정치가 행해질 수 있으며, 국민 다수의 의사에 바탕을 둔 헌법이나 법률을 기반으로 정치가 행해질 때 정부의 통치력이 강화될 수 있다"[32]는 것을 안국선의 정치적 이상으로 해석하고 있다. 이는 곧 전제군주제에 대한 거부감에 바탕을 둔 근대적 정치성의 발현으로 이어진다. 이를테면 1907년 보성관普成館에서 역간된 『비율빈 전사戰史』가 강대국 제국주의의 침략적 야만성을 규탄하고 약소국의 독립을 호소한 내용이라는 점, 같은 해 황성신문사에서 출간한 『政治原論(정치원론)』이 자유민주주의 혹은 입헌공화주의의 입장에서 쓴 정치학 개론이라는 점에서 그의 근대적 정치성의 면면을 확인할 수 있다. 아울러 1907년 11월 출간한 『演說法方(연설법방)』에서도 안국선의 정치적 지향을 엿볼 수 있다.

---

31. 권영민, 「개화기 지식인의 환상: 천강 안국선의 경우」, 『문학과 지성』 통권34호, 1978, 1249쪽.
32. 위의 글, 1249쪽.

안국선은 청년들의 지식 개발과 사회문명의 개진을 강조하면서 일반국민의 애국심을 장려하기 위해 교육의 필요성을 역설하였으며(「학술 강습회 연설」), 여성들의 사회참여와 적극적인 활동을 권장(「부인회에서 하는 연설」)하였다. 그리고 국가의 독립을 제대로 유지하지 못하고 국민의 행복도 증진시키지 못하는 무능력한 정부관리들을 통박하고(「정부정책을 공격하는 연설」), 젊은 학도들은 모든 교활한 수단을 버리고 정당한 기상을 배양하며, 간교한 소인배가 권세를 휘두르며 군자를 압도하고 있는 세상에서 사회와 국가에 대한 의무를 바르게 다할 것을 내세웠다. 또한, 외세 침략의 위기에 직면하여 있는 현실에 비추어 민족의 일치단결과 새로운 기백을 강조하였고(「낙심을 계하는 연설」), 인내와 용기와 근면을 앞세워 학도들을 격려하기도 하였다.[33]

권영민은 『연설법방』에 수록된 연설의 예문들을 낱낱이 분석하여 일목요연하게 정리해 주고 있다. 개개의 연설에 담긴 주장의 핵심이란 다름 아닌 시대적 요청의 역설임은 너무나 분명하다. 그리고 이러한 시대적 요청의 각성에는 안국선이 그간 역간하고 저술한 다수의 저작들에서 일관되게 주창되었던 서구적 근대성에 기초한 정치적 견해가 수용된 것임을 확인할 수 있다. 그리고 이러한 『연설법방』의 연설체 형식과 내용·주제적 측면이 우화의 형식을 빌려 허구화된 것인 〈금수회의록〉이라는 점에서 이 소설에 투영된 근대적 정치성의 실체를 이전의 저작들과의 연관 속에서 재론할 수 있을 것이다. 다만 그의 근대적 정치성의 수용과 확장의 이면에는 기독교적 세계관이 확고한 인식의 틀로 자리잡고 있다는 사실은 전제가 되어야 한다.

---

33. 위의 글, 1250쪽.

＊　＊　＊　＊　＊　＊　＊　＊　＊　＊　＊

　천강 안국선은 일본 유학을 통한 서구 신학문의 수용과 근대성의 확립을 바탕으로 한국 개화사에 남긴 의미가 적지 않다. 비록 귀국과 함께 투옥되고 이후 유배에까지 처해지는 불운한 시기도 없지 않았으나, 또 다시 찾아 온 기회는 일정 기간 그에게 권력의 중심부로 나아가 자신의 사상적 실천을 도모할 수 있는 기회도 제공하였다. 이 시기에 그는 정치, 외교, 경제, 법률, 역사 등의 다방면에 걸친 논설과 저술 활동은 물론 서구 이론을 번역 소개하는 일에 매진하면서 근대 사상의 유입과 확립에 나름의 의미 있는 성과를 남겼다. 아울러 각종 연설회에서 웅변한 연설을 통해서도 당대 사회가 요구하는 사상적 흐름을 확산시켜 나가는 데 일조했다. 여기에 더하여 〈금수회의록〉이라는 개화기 소설의 대표작을 통해 신문학의 틀을 구축함과 동시에 사상의 문학적 형상화라는 의미 있는 성과도 남기게 되었다.

　그런데 이 모든 정치적·문학적 활동에 기독교적 세계관이 근간이 되어 있다는 사실을 유념해야 한다. 따라서 본 연구는 안국선의 사상적 토대를 형성한 기독교와의 관련성에 집중하여 논의를 전개하였다. 즉 안국선이 기독교를 수용하게 된 과정에 대한 사적 고찰, 그리고 기독교적 세계관이 집약된 〈금수회의록〉에 대한 분석을 통해 기독교 담론이 어떻게 매개되었으며, 더불어 작품 속에 구체화된 근대적 정치성이 기독교적 세계관과 어떤 맥락에서 연계되는 지에 대해 간략히 살펴보고자 했다. 결과적으로 안국선의 생애에 있어서 종로감옥 투옥시절이 기독교를 수용하는 결정적 계기가 되었다는 점, 또한 그것이 유학 시절 형성된 근대적 정치성과 유기적으로 결합됨으로써 향후 정치·사회 활동에 사상적 지반으로 자리 잡게 되었으며 〈금수회의록〉은 바로 그러한 결과물임을 확인할 수 있다. 즉 〈금수회의록〉은 문명화의 전제 조건을 '종교의 개량', 즉 기독교로의 개종에서 찾고자 했던 안국선의 '기독교 구국론'이 문학적 양식을 빌어 적극적으로 구현된 결과이며, 여기에 근대적 정치성이 결합함으로써 당대 부조리한 역사적 상황에 대한 일갈이 적나라하게 펼쳐진 것이다.

3장. 개화기 소설과 기독교 변증론
- 최병헌의 〈성산명경〉

1. 최병헌의 기독교사적 의의와 연구사의 현황

　탁사 최병헌濯斯 崔炳憲은 몰락한 양반가문에서 태어나 불우한 성장기를 보내면서도 유학적 소양을 체계적으로 쌓은 구한말 개화기 지식인이다.[1] 그럼에도 혼란한 정국 속에서 기독교로 개종한 후 한국인 세 번째 목사로 위임되면서 한국 기독교사에서 차지하는 비중이 오히려 막대하다. 더욱이 다수의 기독교 관련 저술과 신학교에서의 교수 활동 등에서 보여준 일련의 신학적 성과들은 그를 한국 개신교 최초의 변증 신학자로 자리매김 시켰다. 이런 까닭에 신학자로서의 탁사에 대한 연구는 이미 상당한 진척

---

1. "先生의 姓은 崔요 諱는 炳憲이니 全州人이라. 일즉 濯斯二字로 所居에 일홈ᄒ고 仍하야 小號를 定혼 故로 知舊가 다 濯斯先生이라 稱ᄒ엿다. 先生의 나심은 一千八百五十八年 哲宗 九年 戊午 五月 十六日에 忠北 堤川郡 縣左面 新月里의 一貧寒홍 家庭에 나셨다." 최병헌은 감리교신학대학교의 전신인 협성신학교 교수로 재직하던 1927년에 세상을 하직했다. 이때 그의 제자 김진호(金鎭浩) 목사가 쓴 약력의 서두에 선생의 출생에 관련하여 앞의 내용과 같이 적어 두고 있다. 김진호, 「고탁사최병헌선생약력」, 『신학세계』 제12권 2호, 1927, 99쪽.

이 이루어진 상태이다.

한편 최병헌이 남긴 다수의 저작 가운데 유일하게 문학적 양식으로 평가할 수 있는 것이 〈성산명경聖山明鏡〉이다. 이 소설은 1907년 『신학월보神學月報』(제5권, 1호~5호)에 연재했던 〈성산유람긔〉를 수정·보완하여 1912년 '조선야소교회서'에서 단행본으로 출간한 개화기 기독교 소설이다.[2] 그런데 탁사의 소설은 그동안 개화기 문학 연구자들에게 그리 큰 주목을 받지 못했다. 그에 대해 양진오는 "구체적인 서사와 작중인물을 설정해 근대적 인간의 자기해방적 성취를 구현하는 근대소설의 구도"와는 여전히 거리가 멀고, "관념적 성격의 논증적 대화가 서사를 압도하는" 구도상의 취약성, 그리고 "기독교의 일방적인 우위로 종결되는 대화 방식"이 드러내는 종교 간 대화 방식의 흠결 등을 이유로 제시한다.[3] 같은 맥락에서 이 소설에 대한 대개의 평가들은 "문학적 효과 면에서는 좋은 평가를 얻을 수 없을 것"[4]이라든지, "종교문학으로서 깊은 예술적 감동을 주는 수준에까지는 이르지 못"[5]했다는 식의 비판적 견해가 주를 이룬다. 그러나 양진오는 이 소설이 지닌 여러 한계에

---

2. 신광철의 연구에 따르면 『신학월보』에 연재된 〈성산유람긔〉는 이후 출간된 〈증뎡 성산명경〉의 일부에 불과한 것으로 보인다. 즉 한국감리교회사학회의 『신학월보』 영인본(影印本)을 확인해보면 〈성산유람긔〉는 제5권 제1호부터 제5권 제4·5호(1907)에 걸쳐 총4회 연재되고 있다. 그런데 이는 〈증뎡 성산명경〉의 76쪽 가운데 31쪽에만 해당하는 분량이다. 따라서 최병헌의 〈성산명경〉에 대한 연구는 1912년 판본을 기준으로 삼는 것이 타당할 것이다. 신광철, 「탁사 최병헌의 비교종교론적 기독교변증론-〈성산명경〉을 중심으로」, 『한국기독교와 역사』 7, 한국기독교역사연구소, 1997, 163~164쪽.
3. 양진오, 「근대성으로서의 기독교와 기독교담론의 소설화 - 〈성산명경〉과 〈경세종〉을 중심으로」, 『어문학』 제92집, 한국어문학회, 2006, 380쪽.
4. 조신권, 『한국문학과 기독교』, 연세대학교 출판부, 1983, 239쪽.
5. 이민자, 『개화기 문학과 기독교사상 연구』, 집문당, 1989, 158쪽.

도 불구하고 당시 해외 선교사들의 시각으로는 이해될 수 없는 타자로 규정되었던 동양의 제종교에 대해 비교 종교론적 시각으로 접근하고 있다는 점에서 만큼은 주목할 만하다고 평가하면서, 더불어 최병헌에 대해서도 "기독교를 지성적 차원에서 이해하고자 한 보기 드문 교계 지도자"[6]라고 교회사적 의미를 부여하고 있다.

이와 같이 최병헌과 그의 〈성산명경〉에 대한 문학적·신학적 연구들은 기독교 변증신학자로서의 교회사적 의미와 서사의 근간을 이루고 있는 종교간 논쟁에 주목하면서 궁극적으로는 기독교 변증의 논리를 파헤치는 데 초점이 모아지고 있다는 점에 대해서는 공통된 양상을 보여준다. 즉 기독교 사상의 대변자인 '신천옹信天翁'을 중심으로 '진도眞道', '원각圓覺', '백운白雲' 사이에 전개된 종교적 논쟁의 면면을 분석하는 데에 일차적 초점이 맞추어지면서, 결과적으로는 여타의 종교 사상보다 기독교 사상이 우위에 있다는 작가의 기독교 변증설을 고찰함이 연구의 주안점이었다. 그러나 지금까지의 논의들은 이 소설에 형상화된 제종교간의 담론 양상을 나열하고 논쟁에 사용된 기독교 사상의 원리들, 즉 신론, 우주 창조론, 구원관, 내세관, 신앙관 등을 적시하는 데만 머물고 있다. 그런데 그 무엇보다도 최병헌 신학사상의 핵심인 '만종일련'의 사상적 체계가 이 소설에 집약되어 있다는 사실을 전제할 때, 인물들 사이에 벌어지고 있는 종교적 논쟁의 양상만을 단편적으로 제시하는 것은 여전히 한계로 남는다. 기독교 신앙을 받아들인 후 일생을 바쳐 다듬은 만종일련의 신학사상이 그의 문학적 저작인 〈성산명경〉에 어떤 방식과 수준으로 표상되

---

6. 양진오, 위의 글, 381쪽.

었는가에 대한 좀 더 면밀한 연구가 이루어져야 한다.

따라서 본 연구는 한국 기독교 최초의 변증 신학자인 최병헌의 〈성산명경〉을 그의 '만종일련 사상'과의 연계성 속에서 고찰하려고 한다.[7] 더불어 이 소설이 개화기 소설사에서 지니는 문학적 의미에 대해서도 간략히 살펴보고자 한다. 이는 일부에서 이 텍스트를 과연 문학적 저작으로 간주할 수 있겠는가라는 근본적 물음에 대한 답변이 될 것이다. 이러한 의문은 신학적·철학적 담론이 생경하게 드러나 있는 저작의 특성상 피할 수 없는 지적이기도 한데, 필자는 이를 형식적 측면에서 접근하여 이 소설이 지닌 문학적 가치를 규명하고자 한다.

2. 〈성산명경〉의 문학적 양식과 그 특성

그 동안 최병헌에 대한 신학적 논의가 상당히 활발히 전개된 것에 비해 문학적 조명이 상대적으로 빈약한 것은 주지의 사실이다. 그 이유는 그가 남긴 다수의 저작 가운데 문학적 양식으로 간주할 수 있는 작품이 〈성산명경〉에 국한되며, 간혹 이 텍스트를 '근대소설'의 범주에 넣을 수 있는가에 대해서도 의문이 제기되기 때문이다. 그럼에도 불구하고 〈싱산명경〉의 문학적 특성에 대한 몇몇 연구는 주목할 만하다. 이를테면 이동하는 이 소설에 대해 전형적인 몽유록 계열夢遊錄系列의 작품이라는 양식적 특성을 부

---

[7] 본고에서는 기독교의 대변자 '신천옹'과 유교의 대변자 '진도' 사이의 논쟁에만 국한하여 논의를 전개하며, 불교의 '원각'과 선교의 '백운'과 벌이는 논쟁은 추후의 과제로 넘긴다.

각하여 그것이 지닌 문학적 성격을 규명하고 있다.[8] 신춘자의 경우도 작품의 형식적 측면, 고대소설과의 관련성, 그리고 토론체 소설로서의 특성 등을 언급하면서 이 소설이 지닌 문학적 성격 규명에 초석을 놓았다.[9] 김인섭 역시 "당대 개화기 문학이 보여주고 있는 토론체 소설의 유행과, 몽유록 활용의 흐름을 아우르는 창작방식"[10]이라는 문학적 성격을 전제로, 서사에 삽입된 한시의 기능, 인물묘사, 비유적 표현 등에 초점을 맞추어 기독교 변증을 위한 문학적 수사의 규명에 주력하고 있다. 이 연구들의 공통된 결론은 〈성산명경〉이 개화기 근대소설 형성기의 주된 경향이었던 몽유록 형식과 토론체를 사용한데서 근대소설로서의 양식적 특성을 확인할 수 있다는 논증이다. 다만 이러한 결론에 도달하기 위해 몽유록 형식의 대중적 가치 지향성이라든지, 혹은 당대 유행 담론으로서 토론체가 지닌 소설적 의미 등에 대한 규명 작업이 정밀하게 진행되지 못한 데에는 나름의 한계가 있다. 따라서 본 장에서는 이에 대한 구체적 분석을 토대로 이 소설이 지닌 문학적 양식과 그 특성에 대해 평가하고자 한다.

> 이 칙은 삼한고국의 탁ᄉᄌ濯斯子라 ᄒᄂ 사름이 긔슐記述ᄒ 글이니 (…중략…) 흔번은 츄풍秋風이 소슬蕭瑟ᄒ고 셩월星月이 교결皎潔ᄒ듸 락엽落葉이 분분紛紛ᄒ거늘 쳥등靑燈 셔옥書屋에 칙샹을 의지ᄒ야 신약셩경을 잠심완식潛心玩索ᄒ더니 홀연히 심혼心魂이 표탕飄

---

8. 이동하, 「한국 현대소설에 나타난 기독교의 수용양상 연구-구한말·일제초의 작품 〈성산명경〉을 중심으로」, 『국어국문학』 103, 국어국문학회, 1990, 107~120쪽.
9. 신춘자, 「최병헌의 성산명경」, 『水余成耆說博士還甲記念論叢』, 1989, 425~446쪽.
10. 김인섭, 「개화기소설 〈성산명경〉에 나타난 기독교변증적 대화와 문학적 수사」, 『배달말』 42, 배달말학회, 2008, 159~186쪽.

蕩ᄒ야 흔곳에 니ᄅ매 그 산 일홈은 셩산이오 그 층딕 일홈은 령딕라 그곳에셔 네사름을 맛나셔 슈작홈을 듯고 깃버ᄒ다가 오경텬五更天 찬바람에 황계셩黃鷄聲이 악악喔喔ᄒ거늘 놀나 니러나니 일쟝 몽죠가 ᄀ쟝 이샹ᄒ지라.[11]

　제시된 인용문에서 이 소설이 몽유록계 소설의 기본 구조인 환몽구조幻夢構造를 드러내고 있음을 확인할 수 있다. 서술자가 꿈속에서 목격한 네 사람의 대화를 잠에서 깨어 난 후 기술한 것이라는 소설 말미의 진술은 전통사회의 서사문학에서 빈번하게 찾아볼 수 있는 전형적 양식의 답습이다. 따라서 근대소설로의 전폭적인 양식상 진보進步는 이루어지지 못한 상태라고 말할 수 있다. 하지만 작가가 이처럼 진부한 양식을 답습한 데는 몽유록 형식이 지닌 대중적 가치의 유효성을 높게 평가했기 때문이다. 즉 "꿈에서의 일이라는 가정을 통해서 불만 해결의 길을 찾는 몽유록을 재현해 비판적인 발언의 기회를 확대하고자 하는 움직임이 있어 여러 작품이 이어서 나왔던"[12] 당대의 문학적 상황에 주목한 결과이다. 따라서 최병헌의 〈성산명경〉이 소재적·주제적 측면에서 여타의 몽유록계 소설이 지향하던 것과는 다소 이질적인 면이 없지 않지만, 몽유록이 갖는 문학적 효능을 적극적으로 활용하여 소기의 목적을 달성하려한 개화기 소설로서의 일반적 문학 양상에 대해서는 충분히 공감할 수 있다.

---

11. 최병헌, 〈성산명경〉, 175쪽. 본고에서 인용하는 〈성산명경〉은 다음의 출처에 따른 것임을 밝혀둔다. 소재영·김경완 엮음, 『개화기소설』, 숭실대학교 출판부, 1999.
12. 조동일, 『한국문학통사』 4, 지식산업사, 1986, 314쪽.

또한 이 소설의 또 다른 문학적 양식으로 두드러진 특성은 시종일관 토론체로 전개되고 있다는 점이다. 이는 초창기 개화기 신소설에서 일종의 유행처럼 구사되던 문학적 양식이었다. 토론의 양상은 여기서 일일이 열거하지 않더라도 4장에 제시된 신천옹과 진도의 논쟁 과정 분석에서 그 실상을 낱낱이 확인할 수 있을 것이다. 다만 최병헌이 토론체를 소설 구성의 주요한 표현기법으로 선택한 이유는 분명히 언급할 필요가 있겠다. 그것은 이 소설이 '이념지향적 유형'의 개화기 소설이라는 것에서 그 원인을 찾아야 한다. 이른바 "특정의 정치적 이념(필자 주; 최병헌의 경우는 '종교적 이념')을 담아 전달하고자 한 것들로 계몽의 직접성을 그 특징으로"[13] 삼았던 개화기의 소설들이 나름의 형식으로 발견해 낸 것이 토론체(혹은 문답체)였다. 결과적으로 이러한 개화공간의 소설양식이 최병헌의 경우에도 유의미했던 까닭에 〈성산명경〉은 토론체로 일관되어 있다. 즉 기독교라는 이념적 지향을 관철시키고 독자들을 계몽시켜 나가기에 당대 문학의 유행담론인 토론체가 시의적절했던 것이다. 이런 까닭에 이 저작을 문학 텍스트로 규정하는 것에 대한 더 이상의 이론은 불필요하다.

한편 〈성산명경〉에 대한 문학적 특성 고찰은 서사문학의 구성적 요소, 즉 배경과 인물에 대한 분석을 통해서도 접근해 볼 수 있다. 이 소설은 '신천옹'을 위시한 제 종교의 대변자들이 "경기가 결승ᄒ야 네로브터 도학에 빈부르고 물외에 쇼요ᄒᄂ 군ᄌ들이 산슈의 락을 취ᄋ야 왕왕히"(129쪽) 오르는 성산 영대聖山 靈臺을 공간 배경으로 삼는다. 여기서 표면적으로 형상화된 공간 이미지는

---

13. 김윤식·정호웅,「한국소설사」, 문학동네, 2007, 23쪽.

고대소설에서 상투적으로 묘사하던 동양적 이상향을 떠오르게 한다. 이를테면 "별유텬디 비인간別有天地非人間이오 월만공산 슈만담月滿空山水滿潭"(129쪽)에 비유될 정도의 빼어난 봉우리와 잔잔한 시냇물의 절경이 성산 영대의 실체적 모습이다. 그러나 이러한 공간적 형상화는 단순히 동양적 이상향을 연상시키려는 의도에만 머물지 않았다. 그것은 "셩산은 곳 밋는 쟈의 몸이오 령딕는 곳 밋는 쟈의 ᄆᆞ음이라"(175쪽)고 부연한 소설의 결말을 통해 확인할 수 있듯이 신앙인의 거룩한 몸과 마음을 공간적으로 비유한 것에 다름 아니다. 즉 기독교를 접하고 예수를 믿음으로써 성별되어질 영靈과 육肉을 문학적 상징으로 치환시켜 놓은 것이 이 소설의 공간이 지닌 내포적 의미일 것이다. 그렇다면 이 작가는 진부한 고전적 공간 이미지를 매우 적절하게 한 단계 높은 차원의 공간 상징으로 끌어올린 것에서 이전 시기보다 진일보한 수준으로 평가할 수 있을 것이다.

다음으로 관심을 둘 요소는 인물이 지닌 문학적 형상성이다. 성산 영대에 가장 먼저 등장한 '진도'는 유가儒家를 대변하는 인물이다. 그는 "근본유가의 놉흔데쟈로 공밍을 존슝ᄒᆞ며 문쟝이 리두李杜를 압두ᄒᆞ야 ᄉᆞ셔오경과 데쟈빅가셔를 무불통지ᄒᆞ며 필법이 쏘흔 졀등ᄒᆞ야 왕우군王右軍의 필톄와 류공권柳公權의 서법을 왕왕히 론단"(129쪽)할 정도로 뛰어난 학문적 역량을 지닌 인물로서 주인공 '신천옹'과는 가장 첨예한 대립각을 세운다. 다음으로 소개되는 인물은 "챵안빅납蒼顏白衲으로 가샤의를 몸에 닙고 셕쟝을 집헛스니 쳥한ᄒᆞᆫ 모양과 온유ᄒᆞᆫ 거동이 불문가지 법계도승法界道僧"(129쪽)인 불가佛家의 대변자인 '원각'과, "동안학발童顏鶴髮노갈건을 쓰며 도복을 닙엇ᄂᆞᆫ듸 쳥슈ᄒᆞᆫ 모양이 파리ᄒᆞᆫ 학과 ᄀᆞᆺᄒᆞᆫ"

(130쪽) 도가道家의 대변자 '백운'이다. 그리고 맨 마지막으로 등장하는 인물이 기독교의 대변자인 '신천옹'인데 이는 앞의 세 인물과는 사뭇 남다른 면모를 지니고 있다.[14]

> 엇더흔 일위 쇼년이 쥭쟝망혜로 표연히 올나오니 긔샹이 늠늠ᄒ고 청풍이 불불ᄒ지라 (…중략…) 쇼뎨는 근본 고려高麗국 사름으로 셩은 을지乙支요 명은 학學읍더니 공부에 뜻이 잇셔 셔칙을 등에 지고 스승을 차져갈식 호슈물을 지나더니 엇더흔 새가 잇셔 오리ᄌ치 물우헤 써돈니되 입은 흥샹 하늘노 우러러 물속에 고기들이 공중에 쮜놀다가 우연히 입으로 드러오면 주린 챵ᄌ를 요긔ᄒ고 일호도 해물지심이 업셔 샤욕을 거절ᄒ고 텬명을 슌슈ᄒᄂ지라 쇼뎨가 그 새를 보고 ᄆ음이 감동ᄒ야 혼ᄌ 싱각ᄒ되 만물즁에 지극히 귀흔 거슨 사름이로되 샤욕을 이긔지 못ᄒ야 비긔지ᄉ肥己之事만 싱각ᄒ고 다른 사름에 해되ᄂ 거슨 싱각지 아니ᄒᄂ쟈-뎌 새만 ᄀ지 못ᄒ도다 ᄒ고 그 새의 일홈을 그곳 어부ᄃ려 무른되 디답ᄒ되 신텬옹信天翁이라 ᄒ옵기로 쇼뎨도 셩명을 곳쳐 신텬옹이라 ᄒ엿스나 지금도 흥샹 샤욕에 ᄰᅥ져 죄를 지을 째가 만습ᄂ이다. (130~131쪽)

기독교 사상의 대변자인 신천옹은 '긔샹이 늠늠ᄒ고 청풍이 불불흔' 젊은 소년이다. 원래 '을지학乙支學'이라는 본명을 지녔으나 우연히 보게 된 새의 이름을 따라 개명한 것이다. 여기서 인생의 의미를 성찰케 만드는 새가 당대에 새롭게 수용되어 우리의 삶을 근본적으로 되돌아보게 만든 기독교를 상징한다는 것은 자명하

---

14. 유교, 불교, 선교를 대변하는 세 인물의 등장에 뒤이어 마지막 차례로 기독교를 대변하는 신천옹이 등장하는 것에 대해서 신춘자는 전통적 동양사상(유·불·선 3교)을 지닌 우리나라에 기독교가 가장 나중에 상륙한 과정을 그려낸 의도라고 설명한다. 신춘자, 위의 글, 394쪽.

다. 그 새가 '입은 흥샹 하늘노 우러러' 있는 형상을 하고 있는 것은 하나님의 뜻을 청종하는 신앙인의 자세이며, '물속에 고기들이 공즁에 쮜놀다가 우연히 입으로 드러오면 주린 챵즈를 요긔ᄒ고 일호도 해물지심이 업'다는 새의 속성은 물질적 모든 필요를 오직 신의 은총과 섭리에 맡긴 채 '텬명을 슌슈ᄒᄂᆫ' 참된 신앙인의 태도를 비유한 것이다. 따라서 앞의 세 인물이 지닌 비범성이 구시대적이고 전통적 가치의 표상에만 한정된 것임에 반해 주인공인 신천옹에 대한 묘사는 새로운 시대적 가치, 즉 기독교의 서구적 근대성을 표상한 것이라는 변별성을 지니게 된다.[15]

지금까지 살펴본 것처럼 최병헌의 〈성산명경〉은 비록 초창기 근대소설로서 여러 가지 문학적 한계를 지니고 있는 것은 분명한 사실이지만, 그럼에도 불구하고 몽유록 형식과 토론체를 통해 같은 시기의 개화기 소설들과 양식적 동질성을 확보하고 있다는 점에서 그 문학적 수준을 견주어 볼 수 있었다. 또한 배경과 인물 형상화에서도 일견 구시대 문학의 전형적 틀을 답습하면서도 나름의 문학적 비유와 상징으로 작가의 의도를 반영하고자 한 문학

---

15. '신천옹'의 묘사와 작명에 대해 신광철은 "신천옹이 입을 벌리고 친명을 기다리는 것처럼, 기독교의 수용을 자연스럽게 받아들여야 한다는 최병헌의 생각이 반영된 작명"(신광철, 위의 글, 168쪽.)이라고 설명하고 있으며, 양진오는 "대양횡단이 자유로운 거대한 새로 알려진 신천옹은 동서양의 지리적 경계를 자유롭게 횡단하며 선교하기를 바라는 기독교도의 상징"(양진오, 위의 글, 382쪽.)으로 설명하기도 한다. 한편 김인섭은 신천옹의 묘사에 대해 '긔샹의 늠늠함'은 새롭게 발흥하는 기독교의 활기찬 모습을, 죽장망혜 차림의 나그네 형상은 지상에서의 기독교도의 삶이 천국 본향을 찾아 가는 나그네의 표상임을, 그리고 새의 이름을 어부들에게 물은 데서, 어부들에게 새(Albatross)는 바다에서 길 잃은 자를 돕는 죽은 선원들의 영혼의 화신이라는 점에서 '구원의 새'로 풀이하여 의미를 부여하고 있다.(김인섭, 위의 글, 175쪽.)

적 성실성에 대해서는 긍정적 평가를 내릴 수 있을 것이다.

3. 만종일련 사상의 지속·심화와 〈성산명경〉의 위치

최병헌은 일생토록 갈고 다듬은 비교 종교론적 사유를 최후의 역작『만종일련萬宗一臠』으로 집대성해 놓았다. 이른바 최병헌 신학 사상의 시종始終이 '만종일련'이라는 하나의 단어에 집약되어 있다고 해도 결코 지나친 표현은 아니다. 그는 오직 만종일련이라는 하나의 끈을 붙잡고 생애의 전반에 걸쳐 사고를 확장시켜 온 것인데, 초반의 학문적 탐구가 유교를 중심으로 한 기독교 변증에서 출발했다면 이후 유·불·선 삼교을 대상으로 하는 변증으로 한층 심화·확대되었고, 종국에는 만국종교 모두를 대상으로 삼아 기독교 변증의 확고한 틀을 갖추려는 야심찬 의도를 보여 주었다.

한편 최병헌이 만종일련을 사유의 기본 틀로 삼아 다양한 종교의 범람 속에서도 근원적인 종교의 진리로 나가기 위한 필요성을 강하게 느낄 수밖에 없었던 것은 당대 한국의 종교적 현실과 밀접한 관련이 있다. 그는『만종일련』의 〈총론〉에서 당대의 종교적 상황을 다종교적 상황으로 파악하고 있다. 개개의 종교는 저마다 제 종교가 참된 종교라고 주장할 뿐 아니라, 심지어 기독교의 각 교파들도 제각각 제 교파가 진정한 기독교라고 주장하는 상황이 벌어지고 있었던 것이다. 따라서 이러한 혼란한 종교적 현상 앞에서 종교의 참된 근원을 찾기 위한 방편으로 만종일련의 사유를 지속·심화하게 된 것이다. 즉 "진리는 극히 신비롭고 미묘하고 깊어서 알 수 없으며 비록 큰 덕을 가진 선비라고 하여

도 갈림길에 이르러서는 어디가 동서인지 분별하기 어렵다.……
갈림길에서 망설이는 이로 하여금 스스로 길을 찾아 돌아가게 하
는 것이다"[16]라는 표현에서 그가 이 저술을 통해 얻고자 한 바가
무엇인지 명확해진다. 이른바 스스로가 종교의 참된 근원을 찾아
돌아가게 함에 궁극적 목적이 있었다.

> 종교의 종宗자 뜻은 조종朝宗으로 한다는 것이니 그 진리를 조종으
> 로 삼고 봉행奉行한다는 뜻이요, 교敎자는 도들 닦아 그 백성을 가르
> 쳐 감화하자는 뜻이요, 일련一臠이라는 것은 한 점의 고기斷片로 온
> 솥의 요리의 맛을 안다는 뜻이다.[17]

만종일련에 입각한 종교의 참된 근원을 파악하기 위해서는 먼
저 만종萬宗에서의 '종교'에 대한 이해가 선행되어야 한다. '종'은
사유와 언표言表와 문자文字를 초월하는 근원적인 무분별지인 진
리의 극치를 의미하며, '교'는 '종' 곧 진리에 들어가도록 다양하
게 언설과 문자로 파악된 것, 곧 종의 교, 진리의 교설이다. 그리
고 근원적 진리를 터득한 데서 성립하는 '종'은 하나이지만 이 진
리를 나타내는 수단과 방편은 여럿이기 때문에 '교'는 무척이나
다양할 수밖에 없다. 그렇지만 그렇게 많은 교도 결국에는 하나
의 근원적 진리인 종에 귀착하게 된다.[18] 최병헌은 이러한 원리를
'일련一臠'으로 비유하고 있다. 한 덩어리 고기의 맛을 봄으로써

---

16. "極賾微奧 雖碩德鴻儒 枉杖臨岐 不無東西難辨矣……使臨岐躊躇者 自解歸路."
    최병헌, 「緖言」, 『만종일련』, 조선야소교서회, 1922, 1쪽.
17. "宗者 朝宗 宗其理而奉行 敎者 修道 敎其民而感化 一臠者 以一臠 知全鼎味也."
    최병헌, 위의 글, 1쪽. 인용한 원문의 해석은 박혜선 역, 『만종일련』, 성광문화
    사, 1985, 8~9쪽의 내용을 참조했다.

온 솥의 요리의 맛을 알 수 있는 것처럼, 하나의 '단편—臠'으로 만종을 알 수 있다는 것이다. 이처럼 모든 종교를 관통하는 하나의 진리를 발견하려는 데에 만종일련 사상의 궁극적 목적이 있었으며, 그 하나의 단편인 '일련'이 다름 아닌 기독교를 의미한다는 데에 기독교 중심의 비교 종교학적 변증이 확립되었다.

최병헌의 만종일련의 사상적 체계를 지속하고 심화하는 과정은 그의 여러 저작들을 통해 확인 가능하다. 그 중에서도 종교 변증의 첫 번째 시도는 『대한그리스도인회보』에 발표한 〈삼인문답〉[19]에서 발견할 수 있다. 이 글은 본격적인 문학 양식을 보여주지는 않지만 당시에 유행하던 토론체를 반영하고, 아울러 인물들 사이에 종교적 문제를 담론하고 있다는 점에서 뒤 이어 발표된 〈성산명경〉의 실험적 시도라고 평가할 수 있다. 이 글에 등장하는 인물은 작가를 대변하는 '전도인'과 관직을 지낸 양반 신분의 '집주인', 그리고 그 집 사랑에 거하고 있던 학식이 높은 '선비'를 포함하여 모두 셋이다. 중심 서사는 전도인이 북촌北村 양반집을 방문하여 복음을 전하는 과정에 전개된 토론이 중심이 되어 있다. 이 가운데 전도인과 집주인 간에 벌어진 첫 번째 토론은 서로의 입장 차이만 드러난 채로 일단락된다. 집주인과의 토론이 무위에 그친

---

18. '종교(religio)'에 대한 개념적 이해는 가와다 구마타로(川田熊太郎)의 설명을 인용하여 풀이한 변선환의 글에서 참조하였다. 변선환, 「탁사 최병헌과 동양사상」, 숭전대 부설 한국기독교문화연구소편, 『한국기독교의 존재이유』, 숭전대 출판부, 1985, 310~311쪽 참조.
19. 〈삼인문답〉은 최병헌이 아펜젤러 선교사와 함께 창간한 『대한그리스도인회보』에 두 번에 걸쳐 연재한 비교적 짧은 분량의 기독교 변증이다. 본고에 인용한 지문은 1900년 3월 21일자 발행의 『대한그리스도인회보』 제14권 제12호의 62쪽과 1900년 3월 28일자 발행 『대한그리스도인회보』 제14권 제13호의 68쪽을 참조한 것임을 밝혀둔다.

뒤 두 번째 토론은 전도인과 선비 사이로 넘어간다. 선비는 "도라 ᄒᄂᆞ거시 근본 ᄒᆞ나히요 두 리치가 업ᄂᆞ니 우리가 무슴 교를 ᄒ든지 샤욕을 막고 텬리를 잇게ᄒᆞ며 악ᄒᆞ거슬 징계ᄒᆞ고 착ᄒᆞ거슬 권면ᄒᆞ야 독실히 힝ᄒᆞ면 거룩ᄒᆞᆫ 디경에 니를지라. 하필왈 공ᄌᆞ교 니 예수교니 부쳐교니 분별 홀거시 무어시뇨"[20]라며 〈성산명경〉의 '성산 명대'와 유사한 공간에서 펼쳐진 다섯 성인의 토론을 소개한다.

유교적 지식으로 중무장한 선비는 진리에 이르는 길을 산꼭대기를 향해 열린 여러 갈래의 길과 같다고 비유한다. 그리고 그 산의 꼭대기에는 공부자, 노자, 석가, 예수, 모하메드 등 다섯 성인이 유유히 대화를 즐기고 있으며, 이들의 경지에 도달하기 위해서는 서로 문호가 다르고 길이 다르므로 이에 집착하지 말아야 함을 강조한다. 따라서 사욕을 버리고 전심전력으로 행하면 무슨 종교이든지 거룩한 경지에 도달할 수 있다고 피력하는 것이다. 이러한 선비의 주장은 종교적 진리의 보편성에 바탕을 둔 종교 상대주의적 관점(다원주의)으로서 기독교적 세계관이 표방하는 절대성과는 배치될 수밖에 없는 사고방식이다. 때문에 "구셰쥬 예수ᄭᅴ셔ᄂᆞᆫ 공밍ᄌᆞ나 로불ᄌᆞ ᄀᆞᆺ흔 셩현이 아니라 곳 하ᄂᆞ님이시니 (…중략…)범샹ᄒᆞᆫ 셩인으로 비교ᄒᆞ야 말홀 수 업고 태셔 각국이나 고왕 금릭에 홀노 ᄒᆞ나ᄲᅮᆫ 되시ᄂᆞᆫ 구셰주시니"[21]라는 전도인의 설교가 그들의 사고 체계를 뒤바꿀 가능성은 희박해 보인다. 결국 이들의 대화는 여기서 미완으로 끝나고 말지만, 이 글에서 우리

---

20. 최병헌, 〈삼인문답〉, 『대한그리스도인회보』 제4권 제12호, 1900.3.21, 62쪽.
21. 최병헌, 〈삼인문답〉, 『대한그리스도인회보』 제4권 제13호, 1900.3.28, 68쪽.

는 향후 최병헌 신학 사상의 핵심인 기독교 변증과 만종일련 사상의 토대가 발단되어 있다는 사실을 확인할 수 있다. 아울러 그의 기독교 변증이 다른 여러 종교 중에서도 유교에 보다 많은 비중을 두고 있었다는 사실을 〈삼인문답〉이 유교적 세계관을 지닌 인물들과의 변증만으로 구성된 데서도 새삼 느낄 수 있다. 이는 최병헌이 기독교를 설득함에 있어서 전통사회를 지배해 온 유교와의 대립·극복이 가장 큰 걸림돌이 될 것이라는 문제인식에서 비롯된 특성일 것이다.[22]

〈삼인문답〉에서 유교와의 논쟁을 통해 단편적으로 전개되었던 기독교 변증이 본격화된 것은 〈성산명경〉에 와서이다. 물론 이 사이에 〈성산유람긔〉, 〈ᄉ교교략〉[23] 등이 위치하지만 이들 모두 미완의 변증에 머물렀다면 〈성산명경〉에 이르러 비로소 유·불·선 삼교에 대한 보다 체계적 변증이 이루어진다. 그리고 여기서 한걸음 더 나아가 훗날 『만종일련』으로 출간되는 「종교변증설 宗敎辨證說」[24]에 이르면 그간 이 십여 년에 걸쳐 주력했던 제종교간의 비교 종교학적 변증이 완성 단계에 이른다. 아울러 애초의 〈삼인문답〉이 유교와의 변증에만 한정된 것이었다면 『만종일련』에

---

22. 역사가 이광린은 구한말 경향(京鄕)의 유교선비들이 대거 기독교에 귀의하는 데 결정적 역할을 한 인물로 탁사 최병헌을 꼽기를 주저하지 않는다. 그는 "유교적인 기반을 갖고 있는 한국사회에서 철저한 유교적인 교양을 가졌던 이들의 활동은 두드러질 수 있었다. 당시 한국사회에서는 유교사상을 극복하지 않고서는 기독교의 발전을 도모할 수 없었는데, 이들의 활동으로 쉽게 이룩할 수 있었기 때문이다."(이광린, 「개화파의 개신교관」, 『한국개화사상연구』, 일조각, 1979, 228쪽.)라는 말에서 당대 기독교의 발전에 있어서 유교의 극복이 가장 큰 문제였으며, 이의 극복에 오히려 유교적 교양을 지녔던 최병헌과 같은 기독교 지식인의 역할이 지대했다고 평가한다. 변선환, 위의 글, 268~269쪽 참조.
23. 『신학월보』 제7권 제2·3호~제6호, 1909.

와서는 그 변증의 대상이 매우 폭넓게 확장되었고, 더불어 그 깊이에 있어서도 더욱 체계적이고 심화된 논증의 수준에 도달하였음을 확인할 수 있다. 한 마디로 최병헌 신학사상의 정수는 만종일련의 지속과 심화·확대로 일관되었음이 분명하고, 그러한 일련의 과정 속에 〈성산명경〉은 일종의 문학적 양식을 빌어 그 체계를 확립해 나갔던 것이다.

4. 〈성산명경〉에 나타난 대 유교 논쟁과 만종일련의 표명

최병헌은 모든 종교의 도리를 세 가지 관념, 즉 유신론·내세론·신앙론이라는 삼대관념[25]의 충족 여부에 따라 평가했다. 따라서 〈성산명경〉으로부터 『만종일련』에 이르는 기독교 중심의 종교 변증 역시 이 세 요소의 충족 여하가 중요한 판단의 근거로 작용하고 있다. 그의 주장에 따르면 유교는 비록 불완전하긴 하지만 유신론과 신앙론이 나타난다. 그러나 내세론이 결여되어 있기 때문에 종교의 도리에 벗어나 있다고 지적하고 있다. 또한 불교는 내세관과 신앙관이 왜곡된 형태로 나타나고 있을 뿐 아니라, 무신론적 관념을 지향하기 때문에 참된 종교일 수가 없다고 보았다. 한편 선교는 일견 세 가지 관념을 모두 갖추고 있는 듯하나, 엄밀히 본다면 불완전하고 왜곡된 형태로 전개되고 있기 때문에 이 역시 종교의 도리에 부합하지 않는다는 관점이 지배적이다.[26]

---

24. 『신학세계』 제1권 제2호~제5권 제1호, 1916.5.~1920.1.
25. "宗敎의 理는 三大觀念이 有ᄒ니 一曰 有神論의 觀念이오 二曰 來世論의 觀念이오 三曰 信仰의의 觀念이라 某敎를 勿論ᄒ고 缺一於此ᄒ면 完全ᄒ 道理가 되지 못ᄒᆯ지라." 최병헌, 「叢論」, 『만종일련』, 조선야소교서회, 1922, 5~6쪽.

따라서 최병헌의 비교 종교론적 변증은 기독교 중심의 만종일련을 보다 확고히 한다. 오직 기독교만이 동양의 세 종교가 지닌 결함을 온전하게 보완하고 완성하기 때문이다.

한편 이와 같은 기독교의 사상적 우위성에 대한 작가의 확고한 신념이 문학적 양식을 빌어 성취된 것이 〈성산명경〉의 종교간 논쟁들이다. 본 장에서는 신천옹과 진도 사이에 벌어진 대 유교 논쟁에만 국한하여 작가의 만종일련 사상이 어떻게 구체화되고 있는 지에 대해 본격적으로 분석할 것이다. 두 인물의 논쟁에는 '기독교의 신과 유가의 상제 개념을 어떻게 볼 것인가'를 중심으로 천지창조, 인간의 덕성, 천당지옥과 영혼의 속성 등에 대한 매우 다채로운 논박이 오고 간다. 그리고 이러한 근본적 물음들에 대해 논쟁하는 과정에서 유교에 대한 작가의 긍정적 시각과 더불어 기독교 사상에 대비한 부정적 견해들이 정교하게 파헤쳐지고 있다.

〈성산명경〉의 논쟁은 사흘에 걸쳐 전개된다. 그 첫째 날은 상호간의 통성명 과정에서 비롯한 가벼운 논쟁으로 출발하고 있다. 즉 신천옹이 본래의 이름인 '을지학'을 버리고 개명한 것에 대한 진도의 비판이다. "셩이란 거슨 조상을 존경ᄒᆞᄂᆞᆫ 쟈 엇지 경홀이 변ᄒᆞ리오 망명ᄒᆞᄂᆞᆫ 죄인외에는 실노 못홀 일인줄 아노라"(131쪽)

---

26. "如何ᄒᆞᆫ 宗敎는 宇宙萬有의 主宰를 尊崇ᄒᆞ야 宗敎를 稱ᄒᆞ나 伐齊의 名으로 上帝를 知證ᄒᆞ며 其實은 他神偶像을 拜ᄒᆞ야 多神敎에 近ᄒᆞ고 來世의 觀念이 無ᄒᆞ며 如何ᄒᆞᆫ 宗敎는 來世의 觀念도 有ᄒᆞ고 信仰도 有ᄒᆞ되 自己의 道와 自己가 獨存ᄒᆞ다ᄒᆞ야 主宰로 自尊ᄒᆞ며 參戒妙諦에 立ᄒᆞ야는 無我相 無人相 無衆生相 無壽者相이라ᄒᆞ니 無我無人者의게 倫常의 理를 論키 不合ᄒᆞ고 出有入無ᄒᆞ며 超脫飛昇者의게 愛人如己의 義를 ᄅᆞ키 誠難ᄒᆞ도다." 위의 책, 118쪽.

는 진도의 비난은 유가적 세계관에서 비롯된 것이다. 이에 대해 신천옹은 고대 중국의 사적을 예로 드는데 "긔ᄌᆞ箕子는 근본 ᄌᆞ셩이로ᄃᆡ 긔짜에 봉홈으로 긔씨가 되엿고 그후 ᄌᆞ손들은 혹 선우鮮于씨와 흔씨도 되엿스며(…후략…)"(131쪽)라며 사람의 성명이 형편과 경우에 따라 변화해 왔음을 들어 반박한다. 이는 비록 지엽적이긴 하지만 유가에서 존중하는 성씨의 문제, 즉 가문의 존숭에 대한 근본 인식을 부정하고 있다는 점에서 갈등의 단초가 되고 있다. 때문에 진도는 "쇼년의게 어굴홈을 분히 녁여 셕양夕陽이 지산在山 홈을 칭탁"(131쪽)하여 서둘러 하산을 하면서, 다음 날 다시 모여 토론을 하자는 제안에도 다른 두 인물에 비해 주저하는 반응을 보인다.

본격적인 유교와의 논쟁은 이튿날 만남에서 심도 있게 전개된다. 신천옹과 진도의 두 번째 만남도 전날과 마찬가지의 소소한 시비에서 시작된다. 그것은 모임에 늦게 나타난 진도가 유가의 예법을 들어 허세를 부렸기 때문이다.

> (1) 츈쇼고단일고긔春宵苦短日高起라 ᄒᆞ엿스니 늣게 니러남은 츈곤을 인홈이오 공ᄌᆞ孔子 글ᄋᆞ샤ᄃᆡ 죡용즁足容重이라 ᄒᆞ셧스니 ᄲᆞᆯ니 오지 못홈은 힝보의 셔셔홈이라. (133쪽)

> (2) 쇼뎨는 아는 거시 업거니와 츈쇼고단일고긔는 당현죵唐玄宗이 귀비의게 침혹홈을 빅락텬白樂天이 죠소혼 말슴이오 지아宰我라 ᄒᆞ는 뎨ᄌᆞ 낫졔 잠자거늘 공ᄌᆞ孔子 ᄭᅮ지져 갈ᄋᆞ사ᄃᆡ 썩은 나무는 가회 식일 수 업고 분토糞土의 담은 가히 더럽게 홀 수 업다 ᄒᆞ셧스며 일즉이 니러나고 밤들게 자라홈은 유가셔에 말슴이라. (133쪽)

인용문 (1)에서와 같이 진도는 고사古事와 공자의 말씀까지 들어가며 본인이 늦은 이유를 그럴 듯하게 둘러댄다. 이에 대해 신천옹은 조목조목 반박의 논리를 세운다. 먼저 '春宵苦短日高起'라는 고사의 언급이 맥락에 맞지 않는 그릇된 사용임을 지적하고, 더불어 공자의 가르침인 '족용중足容重' 역시 본의가 무엇인지에 대해 구체적 예를 듦으로써 주장의 부당함을 지적한다. 물론 이러한 신천옹의 반박이 유가 사상의 논리와 성현들의 말씀 자체를 부정하려는 의도가 아닌 것은 명백하다. 단지 당대 유학을 신봉하는 자들의 잘못된 습성을 비꼬자 하는 의도 정도로 이해하는 것이 타당하다. 즉 진도의 오만함과 게으름을 힐책함으로써 유교 사회의 무력함과 부패, 무능함 등을 간접적으로 지적하고 있는 작가의 의도만은 분명해 보인다.

신학적·철학적 차원에서 의미 있는 논쟁은 세 번째로 전개되는 창조론에 대한 이견에서 부각된다. 당초에 이 세계가 어떻게 만들어졌는가라는 신천옹의 물음에 대해 진도는 음양의 이치를 예로 들어가며 창조에 대한 견해를 밝힌다. 그러나 신천옹은 음양과 오행 역시 창조의 원인으로는 한계가 있음을 지적하고, 따라서 하나님主宰의 조화로 이 세계가 창조되었다는 기독교의 창조론을 설파해 나간다.

> (1) 쥬역에 글ᄋ되 대직大哉라 건원乾元이여 만물을 비롯ᄒ며 자직至哉라 곤원坤元이여 만물을 싱ᄒ다 ᄒ엿스니 건도乾道는 양이 되고 곤도坤道는 음이 되야 음양의 리긔理氣로 만물을 싱싱ᄒ 거시라 쥬부ᄌ朱夫子 글ᄋ샤딘 나의 몸은 텬디에 긔운이오 남의 셩품은 텬디의 리치라 ᄒ고 또 글ᄋ되 하늘은 아버지요 짜은 어머니시니 사롬이 그 가온되 싱ᄒ야 다 텬디의 ᄌ식이

된다 ᄒᆞ시고 쥬렴계周濂溪 ᄀᆞᆯㅇ듸 무극無極이 태극太極이 되야 조화의 츄긔樞機를 일우다 ᄒᆞ엿스니 태극의 리치로 량의兩儀와 ᄉᆞ샹四象이 싱ᄒᆞ고 오ᄒᆡᆼ五行의 긔운으로 만물이 싱기다 ᄒᆞ노라. (133~134쪽)

(2) 쥬회암朱晦庵 격치셔格致書에 ᄀᆞᆯㅇ듸 태극은 실샹 리치쑨이라 리치가 합벽闔闢ᄒᆞᄂᆞᆫ 문호門戶와 지도리가 되야 남녀와 만물의 싱싱ᄒᆞᄂᆞᆫ 근본이 되다 ᄒᆞ고 ᄯᅩ ᄀᆞᆯㅇ듸 리치란 거슨 졍의情意도 업고 계교흠도 업고 조작造作흠도 업다 ᄒᆞ엿스니 태극리치가 만일 졍의와 조작흠이 업슬진듸 지혜智慧와 신령神靈도 업ᄂᆞᆫ 거시니 엇더케 허령지각虛靈知覺이 잇는 사름과 만물을 싱ᄒᆞ며 ᄯᅩᄒᆞᆫ 건곤리긔乾坤理氣와 음양오ᄒᆡᆼ으로 만물이 싱기다 ᄒᆞ시니 건곤음양은 당초에 어듸셔 싱겻다 ᄒᆞ시ᄂᆞ닛가 (…중략…) 반다시 젼지젼능全知全能ᄒᆞ신 하ᄂᆞ님의 조화로 텬디만물을 창조ᄒᆞ신 거시라 음양오ᄒᆡᆼ은 텬디일월天地日月과 금목슈화토金木水火土를 ᄀᆞᆯ처 말슴흠이오나 텬디 오ᄒᆡᆼ도 하ᄂᆞ님의 ᄆᆞᆫ드심을 밧은 물건으로 아모 권능이 업거늘 엇지 만물을 싱ᄒᆞ리오 (…중략…) 그런즉 물건이 싱긴 후에 잇는 음양이 능히 물건을 낼 수 업ᄂᆞᆫ 것이오 ᄯᅩᄒᆞᆫ 금목슈화토 오ᄒᆡᆼ이란 것은 ᄒᆞᆫ 물질物質이니 사름의 날노 쓰고 먹고 마시ᄂᆞᆫ 물건이라 금셕과 토목으로 집을 지으며 슈화로ᄂᆞᆫ 음식ᄒᆞᄂᆞᆫ듸 필요ᄒᆞᆫ 지뇨를 슴ᄂᆞ니 오ᄒᆡᆼ이 사름의게 요긴ᄒᆞᆫ 물질이라 이졔 금목슈화토를 ᄒᆞᆫ 곳에 두고 보면 그 형질을 스스로 요동ᄒᆞᆯ 수도 업고 쓸만ᄒᆞᆫ 그릇슬 일우지도 못ᄒᆞ야 반ᄃᆞ시 사름의 손을 의지ᄒᆞ야 릭왕도 ᄒᆞ고 그릇도 일우ᄂᆞ니 이러ᄒᆞᆫ 물질이 엇더케 만물을 내게ᄒᆞ리오 일노좃차 궁구 ᄒᆞᆯ지라도 음양오ᄒᆡᆼ이 능히사름을 내지 못흠이 분명ᄒᆞᆫ지라. (134~135쪽)

인용문 (1)에서 진도는 만물의 생성을 음양오행의 조화와 태극의 이치로 풀이하고 있는데, 이는 오랜 세월 유가사상의 근간을 이루어 온 인식체계이다. 그러나 신천옹은 인용문 (2)에 제시된 것처럼 유학자 주회암朱晦庵의 〈격치서格致書〉에 나오는 주장을 들어 유교의 창조설을 부인한다. 즉 '태극리치가 만일 정의와 조작홈이 업슬진디 지혜智慧와 신령神靈도 업는 거시니 엇더케 허령지각虛靈知覺이 잇는 사룸과 만물을 싱흐며 쏘흔 건곤리긔乾坤理氣와 음양오힝으로 만물이 싱기다 흐시니 건곤음양은 당초에 어디셔 싱겻다 흐시느닛가'라는 논리적 반박을 통해 태극의 원리로 창조론을 내세운 진도의 유가적 인식을 반박하고 있는 것이다. 그리고 음양이란 "물건이 잇신 후에 일홈을 지여 말홀 수 잇는 것"(134쪽)에 불과할 뿐이고, 오행도 '그 형질을 스스로 요동홀 수도 업고 쓸만흔 그릇슬 일우지도 못흐야 반드시 사룸의 손을 의지흐야 릐왕도 흐고 그릇도 일운'다는 한계를 지적함으로써 결국 '젼지젼능全知全能흐신 하느님의 조화'가 창조의 근원이라는 기독교적 창조론을 옹호한다.

한편 신천옹은 음양오행과 태극의 이치로 창조를 설명하는 유가의 인식이 그릇된 데는 '하늘'과 '상제'의 개념을 혼동하여 사용하고 있기 때문이라는 보다 근본적인 문제를 제기한다. 비록 유교의 '하늘'이 기독교의 창조주 '하나님'과는 다른 개념인 것이 분명하지만, 유교의 '상제'는 기독교의 '하나님'과 동일한 개념이라는 것이 최병헌의 유가에 대한 이해이다. 즉 원유가原儒家에서는 이 두 개념, 즉 '하늘'과 '상제'의 개념을 구분하여 인식했는데 현실 유교가 이를 구분하지 않고 사용하는 데서 인식의 혼란이 발생했다는 것이다. 최병헌은 신천옹의 입을 빌려 유가의 전통에서도 이 둘을 분간하여 사용한 예로 정명도程明道와 공자를 제시하였다.

정명도程明道 말숨ㅎ়디 그 형톄形體로써 하늘이라고 ㅎ고 그 쥬지主宰로써 샹뎨라 ㅎ엿스니 샹뎨의셔와 하늘이란 거시 특별히 다르거늘 유서에는 분간이 업시 일톄로 말숨ㅎ야 (…중략…) 텬디는 집과 ㄱㅌ고 샹뎨의셔는 집의 쥬인과 ㄱㅌ흐시니 집이라 거슨 ㄸㅗㅎ 쥬인의 지은바 되야 아모 지각도 업는 물건이오 집안에 모든 일은 다 그 집쥬인이 쳐결ㅎ는 거시여늘 이졔 하늘이 만물을 내다흠은 하ㄴ님의 집이 내다흠과 ㄱㅌㅎ니 엇지 그릇흠이 아리오 가령 황뎨폐하의셔 죠칙을 ㄴ리시거든 빅셩들이 말ㅎ기를 궁궐이 죠칙을 ㄴ리다ㅎ고 궁궐을 숭봉ㅎ자ㅎ면 의리에 합당ㅎ겟ㄴ뇨 공ㅈㅣ글ㅇ샤ㄷㅣ 션을 힝ㅎ는 쟈는 하늘이 복으로써 갑고 악을 힝ㅎ는 쟈는 하늘이 앙화로써 갑는다 ㅎ엿스니 이거슨 하늘이 곳 쥬지이신 줄 알미라 하늘 텬ㅈ와 샹뎨란 글ㅈ가 엇지 ㄱㅌ혼 뜻이라 ㅎㄴ잇가. (135~136쪽)

정명도는 '하늘'과 '상제'를 형체形體와 주재主宰로 구분하여 인식한다. 따라서 이 둘은 엄연히 다를 수밖에 없는 것인데 유서儒書에서 분간하지 않고 하나로 혼용하는 데서 인식의 혼란이 생겼다는 주장이다. 그리고 이를 '집'과 '집주인'의 비유, '궁궐'과 '황제'의 비유를 들어 인식의 그릇됨을 지적하고 있다. 마찬가지로 공자孔子의 경우도 인간의 선악에 대한 화복을 주재하는 이를 '하늘'이라 함은 곧 상제의 의미로 사용한 것이라는 점을 거듭 강조한다. 따라서 '하늘 텬ㅈ'와 '샹뎨란 글ㅈ'를 혼돈하지 말아야 한다는 것이다. 이처럼 원래 유가의 상제 개념이 기독교의 하나님과 동일한 것[27]이었는데, 언제부터인가 유가에서 물질로서의 '하늘'과 그 주재자로서의 '상제'를 그릇 인식함에서 모든 혼란이 빚어지고 있다는 생각은 이후의 『만종일련』에서도 재차 확인할 수 있다.[28] 이를 테면 여러 유가의 성현들이 모두 상제를 공경하고 두려워하며 숭배하지 않은 이가 없었으며, 또한 유가에서 공경하고 두려워하는 상제란 도가에서 숭상하는 옥황상제나 현천상제玄天上帝, 원시천존元是天尊이 아니라 예수교회의 한 분밖에 없는 야훼 상주와 동일하다는 인식이 『만종일련』에서도 이어지고 있다. 따라서 요순우탕과 주나라의 문무가 상주를 공경하고 두려워함은 유다의 다윗왕 솔로몬과 같은 것이며, 공맹정주는 유다의 선지자와 그리스의 철학자와 동일하다는 논리가 펼쳐지는데[29], 이는 유가의 상제와 기독교의 하나님을 동일하게 인식하는 최병헌의 신관이 적극 반영된 결과이다. 다만 현실의 유교가 상제와 하늘을 분간하지 못한 문제만이 비판의 대상일 뿐이다.

다음으로 눈여겨 볼 신천옹과 진도의 논쟁은 인간의 성품과 도, 즉 인성론에 대한 견해 차이이다. "하늘이 명ᄒ신 거슬 닐ᄋ디 셩품이요 셩품을 거느리는 거슬 닐ᄋ디 도라 ᄒ엿스니 사ᄅ믜 셩품이 엇더ᄒᆫ 거시닛가"(136쪽)라는 신천옹의 질문에 대해 진도는 공맹을 비롯한 유가 성현들의 가르침을 바탕으로 '본연지성本然之性'의 성리학적 인성론을 피력한다.

---

27. 최병헌은 1899년 『대한그리스도인회보』에 발표한 「동방 성인들도 하나님을 공경하였소」라는 제목의 글에서 "우리 교에 상쥬라 상제라 대주재라 하나님이라 함은 유가서에 상제라함과 음성은 비록 다르나 뜻은 다름이 없나니……"라며 경서에 기록된 상제의 용어를 일일이 열거했다. 그리고 결론으로 "우리 믿는 자들의 상제와 이전 성현들의 공경하시던 상제와 다름이 없거늘 저 어리석은 사람들은 하나님은 공경치 않고 도리어 사신과 우상을 섬겨 성현의 가르침을 좇지 아니하니 이러한 사람들은 사문의 난적이오 하나님의 원수라 어찌 삼갈 바 아니리오?"라고 하여 기독교의 '하나님'과 유교의 '상제'를 동일한 개념으로 파악하고 있다. 안병렬, 「초기 한국 기독교 지도자 탁사 최병헌 목사의 이교관」, 『민속연구』 제8집, 1998, 288쪽 참조.
28. "是謂天者는 非言蒼蒼之天이오 又非玄玄之天이라 無極太極의 虛名과 蠢然 一物의 理氣가 아니라 在天ᄒ신 操權主를 稱흠이니 此는 儒家에서 上天主宰를 天子로 替用흠이라." 최병헌, 위의 책, 12쪽.

진도 왈 공ᄌᆞ 글ᄋᆞ샤ᄃᆡ 셩품은 서로 갓가오나 익히는 거시 셔로 멀다 ᄒᆞ시고 ᄆᆡᆼᄌᆞ 글ᄋᆞ샤ᄃᆡ 사름 셩품의 션흔 거시 물이 아ᄅᆡ로 가는 것 ᄀᆞᆺᄒᆞ야 사름은 션치 아닌 이가 업고 물은 ᄂᆞ려가지 아님이 업다 ᄒᆞ셧스니 사름의 셩품이 근본 션흔 거시오 악흔 일을 힝ᄒᆞ는 거슨 물욕의 교폐홈이라 ᄒᆞ노라 (…중략…) 공ᄌᆞ 글ᄋᆞ샤ᄃᆡ 싱이지지쟈生而知之者는 샹등지혜요 학이지지자學而知之者는 그 버금이 되고 곤이득지자困而得之者는 ᄯᅩ 그 다음이 되고 빅화도 되지 못ᄒᆞ는 쟈는 하우불이下愚不移라 ᄒᆞ셧스니 사름의 긔품氣品이 날째브터 쳥탁清濁이 ᄀᆞᆺ지 못ᄒᆞ야 쳥흔 쟈는 셩인이 되고 탁흔 쟈는 하우불이가 되ᄂᆞ니 쥬부ᄌᆞ朱夫子 글ᄋᆞ샤ᄃᆡ 오직 셩인은 셩품대로 ᄒᆞ시는 쟈라 호호浩浩흔 하늘이시니 터럭ᄭᅳᆺ만치 더ᄒᆞ지 아니ᄒᆞ여도 일만가지 션흠이 죡ᄒᆞ다 ᄒᆞ셧스니 (…중략…) 졍명도 글ᄋᆞ샤ᄃᆡ 셩품은 곳 긔운이요 긔운은 곳 셩품이니 사름이 날째브터 흠ᄭᅴ품부흔 거시라 셩품의 희노이락喜怒哀樂이 물의 파도波濤와 ᄀᆞᆺᄒᆞ니 담연흔 물이 고요ᄒᆞ야 거울 ᄀᆞᆺ흔 거슨 물의 셩품이오 바람과 샤셕沙石을 만나 파도가 흉용홈은 물결의 격동홈이니 곳 졍욕情慾의 부림이라 ᄒᆞ셧스니 사름의 셩품이 엇지 물과 ᄀᆞᆺ지 안타ᄒᆞ리오. (136~137쪽)

'인간의 성품은 어떠한가?'를 물은 신천옹에게 진도는 "天命之謂性 率性之謂道"라는 『중용中庸』의 구절을 끌어와 유가의 여러 성현들이 인간의 성품에 대해 언급한 다양한 논거들을 열거한다.

---

29. "自古로 聖帝 明王과 賢人達士가 上天主宰를 無不尊敬ᄒᆞ며 莫天奉事ᄒᆞ엿스니 尙書에는 上帝를 尊稱흔 곳이 四十九處이오 毛詩에는 三十九處이라.……推此論之컨ᄃᆡ 儒家聖賢들이 上帝를 敬畏ᄒᆞ며 崇拜치 아닌 이가 無ᄒᆞ고 且儒家에서 敬畏ᄒᆞ는 上帝는 道家에서 尊尙ᄒᆞ는 玉皇上帝나 玄天上帝나 元是天尊이 아니오 天地를 管理ᄒᆞ시는 造化의 主宰를 稱흠이니 耶蘇教會에 獨一無二ᄒᆞ시며 全知全能ᄒᆞ신 耶和華 上主와 一이시오 虞舜殷湯 周之文武는 上主를 敬畏홈이 猶太의 大衛王과 所羅門과 略同ᄒᆞ고 孔孟程朱는 猶太의 先知輩와 希臘의 哲學者와 同一흔 理想이 多흔지라." 위의 책, 13~14쪽.

그리고 결론적으로 인간의 성품은 타고난 것이며, 근본 선한 것이라 주장한다. 그런데 '본연지성'이라는 성리학적 사유에 따른 진도의 견해에 대해 신천옹은 회의적 시각을 보인다. 성리학에서는 성을 근본이념으로 추구하면서 "본연지성은 純善無惡이요, 기질지성에 或善或惡이 있으나 악은 기질의 잡박에서 오는 것이므로, 성의 본질은 선이라는 입장"[30]을 기조로 '성선설', 즉 사람의 성품과 물의 성품이 같다는 '인물성동론人物性同論'을 펼친다. 다시 말해 성이란 순수무잡한 것으로써 인간과 만물에 보편적으로 내재한다는 본연지성의 측면이 위 인용문에 드러난 진도의 견해이자 기존 성리학의 관점인 것이다. 그러나 조선후기 실학과 서학의 입장은 성리학적 입장과 견해를 달리한다. 그들은 '기질지성氣質之性'의 측면에서 '인물성이론人物性異論', 즉 "인간과 사물을 구성하는 형기에 편정偏情의 차이"[31]가 존재하기 때문에 양자의 성품이 다를 수밖에 없음을 주장한다. 때문에 "그 사름의 지혜와 어리셕은 거슨 긔질쳥탁氣質淸濁과 심지유무心才有無에 달닌 거시라 엇지 그 셩픔에 잇다 ᄒ리오"(138쪽)라는 신천옹의 논박은 기질지성의 맥락과 닿아 있음을 알 수 있다. 즉 "사름의 텬셩은 근본根本 하ᄂ님씌 밧은 거시라"(138쪽)는 대전제 하에서 가르침과 익힘을 통해 성품의 개발이 가능하며, 사람마다의 자유로운 권리에 따라 모든 이가 성인이 될 수 있다는 견해[32]를 바탕으로 진도의 주장들을 일축해 나간다. 결론적으로 신천옹의 목소리에 가탁된 인간의

---

30. 심광섭, 「탁사 최병헌의 유교적 기독교 신학」, 『세계의 신학』, 한국기독교연구소, 2003, 101쪽.
31. 위의 글, 101쪽.

성품에 대한 이해는 최병헌의 기독교적 인간학[33]이 집약된 것으로 규정할 수 있다.

이상의 분석을 통해 볼 때 최병헌의 기독교 변증 사상, 특히 진도와의 대화에 드러난 대 유교 논쟁은 시종 신천옹의 논리가 일방적 우세를 유지하며 전개된다는 사실을 확인할 수 있다. 이는 유교적 세계관에 입각한 진도의 논박이 한 치의 후퇴나 타협 없이 신천옹에 의해 거듭 반박되고 있기 때문이다. 결국 진도는 이념적·철학적 차원의 논쟁에서 물러나 현세적 가치 차원에서 유

---

32. "사룸이 셰샹에 날 째에 성현과 완악(頑惡)훈 쟈를 하ᄂ님이 작뎡(酌定)ᄒ야 주신 거시 아니라 오직 그 사룸이 텬명을 족차가ᄂᄃ 잇는 거시오 또훈 싱이지지라 훔은 더욱 어리셕은 말숨이라 셰샹에 엇지 비호지 아니ᄒ고 아는 쟈 잇스리오 ᄌ고(自古)로 셩현군ᄌ가 다 공부훔으로 되ᄂ니 공부ᄌ도 비호기를 슬여 아니시며 ᄀᄅ치기를 계을니 아니ᄒ샤 쥬역(周易)을 보실 째에 위편(韋編)을 삼절(三絶)ᄒ셧스며 밍ᄌ의 모친은 아들을 ᄀᄅ칠 째에 셰 번을 이샤 ᄒ엿스니 싱이지지쟈는 근본 업ᄂ 거시라 도학을 공부훌 째에 텬명을 좃차 량심으로 힝ᄒᄂ 쟈는 셩현이 될 거시오 공부훌 째에 텬셩을 ᄇ리고 졍욕을 좃ᄂ 쟈는 완악훈 쇼인이 되ᄂ니 사롬마다 ᄌ유ᄒᄂ 권이 잇셔 쳥불쳥(聽不聽)과 힝불힝(行不行)에 잇ᄂ지라 작지불이(作之不已)면 ᄂ셩군ᄌ(乃成君子)라 ᄒ엿스니 지금 우리라도 텬명을 슌슈(順受)ᄒ야 도학을 힘쓸진ᄃ 군ᄌ가 되리라 ᄒᄂ이다." 최병헌, 〈셩산명경〉, 138쪽.
33. 그는 인간의 성품을 하나님께로부터 받은 영혼으로 이해한다. 신천옹의 표현에 따르자면 인간은 신체와 영혼의 이원적 결합이며, 양자는 모두 하나님이 칭소한 것이다. 이러한 영혼론에 입각한 인간의 성품에 대한 논의는 〈셩산명경〉에서 소설의 전체 분량 가운데 절반에 육박할 정도로 심도 있게 전개되고 있다. 특히 신천옹에 의해 제기되고 있는 영혼관은 마테오 리치의 『천주실의』에 소개된 아리스토텔레스(Aristoteles) 이래 스콜라(Schola) 신학의 영혼론인 '혼삼품설(魂三品說)'과 맥을 같이한다는 점에서 주목할 만하다. 최병헌은 혼삼품설을 '三大倫' 사상, 즉 천륜과 물륜과 인륜의 조항으로 나누어 설명하는 데서 그 깊이와 근간을 확실히 짚어낼 수 있다. 그러나 실제적으로 인간 인성론의 대부분은 도가의 대변자인 백운과의 논쟁 중에 깊이 있게 전개되는데, 본고에서는 대 유교적 변증이라는 연구의 취지에 맞추어 논의를 더 이상 진전시키지는 않도록 하겠다. 심광섭, 위의 글, 102쪽 참조.

가의 우위를 확보하려 한다. 이를테면 "치국평텬하治國平天下의 도리와 졍치학슐政治學術에는 우리 유교만 못홀가ᄒ노라"(173쪽)는 진도의 언급이 그것인데, 하지만 이 역시 서양 문명사에 대한 신천옹의 설명 이후에 여지없이 무너지게 된다. 그리고 급기야는 원각, 백운과 마찬가지로 기독교에 귀의하는 것으로 결말을 맺는다. 여기서 진도의 개종은 두 가지 면에서 의미하는 바가 남다르다. 첫째는 여타의 두 종교와는 달리 전통사회를 지탱해 온 중심적 이념 체계로서의 공고함이다. 때문에 설득의 과정이 가장 지난한 형태를 띠는 것이다. 그리고 두 번째는 유교적 가치를 지닌 이들의 기독교에 대한 이해와 수용이 사유와 인식의 전환이라는 근본적 측면보다는 서구 근대성의 수용이라는 당대 계몽담론의 수준에서 받아들여졌다는 사실이다. 이는 진도가 최종적으로 신천옹의 서구 문명사에 대한 소개 과정에서 기존의 가치체계를 포기했다는 점에서 추론 가능하다. 여하간 기독교의 유입이 가져온 가치의 혼돈이 그 무엇보다도 유교적 세계관과 가장 격하게 충돌한 실상을 작가는 진도의 대응 과정을 통해 낱낱이 보여줌으로써 개화기의 일면을 문학적으로 형상화하고 있는 것이다. 따라서 〈성산명경〉에 구현된 유교와의 논쟁은 가장 이질적인 두 가치체계의 대립과 긴장, 그리고 접목의 과정을 문학적 서사장치를 빌려와 형상화하고 있다는 점에서 같은 시기의 개화기 소설들과는 소재적·주제적 차원에서 뚜렷한 변별을 나타내는 작품으로 문학사적 의미를 부여할 수 있다.

* * * * * * * * * * * *

본 연구는 한국 기독교 최초의 변증 신학자인 최병헌의 문학적 저술 〈성산명경〉을 그의 사상체계인 만종일련과 연관하여 분석하였다. 그는 모든 종교가 제각각 우월성을 주장하는 혼란한 종교적 현상 앞에서 종교의 참된 근원을 찾기 위한 방편으로 만종일련의 사고를 지속·심화시켰다. 그러한 작가의 사고는 〈삼인문답〉과 〈성산명경〉을 거쳐 「종교변증설」에 이르러 체계를 갖추었으며, 이를 종합적으로 다듬은 것인 불후의 저작인 『만종일련』이었다.

필자는 최병헌의 만종일련 사상이 다듬어져 가는 과정을 〈삼인문답〉의 단편적 진술에서 그 단초를 찾아보고, 아울러 여기서 시작된 만종일련의 사유가 지속·심화된 과정을 〈성산명경〉이라는 문학적 저술을 통해 확인하고자 했다. 그리고 논의를 진행함에 있어서 기독교의 대변자인 '신천옹'과 유가의 대변자인 '진도'의 논쟁을 중심으로 분석을 시도했다. 이는 그의 신학 변증이 유교적 세계관과의 대립과 화해·극복에 더 많은 비중을 두고 있었기 때문이다.

작가의 대 유교적 기독교 변증의 특성을 종합하자면 첫째, 〈성산명경〉에서 주인공 신천옹이 진도와의 논쟁을 벌이는 공간인 성산의 영대가 갖는 상징적 의미, 그리고 여타의 종교를 대변하는 세 인물에 비해 신천옹이 갖는 자질의 우월성 등에서 기독교를 우위에 둔 작가의 의식을 확인할 수 있었다. 둘째, 유가적 세계관을 대변하는 진도와의 논쟁 중에서 천지의 창조에 대한 두 세계관의 차이, 즉 음양오행과 태극의 이치로 창조의 원리를 바라보는 유가의 창조론과 전지전능한 하나님에 의한 창조의 논리를 설명하는 기독교의 창조적 견해 차이가 신론에 대한 이해의 차이에서 발단되었음을 확인할 수 있었다. 세 번째는 인간의 성품과 덕에 대한 인성론적 견해, 그리고 이것에서 파생된 영혼에 대한 견해의 불일치에서도 두 세계관의 충돌이 다른 여타의 종교적 차이보다도 더 현격하다는 것을 엿볼 수 있었다. 이처럼 최병헌은 기독교적 논리 체계의 우월성을 바탕으로 한국 사회를 지배해온 기존의 종교적 인식 체계-본고에서는 특별히 유교적 인식 체계-를 논박하고 기독교 변증에 목적을 둔 만종일련을 지속적으로 전개하였음을 〈성산명경〉의 대 유교 논쟁을 통해 확인할 수 있었다.

한편 〈성산명경〉이 그 내용과 주제면에서 신학적·철학적 사유가 농후한 것이 사실이지만, 그럼에도 불구하고 근대문학으로서의 가치 평가도 간과할 수 없음을 유념해야 한다. 이에 대한 규명을 위해 필자는 〈성산명경〉의 문학적 양식과 특성에 대해서도 고찰해 보았다. 즉 이 소설이 당대 문학 독자층들에게 친숙한 양식이었던 몽유록 형식과 토론체를 적극적으로 구사함으로써 다소 딱딱하고 난해할 수 있는 내용과 주제의 문제점을 극복하였고, 더불어 대중성을 확보하려한 창작의도를 짐작해 보았다. 또한 일견 진부해 보일 수 있는 고전적 배경과 인물의 설정 방식에도 작가 나름의 문학적 비유와 상징이 개입됨으로써 개화기 문학으로서의 동질성을 확보하고 있다는 결론에 도달하였다.

결과적으로 당시 개화기 기독교 소설의 대부분이 서구적 근대성으로 대표되는 기독교 사상을 기준으로 보수적 전통사회가 지닌 사회·정치풍조의 한계와 모순을 비판하고 극복함에 치중한 것에 반해, 최병헌의 소설은 기독교 신학 자체의 이해와 설득에 목적을 두고 있다는 점에서 개화기 문학의 독특한 한 양상으로 평가할 수 있을 것이다.

제2부
성서인물의
문학적 해석과 변용

4. 동양적 세계인식에 기초한 예수의 생애
5. 실존적 세계인식에 기초한 가룟 유다의 생애
6. 현실적 역사인식에 기초한 빌라도의 생애

4장. 동양적 세계인식에 기초한 예수의 생애
- 김동리의 '목공 3부작'과 〈사반의 십자가〉

1. 동양사상에 기초한 기독교적 세계관의 성립

김동리金東里는 1935년 『중앙일보』에 〈화랑의 후예〉, 그리고 이 듬해인 1936년 『동아일보』에 〈산화〉가 당선되면서 작품 활동을 시작했다. 이후 그는 동양사상에 바탕을 둔 허무의식의 추구, 샤머니즘·향토성·토속성 등을 통한 전통에 대한 관심, 구경적究竟的 생의 형식과 문학의 순수성에 대한 성찰 등을 문학적으로 형상화함에 역점을 두고 작품 활동을 지속하였다. 따라서 "토착적이고 민속적인 소재를 완전한 소설미학으로 수용해서 민족문학의 전통을 확립하고 확대시킨 작가"[1]라는 찬사와 "우리의 소설이 서구의 소설 전통에서 배워온 것이라 해도 우리의 토양에 완전무결하게 착륙한 것은 동리 문학으로부터인 것"[2], 그리고 "김동리의 토

---

1. 이태동, 「순수문학의 진의와 휴머니즘」, 이재선 편, 『김동리』, 서강대학교 출판부, 1998, 63쪽.
2. 고 은, 「김동리 서설」, 『동리문학연구: 서라벌문학』 8집, 서라벌예술대학, 1973, 83쪽.

속세계, 샤머니즘적 자연관, 윤회적인 운명에의 귀의는 바로 오늘의 우리 자신의 떨쳐버릴 수 없는 영원한 정신의 고향"[3]이라는 평가들은 김동리의 문학세계를 단적으로 보여주는 표현들이다. 그러나 이러한 평가들이 작가의 문학세계에 대한 공통분모임에는 틀림이 없지만, 또 하나 우리가 간과하지 말아야 할 중요한 문학적 성과가 있다. 그것은 다름 아닌 매우 다양한 종교적 상상력을 통한 소설 창작과 주제의식의 표출이다.

특히 김동리는 동양적 전통사상에 바탕을 둔 작품뿐만 아니라 서구 기독교의 유입과 그것의 토착화 과정에 대해서도 남다른 관심을 보인 작가라는 점에서 주목할 만하다. 즉 그는 기독교가 우리의 토착신앙과 교섭하는 과정에서 나타난 다양한 정신사적 혼동에 대해 관심을 표명했으며, 이를 통해 민족이 처한 운명에 대한 역사인식을 표방함으로써 당대의 여느 작가에 결코 뒤처지지 않을 작가의식을 선명히 제시하고 있다.

김동리는 조선조 위대한 유학자인 김종직金宗直의 17대 후손으로 고도古都 경주를 배경으로 성장기를 거쳤다. 그리고 그의 정신적 지주였던 백형伯兄 범부선생凡夫先生은 당대 최고의 학자 반열에 들 정도로 한국과 동양 사상에 탁월한 식견을 보여주는 인물이었다.[4] 이처럼 유학, 불교, 샤머니즘의 정수로 중무장한 환경 속에서 성장한 김동리에게서 기독교적 세계관의 형상은 어떻게 보면

---

3. 김병익,「자연에의 친화와 귀의」, 이재선 편, 위의 책, 62쪽.
4. 이에 대한 자세한 배경은 김정숙의『김동리 삶과 문학』(집문당, 1996) 등의 선행 연구들을 살펴보면 자세하게 기술되어 있다. 그리고 김동리 자신의 여러 자전 에세이(김동리,『나를 찾아서-김동리전집』 8, 민음사, 1997)에서도 소개되어 있으므로 이 글에서는 상세한 언급을 줄이도록 하겠다.

매우 이채로운 것이 사실인데, 그 바탕을 들여다보면 우선적으로 어머니로부터의 영향이 매우 컸다는 사실을 확인할 수 있다.

> 우리 집은 당시 대부분의 한국 사람들이 그랬던 것처럼 전통적인 유교 가정이었다. 그런데 어머니는 내 나이 일곱 살 적부터 교회에 나가게 되었다. 아버지에 대한 절대 복종, 절대 무저항밖에 모르던 어머니로선 처음이자 마지막일 일대 저항이자 반격이었던 것이다. 아버지의 유교에 대해서가 아니고, 당신의 심한 음주와 주정에 대한 항거요, 보복이었던 것이다.[5]

김동리의 회고를 살펴보면 마흔이 넘어서 술을 마시기 시작한 아버지의 주벽이 날이 갈수록 심해지고 급기야는 어머니의 머리채를 덮치는 일도 종종 벌어지면서 어머니는 중대한 결심을 하기에 이르렀다. 그 즈음 동네에 들어 온 원산 부인이라는 교회 전도 부인의 권고에 따라 예수를 믿기로 작정한 어머니께서 "큰형수에게만 사전 통고를 한 뒤 큰방의 천장 구석에 놓인 농신農神을 모셔둔, 윗대부터 내려오는 신주단지를 내리어 뜰 안에 내어다 박살을 내버린 뒤 교회를 나가기 시작"[6]한 것이다. 이렇게 시작된 어머니와 기독교의 만남이 어린 동리에게까지 영향을 주게 된 것은 당연한 결과이다. "내가 중학노 미션 계통인 대구 계성과 서울 경신을 거치게 되고, 나중에 《사반의 십자가》를 쓰게 된 것도 멀리는 어머니의 항거에서 연원되었던 것"[7]이라는 언급처럼 동리

---

5. 김동리, 「나의 어머니」, 『나를 찾아서-김동리전집』 8, 민음사, 1997, 49쪽.
6. 위의 글, 54쪽.
7. 위의 글, 55쪽.

의 기독교적 세계관 형성에 가정적 배경, 즉 어머니의 영향이 지대했음은 이미 알려진 사실이다.[8]

또한 동리의 소설 속에 기독교에 대한 관심이 지속적으로 형상화하게 된 개인적 배경은 '죽음'에 대한 그의 독특한 인식과도 연결할 수 있다. 그는 자신의 인생관 및 문학관이 죽음에 대한 공포와 전율에 기인하고 있다는 점을 분명히 밝혀놓고 있다.

> (1) 이런 따위, 신과 인간의 문제라고나 할까, 왜 이런 방면에 손을 대게 됐는가 하는 데서부터 시작하는 것이 좋겠어. 이것은 근본적으로 나의 人生觀 및 文學觀과 결부되는 문제라고 보네. 그러면 나의 人生觀, 文學觀은 무엇인가? 이것을 내 자신이 추상적으로 설명하고 있다면 그야말로 무의미한 일이겠지. 내가 생각하기엔, 이 문제의 가장 핵심이 되는 것은 다음과 같은 사실일 거야…. 나는 어려서부터 내 자신의 죽음에 대하여 이루 형언할 수 없는 공포와 전율을 느껴왔어. 이 공포와 전율은 내 자신의 그림자와 같이 집요하게 지금도 내 뒤를 따르고 있다네. 이 사실은 나로 하여금 진작부터 사람의 사는 일과 죽는 일에 대해서 많이 생각하게 되었어.[9]

---

8. 김동리는 여덟 살에 캐나다 선교사가 세운 경주제일교회 부속의 계남학교에 입학하고 어머니의 가르침대로 학교와 교회를 열심히 다녔다. 초등학교를 졸업한 이후 대구에 있는 미션 계통의 계성학교로 진학하게 되었고, 2년 후에는 형과 어머니의 권고대로 전문학교에 진학하기 위해 서울의 미션 계통 학교인 경신학교 3학년에 전입했다. 이처럼 순수한 기독교적 가정도 아니었고, 지역적으로도 기독교보다는 전통 종교와 더욱 밀접한 환경에서 자라난 동리는 어머니의 영향과 미션계통 학교의 교육에 의해 기독교적 세계관을 형성하게 된 것이다. 그러나 그는 진정한 의미의 기독교인이 되지는 못했고, 더불어 그의 작품을 '기독교 문학'의 범주에 넣기에는 논란의 여지가 많은 것도 사실이다. 다만 기독교적 상상력을 창작의 모티프로 수용하여 성공적 형상화를 이루었다는 점에서 의의를 둘 수 있다.
9. 김동리, 「샤머니즘과 불교와」, 『문학사상』, 1972.10, 265~266쪽.

(2) 내가 문학을 하게 된 동기는 죽음을 생각하고 그것을 두려워한 결과라고 하겠다. 그래서 그런지 나의 작품의 대부분은 죽음으로써 끝을 맺는다. 초기의 작품에서만도 〈무녀도〉, 〈바위〉, 〈황토기〉가 모두 그렇고 나중의 장편《사반의 십자가》가 역시 그렇다. 죽음에 대한 집착은 나의 문학을 종교와 결부시켜 놓은 것인지도 모른다. 〈무녀도〉, 〈당고개무당〉, 〈달〉, 〈허덜풀네〉 따위가 샤머니즘 계열이라면 〈부활〉, 〈목공요셉〉, 《사반의 십자가》가 기독교 계열이요, 〈불화〉, 〈솔거〉, 〈등신불〉, 〈까치소리〉 따위가 불교 계열이다. 내가 병을 자주 앓던 소년 시절에서 이미 수십여 년이 지나 지금은 나의 성격이나 취향이 모두 딴판으로 바뀌인 것 같으나 죽음에 대한 전율은 아직 가시지 않았다.[10]

인용문을 통해서 동리가 어려서부터 이루 형언할 수 없을 정도로 죽음에 대한 공포와 전율을 느끼며 살아왔음을 확인할 수 있다.[11] 그것은 아마도 어린 시절 소꿉친구인 선이의 죽음에 대한 충격에서 발단되었을 것이다. 동리는 "나는 그 애가 죽어서 나가던 그날 아침의 일을 지금도 잊지 못한다.…(중략)…나는 선이가 죽은 뒤 오랫동안 누구와도 어울려 놀지 않았다. 나의 유일한 소꿉동무를 잃음과 동시에 나의 작은 가슴에는 이날까지 씻어지지 않는 죽음이란 검은 낙인이 씌웠던 것이다"[12]라고 유년기에 경험

---

10. 김동리,『고독과 인생』, 백민사, 1977, 164쪽.
11. 심리학자 아들러(Alfred Adler)의 '어린 시절부터 기억되고 있는 사건은 그 개인의 주된 관심으로 자리 잡고 그 사람의 삶의 스타일을 결정하는데 영향을 끼친다'라는 주장에 근거하면 김동리가 유년기에 경험한 죽음에의 기억들이 개인의 주된 관심사로 자리 잡게 되었고, 이후 동리 문학의 스타일로 형상화될 수 있었다는 점은 어느 정도 이해될 수 있다. Alfred Adler, 설영환 역,『심리학해설』, 선명사, 1987, 110쪽.

한 죽음에 대한 충격을 매우 의미 있게 다루고 있다. 또 하나의 죽음에 대한 공포는 고종사촌 누이 남순이의 죽음과 연결된다. "네 살에서 다섯 살 사이에 겪은 첫 번째의 연애감정은 상대자의 죽음으로써 비극의 씨로 남게 되었다. 그리고 두 번째의 대상은 고종사촌 누나였다. …(중략)… 두 눈이 크고 눈동자가 검고 얼굴빛이 유난히 희멀죽기로는 어딘지 죽은 선이와 비슷했다. 선이가 살아 있으면 여덟 살일 테니까 꼭 선이의 언니라고 했으면 어울릴 것 같다. 그 남순이 누나는 그녀의 나이 열세 살 나던 해, 그러니까 사학년 때 무슨 병으론지 죽고 말았다. 나는 열여덟 살 나던 해 나 혼자서 잡지 한 권을 꾸며 냈는데 거기다 〈누나의 추억〉이란 소설을 썼다. 물론 남순이 누나에 대한 이야기였다."[13]라고 회고한다. 이처럼 동리에게는 어린 시절 순수한 사랑의 대상이었던 두 사람의 죽음이 가져 온 충격과 두려움이 고스란히 인생관과 문학관으로 결부되었고, 신과 인간의 문제에 주목하게 되는 원체험으로 작용하고 있음을 추론할 수 있다. 때문에 인용문 (2)에서의 회고처럼 다수의 작품들이 죽음과 결부되고 있으며, 그것은 그의 문학을 결과적으로 종교와 결부시켜 놓은 계기가 되었다. 물론 동리의 종교관이 기독교라는 단일한 형태로 귀착되지는 않았지만 그의 기독교적 세계관의 형성 이면에 죽음이라는 유년기의 원체험이 매우 중요한 요소로 자리매김하고 있다는 사실은 눈여겨볼 점이다.

---

12. 김동리, 「소꿉동무 선이의 죽음」, 『나를 찾아서-김동리전집8』, 민음사, 1997, 32~33쪽.
13. 김동리, 『생각이 흐르는 강물』, 갑인출판사, 1985, 16~17쪽.

이처럼 죽음에 대한 남다른 고통과 집착으로부터 비롯한 김동리 소설의 종교적 성향은 작품의 면면에서 이미 그의 대표작으로 내세우기에 전혀 부족함이 없는 소설들임을 알 수 있다. 본 연구에서는 특히 기독교 계열로 분류할 수 있는 김동리의 소설들 가운데서도 기독교의 전승을 비교적 표면화시킨 텍스트를 중심으로 작가의 기독교에 대한 의식의 전이 과정을 살펴보고자 한다. 지금까지 김동리의 소설을 기독교적 세계관의 측면에서 고찰한 다수의 비평과 논문들은 《사반의 십자가》를 중심으로 천상과 지상의 이분법적 대립 구도에서 작품을 비교·분석하면서 현실적 가치에 중점을 둔 작가 인식을 결론으로 도출해내고 있다.[14] 이는 소설 텍스트를 통해 작가의 현실적 역사인식을 재구한다는 점에서 나름의 의미를 지닌다. 그러나 당대의 그 어떤 작가보다도 활발하게 기독교의 전승 자료에 대해 관심을 갖고 이를 문학적으로 다양한 변형을 시도한 작가의 기독교적 상상력에 대한 본질적 접근은 여전히 미흡하다.

본 연구는 김동리의 소설에 반영된 기독교적 상상력의 본질에 근접하기 위해 기독교 전승을 비교적 충실히 재현한 세 편의 단편과 장편소설 《사반의 십자가》에 주목하고자 한다. 이른바 '목공 삼부작'[15]으로 통칭되는 〈마리아의 회태〉, 〈목공 요셉〉, 〈부활〉 등의 단편들은 차례대로 예수의 출생과 관련된 전승, 예수의 성장과정과 관련된 전승, 그리고 예수의 죽음과 부활이라는 전대

---

14. 김우규, 「하늘과 땅의 변증법」, 『현대문학』, 1959.1.
    손우성, 「하늘과 땅의 비중」, 『사상계』 79호, 1960.2.
    이유식, 「續·푸로메테우스적 인간상」, 『동리문학이 한국문학에 끼친 영향』, 중앙대학교 예술대, 1979.

미문의 사건에 대한 전승을 다루고 있다. 아울러 대표적 장편인 《사반의 십자가》를 통해서도 예수의 이적과 죽음, 부활에 관련한 전승을 대하는 작가적 태도를 엿볼 수 있다. 이 소설들에서 김동리는 주류 기독교에서는 비교적 간략히 소개되었거나 특이한 이견을 보이지 않는 전승들에 대해 작가적 상상력을 최대한으로 발휘함으로써 당대의 역사에 대한 작가적 입장과 더불어 기독교에 대한 독창적 이해의 면모를 유감없이 보여주고 있다는 점에서 연구의 가치를 둘 수 있다. 따라서 이 소설들과 비교적 밀접한 상호텍스트적 맥락을 유지하고 있는 기독교의 다양한 전승 자료들을 비교하여 그 수용의 실태와 변이의 양상에 대해 구체적으로 분석함으로써 기독교에 대한 작가의식의 원형질에 도달할 수 있을 것이다.

2. 예수의 탄생 전승에 대한 샤머니즘적 인식
  - 〈마리아의 회태〉

〈마리아의 회태〉는 예수의 탄생과 관련한 기독교의 전승 자료를 근간으로 서사가 진행되고 있다. 오늘날 과학적 세계관에 경도된 현대인들에게는 신의 말씀만으로 이루어진 천지의 창조, 모세의 이적, 예수의 부활과 같은 성서의 전승들은 도저히 납득될

---

15. 이 명칭은 김윤식에 의해 처음 사용된 후 후속 연구자들에 의해 통용되고 있는 표현이므로 편의상 그대로 따르기로 한다. 특히 〈마리아의 회태〉는 『청춘별책(靑春別冊)』(1955.2.1)에 발표되었으나 오랫동안 자료의 유실로 그 내용을 확인할 수 없다가 다행히 김윤식에 의해 수집되어 2001년 3월 『문학사상』에 재수록되었고, 명실상부하게 '목공 3부작'의 틀을 갖추게 되었다.

수 없는 허구에 불과하다. 아울러 남녀의 교합이라는 정상적 행위에 의하지 않은 예수의 동정녀 잉태도 합리적 이성을 중시하는 현대인들에게는 역시 용납될 수 없는 사건임에 틀림없다. 그러나 주류 기독교의 전승은 이러한 사건들을 엄연한 사실로 받아들이고 있으며, 시간과 공간을 초월해서 다수의 신실한 신앙인들에게 믿음의 척도로 기능하고 있다. 그리고 현대의 신학은 예수가 남녀의 육체적 교합이 아닌 동정녀로 잉태되었다는 사실에서 오히려 예수의 신성을 옹호한다. 김동리는 이러한 전대미문의 사건에 관심을 보임으로써 복음서의 전승에 대한 상호 텍스트적 담론을 구축하고 있다.

〈마리아의 회태〉는 장차 유대인을 구원할 메시아 예수를 잉태한 동정녀 마리아에 초점이 맞추어 서사가 전개되고 있다. 7주전 천사 가브리엘에게서 예수의 수태를 고지 받은 마리아가 근심에 싸여 있는 장면에서 이야기는 시작한다. 나사렛에 거주하는 신앙심 깊은 처녀인 마리아는 정혼자인 요셉과 아직 한 차례의 잠자리도 갖지 않은 정결한 몸이었다. 그런 그녀가 천사의 수태고지_{受胎告知} 이후 생리마저 끊어지자 불안은 나날이 깊어가고, 급기야 이모 엘리사벳을 만나기 위해 예루살렘으로 향하기까지 이른다. 그 이유는 엘리사벳이 62세 노령에도 불구하고 임신 중이라는 믿지 못할 소문을 들었기 때문이다. 예루살렘을 방문한 마리아는 이모부 사가랴와 이모 엘리사벳에게 나타난 초자연적 신의 섭리를 직접 목격하고, 이후 자신감을 회복하여 나사렛으로 돌아와 정혼자에게 모든 사실을 알리게 된다. 그러나 정혼자인 요셉은 사흘이나 앓아누울 정도로 큰 실의에 빠지게 되고, 마리아를 임신시킨 남자를 찾기 위해 나사렛의 모든 남자들을 은밀히 조사하는 등 인간적 고뇌에서 벗어나지 못한다. 결국 요셉도 이 모든 것이 과연 신의 뜻에 의한 것인지, 즉 천사의 예언이 사실인가를 확인하기 위해 예루살렘 사가랴 집을 방문하게 된다. 그곳에서 요셉은 사가랴에게 일어났던 신이한 이적들을 전해 듣게 되었고, 나흘째 되던 날 꿈속에서 하늘의 계시를 접하게 된다. 드디어 요셉은 이 모든 것들이 여호와의 뜻임을 받아들이게 되었고 마리아가 있는 나사렛을 향하여 발걸음을 재촉하는 것으로 소설은 끝난다.

이상의 서사를 돌이켜 볼 때, 〈마리아의 회태〉에서 다루어지는 서사는 복음서 가운데 마태복음과 누가복음에서 근간을 확인할 수 있다. 그 중에서도 누가복음의 서사를 기본적으로 충실히 따르면서 마태복음은 보조적으로 수용하고 있다고 분석할 수 있다. 그 이유는 서사의 근간이 되고 있는 마리아에게 나타난 천사 가브리엘의 현몽과 사가랴와 엘리사벳의 수태 사건은 누가복음에서만 중점적으로 다루어지고 있기 때문이다. 또한 마태복음에서는 천사(주의 사자)의 현몽이 남편 요셉을 중심으로 서사되어 있으나 〈마리아의 회태〉는 누가복음의 서사와 동일하게 아내 마리아를 중심으로 서사가 진행되고 있기 때문이다. 서사의 기본 골격을 형성하는 모티프는 누가복음의 전승에서 다음과 같이 다루어져 있다.

> 여섯째 달에 천사 가브리엘이 하나님의 보내심을 받들어 갈릴리 나사렛이란 동네에 가서 다윗의 자손 요셉이라 하는 사람과 정혼한 처녀에게 이르니 그 처녀의 이름은 마리아라 그에게 들어가 가로되 은혜를 받은 자여 평안할지어다 주께서 너와 함께 하시도다 하니 처녀가 그 말을 듣고 놀라 이런 인사가 어찌함인고 생각하매 천사가 일러 가로되 마리아여 무서워말라 네가 하나님께 은혜를 얻었느니라

보라 네가 수태하여 아들을 낳으리니 그 이름을 예수라 하라 …(중략)… 이때에 마리아가 일어나 빨리 산중에 가서 유대 한 동네에 이르니 사가랴의 집에 들어가 엘리사벳에게 문안하니 엘리사벳이 마리아의 문안함을 들으매 아이가 복중腹中에서 뛰노는지라 엘리사벳이 성령의 충만함을 입어 큰소리로 불러 가로되 여자 중에 네가 복이 있으며 네 태중의 아이도 복이 있도다 내 주의 모친이 내게 나아오니 이 어찌된 일인고 보라 네 문안하는 소리가 내 귀에 들릴 때에 아이가 내 복중에서 기쁨으로 뛰놀았도다 …(중략)… 마리아가 석 달쯤 함께 있다가 집으로 돌아가니라. (누가복음, 1:26-56)

앞에서도 언급했듯이 서사의 초점은 마리아에 고정되어 있다. 천사 가브리엘로부터 수태를 고지 받은 마리아는 처음에는 무척 당황하고 놀라지만 하나님의 아들임을 알게 된 후 이내 마음을 진정하고 주의 뜻을 받아들이게 된다. 이후 친족 사가랴의 집을 방문하여 그들에게 벌어진 성령의 행하심을 확인한 이후 석 달을 머물다가 다시 본가로 돌아오는 내용이 기록되어 있다. 그런데 〈마리아의 회태〉 역시 인용문에 나타난 누가복음의 서사를 거의 흩트리지 않고 구성의 토대로 삼고 있음을 확인할 수 있다.[16]

다음은 〈마리아의 회태〉 중반부에 전개된 사가랴와 엘리사벳 부부의 수태와 그들에게 벌어진 신이한 이적들에 관한 서사인데, 이것은 마리아와 요셉으로 하여금 성령의 역사를 믿음으로 수용하게 만드는 기능을 하고 있다.

유대 왕 헤롯 때에 아비야 반열에 제사장 하나가 있으니 이름은 사가랴요 그 아내는 아론의 자손이니 이름은 엘리사벳이라 이 두 사람이 하나님 앞에 의인이니 주의 모든 계명과 규례대로 흠이 없이 행하더라 엘리사벳이 수태를 못하므로 저희가 무자하고 두 사람이 나이

많더라 마침 사가랴가 그 반열의 차례대로 제사장의 직무를 하나님 앞에 행할새 제사장의 전례를 따라 제비를 뽑아 주의 성소에 들어가 분향하고 모든 백성은 그 분향하는 시간에 밖에서 기도하더니 주의 사자가 저에게 나타나 향단 우편에 섰지라 사가랴가 보고 놀라며 무서워하니 천사가 일러 가로되 사가랴여 무서워말라 너의 간구함이 들린지라 네 아내 엘리사벳이 네게 아들을 낳아 주리니 그 이름을 요한이라 하라 …(중략)… 사가랴가 천사에게 이르되 내가 이것을 어떻게 알리요 내가 늙고 아내도 나이 많으니이다 천사가 대답하여 가로되 나는 하나님 앞에 섰는 가브리엘이라 이 좋은 소식을 전하여 네게 말하라고 보내심을 입었노라 보라 이 일의 되는 날까지 네가 벙어리가 되어 능히 말을 못하리니 이는 내 말을 네가 믿지 아니함이어니와 때가 이르면 내 말이 이루리라 하더라. (누가복음, 1:5-20)

마리아의 경우와 마찬가지로 사가랴도 천사 가브리엘로부터 아들을 잉태할 것이라는 고지를 받는다. 그러나 사가랴는 인간적 지식만으로 사태를 헤아려 늙은 자신들에게 어떻게 아이가 생길 수 있는가라고 의심하게 되고, 그 결과 사가랴에게는 아이가 태

---

16. 김동리가 누가복음과 마태복음의 전승을 토대로 〈마리아의 회태〉를 구성함에 있어서 행한 '보충과 수정'의 작업은 극히 단편적이고 미세하다. 이러한 차이에 대해서는 이동하가 이미 선행 연구에서 간략히 정리하고 있는데, 첫째는 복음서의 기록에는 전혀 나오지 않는 마리아의 어머니로 '안나'라는 인물을 설정하여 등장시켰다는 점, 둘째는 아내의 임신에 고심하던 요셉이 사태의 진상을 파악하기 위해 여러 가지로 애쓰다가 직접 엘리사벳의 집으로 가기까지 한다는 점 등이다. 이 외에도 엘리사벳의 집이 누가복음에는 막연하게 '유대 한 동리'로 되어 있는데 이를 구체적으로 예루살렘으로 설정해 놓은 점, 그리고 엘리사벳을 찾아간 마리아가 머문 기간이 누가복음에서는 석 달 가량이지만 이를 1주일로 단축시켜 놓은 점 등이 복음서의 전승 내용과 달라진 점이다. 그러나 이 정도의 변용과 수정은 복음서의 전승을 획기적으로 탈바꿈시킨 것은 아니다. 이동하, 「복음서와 소설 사이의 거리 문제」, 『한국 소설과 기독교』, 국학자료원, 2003, 19쪽 참조.

어날 때까지 벙어리인 채로 지내는 기이한 일이 발생한다. 이러한 일련의 사건들은 자신의 수태를 믿을 수 없어 하는 마리아에게 하나의 표적으로 제시되는 사건이며, 또한 이후 자신의 아내가 될 여인의 처녀 잉태를 의심하던 정혼자 요셉에게도 그 사건이 하나님의 계시임을 믿도록 만드는 표적으로 기능한다. 그리고 이러한 서사 전략을 작가는 〈마리아의 회태〉에서도 동일하게 반복하고 있다.

한편 마리아를 중심으로 전개되던 서사는 소설의 마지막 부분에 가서는 요셉을 중심으로 옮겨간다. 이는 작가가 누가복음의 전승을 중심으로 전개하던 서사에 마태복음의 전승을 보완하여 요셉의 인간적 고뇌를 드러내고자 한 의도로 볼 수 있다.

> 예수 그리스도의 나심은 이러하니라 그 모친 마리아가 요셉과 정혼하고 동거하기 전에 성령으로 잉태된 것이 나타났더니 그 남편 요셉은 의로운 사람이라 저를 드러내지 아니하고 가만히 끊고자 하여 이 일을 생각할 때에 주의 사자가 현몽하여 가로되 다윗의 자손 요셉아 네 아내 마리아 데려오기를 무서워 말라 저에게 잉태된 자는 성령으로 된 것이라 아들을 낳으리니 이름을 예수라 하라 이는 그가 자기 백성을 저희 죄에서 구원할 자이심이라 하니라 이 모든 일의 된 것은 주께서 선지자로 하신 말씀을 이루려 하심이니 가라사대 보라 처녀가 잉태하여 아들을 낳을 것이요 그 이름은 임마누엘이라 하리라 하셨으니 이를 번역한즉 하나님이 우리와 함께 계시다 함이라 요셉이 잠을 깨어 일어나서 주의 사자의 분부대로 행하여 그 아내를 데려왔으나 아들을 낳기까지 동침치 아니하더니 낳으매 이름을 예수라 하니라. (마태복음, 1:18-25)

마태복음의 전승은 요셉의 관점에서 마리아의 수태를 다루면서 그의 인간됨의 탁월함을 부각시키고 있다. 그리고 천사의 현몽도 마리아가 아닌 요셉에게 나타난 것으로 설정하여 남편 요셉의 신앙적 면모를 돋보이도록 하였다. 김동리는 〈마리아의 회태〉에서 이 같은 마태복음의 전승 의도를 서사의 마지막에 효과적으로 배치함으로써 결과적으로 마리아와 요셉이라는 두 인물을 모두 비중 있게 부각시켜 놓았다. 이러한 복음서들의 전승과 텍스트의 서사를 종합적으로 살펴볼 때 김동리는 〈마리아의 회태〉에서 마리아와 요셉을 중심으로 예수의 탄생담을 전개하면서 나름의 기독교적 세계관을 성공적으로 형상화했음을 확인할 수 있다.

그렇지만 〈마리아의 회태〉가 결코 주류 기독교의 전승에만 충실하지 않다는 점을 다음의 몇 가지 사실들에서 확인할 수 있다. 즉 소설 속에 형상화된 몇 가지 특이한 설정은 김동리가 기독교의 다양한 전승 자료들에 나타난 비주류적 세계관과 인식을 같이 하고 있음을 엿볼 수 있는 대목들이다. 그 첫 번째는 마리아의 어머니에 대한 실명의 거론이다. 소설에서는 마리아의 모친을 '안나'라는 실명으로 고정하고 있다. 이는 주류 기독교의 전승 자료들에서는 확인할 수 없는 사실이다. 다만 전체 8장으로 구성된 기독교 비경전 「마리아의 탄생에 관한 복음」[17]의 내용에 근거해 볼 때 마리아는 요아킴과 안나 사이에 태어난 인물로 전승되고 있다. 이 전승에 의하면 요아킴과 안나는 예루살렘에 봉헌을 드리러 올라갔다가 대사제 이사카르에게 자손이 없다는 이유로 수치를 당한다. 이후 천사가 요아킴에게 나타나 안나가 임신하여 딸을 낳을 것인데 그 이름을 마리아라 하라고 전하며, 또한 마리

---

17. Willis Barnstone, 이동진 역, 『숨겨진 성서』 3, 문학수첩, 2006, 215~228쪽.

아는 장차 성전에서 자랄 것이며 남자를 모르는 처녀로서 주님을 낳을 것이라는 예언의 내용이 기록되어 있다. 따라서 김동리는 〈마리아의 회태〉를 창작함에 있어서 주류 기독교의 전승에 비중을 두면서 아울러 기독교 비경전의 전승을 창작의 자료로 삼았다고 볼 수 있겠다.

다음으로 마리아의 정혼자인 요셉이 겪게 되는 인간적 고뇌와 갈등의 형상화에 있어서 주류 기독교의 전승과는 상당한 차이를 발견할 수 있다. 마태복음의 전승에 의하자면 요셉은 하늘의 계시에 대해 어떠한 의심도 보이지 않으며, 지극히 순종적인 믿음의 사람으로 그려지고 있다. 그러나 소설 속의 요셉은 너무나 인간적인 면모를 숨김없이 보여주는데, 이는 "대목 일을 하는 그는 팔목이 굵고 어깨가 좀 실팍하게 벌어지기는 하였으나 그 대신 목이 가늘고 얼굴 빛이 누른데다 새까맣게 윤기 있는 눈썹은 어딘지 그의 온건한 성격을 엿보여 주는 듯 했다"[18]는 외양 묘사를 통해서도 인간적 나약함의 면모를 부각시켜 놓고 있다. 때문에 처음 마리아의 수태 사실을 알게 된 그는 집에 돌아오자마자 자리에 누워 사흘 동안이나 일어나지 못하고 절망한다. 그러면서도 한편으로 주체할 수 없는 분노 때문인지 "나사렛의 모든 남자들에 대하여 은밀히 조사하기 시작"(109쪽)하여 마리아를 임신시킨 자를 찾아내려는 그의 행위는 인간적 고뇌의 전형을 여실히 보여주는 장면들이다. 이러한 요셉의 인간적 번민은 오히려 기독교의

---

18. 김동리, 〈마리아의 회태〉, 100쪽. 본고에서 인용하는 〈마리아의 회태〉는 다음의 출처에 따른 것임을 밝혀둔다. 김동리, 〈마리아의 회태〉,『문학사상』, 문학사상사, 2001. 3.

비경전에 해당하는 「마태오 가명 복음」[19]에서 그 실체를 확인할 수 있다. 이 전승에 따르면 요셉은 목수일로 9개월간이나 가버나움에 머물다가 집으로 돌아왔고, 이때서야 마리아의 임신 사실을 알고 고뇌에 휩싸인 채 울부짖는다. 마리아와 함께 했던 또 다른 처녀들이 그녀의 결백함을 증언하고 마리아의 임신이 하느님에 의한 것이라 아무리 설득해도 요셉의 의심은 풀리지 않으며, 결국은 그녀를 버리기로 작정한다.[20] 따라서 〈마리아의 회태〉에서 부각된 고뇌하는 요셉의 실체는 인간적 면모의 사실성을 극대화 하려는 김동리의 의식이 기독교 비경전의 전승과 상호 텍스트적으로 맞닿아 있음을 확인케 하는 것이다.

결과적으로 〈마리아의 회태〉는 주류 기독교의 전승을 비롯한 다양한 비경전의 전승까지도 폭넓게 수용하면서 이후 지속적으로 창작된 '목공 3부작'의 근간을 마련했다고 볼 수 있다. 그러나 한편으로는 〈목공 요셉〉, 〈부활〉, 《사반의 십자가》 등과 같은 여타의 기독교 전승을 수용한 작품들의 창작 태도와는 이질적인 모습도 발견할 수 있는데, 이를테면 〈마리아의 회태〉에는 이후의

---

19. 이 복음은 예수의 어린 시절에 대한 「야고보 복음」을 시적으로 재구성한 복음으로 그리스도교의 비경전으로 되어 있다. 원래의 제목은 「복되신 마리아의 유래와 구세주의 어린 시절에 관한 책」인데 본문은 라틴어로 되어 있고 대략 8~9세기에 기록 또는 편찬된 것으로 전해진다. Willis Barnstone, 이동진 역, 위의 책, 229~238쪽.
20. 유사한 내용의 전승들이 여타의 비경전들 속에서도 나타난다. 이를테면 「마리아의 탄생에 관한 복음」(혹은 「지성소의 성 마리아」, Willis Barnstone, 이동진 역, 위의 책, 215~228쪽.)이라든지, 예수의 형제 야고버에 의해 써진 것이라는 「야고버 복음」(Willis Barnstone, 이동진 역, 『숨겨진 성서』2, 문학수첩, 1994, 39~59쪽.)에서도 마리아의 출생, 어린 시절, 요셉과의 약혼 등에 관한 이야기가 전승되고 있다. 이들 자료에서도 마리아의 임신에 갈등하는 요셉의 인간적 면모를 발견할 수 있다.

작품들에서 과감히 나타나기 시작한 기독교 전승의 허구적 변형이 최소화되어 있다는 사실이다. 즉 김동리는 〈마리아의 회태〉에서 주류 기독교의 신비주의적 이적에 대해 의구심을 나타내기보다는 있는 그대로 수용하는 자세를 취하는데, 이는 김동리 문학의 특성에 해당하는 샤머니즘에 대한 친근성이 기독교의 초현실성과 별다른 저항 없이 만날 수 있었던 초기적 양상으로 해석된다.

> 나는 계몽주의적인 관점에서 반드시 성서를 해석하려는 사람이 아니다. 그보다도 오히려 인간의 세계에 이적과 신비가 있을 수 있다고 믿고자 하는 사람의 하나다. 그러기 때문에 나는 〈마리아의 회태〉란 작품에서, 성령의 존재를 소설 속에서 인정하기까지 했던 것이다. 이것은 나의 보다 넓고 보다 더 미래적인 인간관 및 세계관에 속하는 일이거니와 그렇다고 해서 나는 예수나 마리아를 무조건 신비의 안개 속에만 묻어 놓고 우상화시키고 싶지는 않다. 왜 떳떳이 성서에까지 나와 있는 사실을 부인하며, 왜곡하려 하느냐 말이다.[21]

김동리는 〈무녀도〉에서 《을화》에 이르기까지, 또한 다수의 소설들 속에서 샤머니즘의 세계에 토대를 둔 신과 인간의 관계에 많은 관심을 기울인 작가라는 점은 주지의 사실이다. 아마도 그의 의식을 지배하는 가장 큰 세계가 샤머니즘과 직접적으로 관계되어 있다는 주장에 반박할 이는 없을 것이다. 이와 같은 작가의 세계인식이 기독교적 세계관을 이해함에 있어서도 근원적으로 작용했다는 것이 김동리에게서는 전혀 특이한 것이 아니었다.

---

21. 김동리, 《김동리 대표작 선집》 6, 삼성출판사, 1967, 210쪽.

그는 오히려 '인간의 세계에 이적과 신비가 있을 수 있다고 믿고자 하는 사람의 하나'임을 자인하면서 기독교의 논리를 샤머니즘의 틀 안에 용해시켜 놓았다. 즉 김동리에게 기독교는 자신의 삶과 관계를 지속하며 유지된 샤먼적 세계와 별반 다르지 않은, 때문에 '성령의 존재'와 같은 초자연적 실재도 무속적 신령과 동일한 존재로 수긍할 수 있었던 것이다. 따라서 김동리는 기독교 전승을 최초로 작품화 한 〈마리아의 회태〉에서 기독교를 샤머니즘과의 친근성에 근거하여 수용하고 있다.

3. 예수의 성장 전승에 대한 동양적 윤리의식
  -〈목공 요셉〉

〈마리아의 회태〉보다 2년 늦은 시기에 발표된 〈목공 요셉〉은 예수의 성장담이 서사의 중심을 이루고 있다. 하지만 주류 기독교의 전승은 예수의 출생담만큼이나 성장담에 대해서도 큰 비중을 두지 않고 간략한 소개에 그치고 있다. 이를테면 마가복음과 요한복음은 예수의 출생에 관한 기록마저 건너뛴 채 곧바로 공생애의 기록으로 넘어간다. 이는 주류 기독교의 전승자들이 예수의 생애를 전기적 차원에서 바라보기보다 구속사의 관점에서 조명함에 주안점을 두었기 때문이라 이해된다.

〈목공 요셉〉은 쉴 사이 흐르는 땀방울 훔치며 대패질에 열심인 요셉과 어린애의 똥기저귀 빨랫감을 들추고 있는 마리아의 모습에서 이야기가 시작된다. 표면적으로 보면 평범한 가정의 일상에 어긋나지 않는 모습이지만, 아버지 요셉의 입장에서는 아들 예수에 대한 말할 수 없는 갈등이 깊이를 더해가고 있다. 이미 성장기에 접어 든 예수는 부친을 도와 가업인 목공 일을 배우려 하지도 않을 뿐더러 항상 밖으로만 내돈다. 오늘 아침에 벌어진 상황만 하더라도 부친 요셉은 남의 신용을 잃지 않기 위해 이른 아침부터 일하고 있는데 예수는 자신의 일을 동생 야곱에게 맡긴 후 여동생 스산나를 데리고 빨랫길이나 떠나려는 것이다. 이러한 예수의 행위들은 몇 해 전부터 생긴 요셉의 가슴앓이만 더욱 깊게 만들 뿐인데, 그것은 삼 년 전 유월절逾越節을 지키기 위해 예루살렘을 다녀올 때 요셉 자신이 아닌 다른 이를 칭하여 '아버지'라 한 데서 받은 정신적 충격에서 연유한 것이다. 이후로도 요셉은 예수에게서 조금의 마음 상한 일만 당하면 가슴앓이의 증세가 되살아나게 되는데, 혼담을 추진하려 할 때도 예수는 또다시 '아버지의 뜻'과 '아버지의 일'을 위하여 자신의 삶을 바칠 것이라는 말로 요셉의 심사를 괴롭게 한다. 뿐만 아니라 이튿날도 바쁜 목공 일을 도와주기 바랐지만 예수는 디베랴에 있는 바사바 스승을 찾아 길을 떠나면서 모친의 거듭된 만류에 또 다시 '아버지의 뜻'을 운운하며 요셉의 화를 돋운다. 급기야 흥분한 요셉이 아들의 뺨을 후려치기에 이르지만 예수는 아랑곳하지 않고 집을 나가며, 이 일이 벌어진 후 요셉의 가슴앓이는 더욱 심해져서 결국 두 해 뒤 죽음을 맞는 것으로 소설을 결말을 맺고 있다.

 이와 같은 〈목공 요셉〉의 서사 구조는 예수가 열두 살 나던 해 유월절을 맞이하여 예루살렘을 다녀올 때 벌어진 누가복음의 전승을 근간으로 삼고 있다. 그리고 여기에 복음서의 전승에서는 결코 발견할 수 없는 여러 가지 허구적 서사가 개입되어 부자 사이의 갈등을 전면화하고 있는 것이다. 복음서의 전승은 다음과 같다.

아기가 자라며 강하여지고 지혜가 충족하며 하나님의 은혜가 그 위에 있더라.
그 부모가 해마다 유월절을 당하면 예루살렘으로 가더니 예수께서 열두 살 될 때에 저희가 이 절기의 전례를 좇아 올라갔다가 그 날들을 마치고 돌아갈 때에 아이 예수는 예루살렘에 머무셨더라 그 부모는 이를 알지 못하고 동행 중에 있는 줄로 생각하고 하룻길을 간 후 친족과 아는 자 중에서 찾되 만나지 못하매 찾으면서 예루살렘에 돌아갔더니 사흘 후에 성전에서 만난즉 그가 선생들 중에 앉으사 저희에게 듣기도 하시며 묻기도 하시니 듣는 자가 다 그 지혜와 대답을 기이히 여기더라 그 부모가 보고 놀라며 그 모친은 가로되 아이야 어찌하여 우리에게 이렇게 하였느냐 보라 네 아버지와 내가 근심하여 너를 찾았노라 예수께서 가라사대 어찌하여 나를 찾으셨나이까 내가 내 아버지 집에 있어야 될 줄을 알지 못하셨나이까 하시니 양친이 그 하신 말씀을 깨닫지 못하더라 예수께서 한가지로 내려가사 나사렛에 이르러 순종하여 받드시더라 그 모친은 이 모든 말씀을 마음에 두니라.
예수는 그 지혜와 그 키가 자라가며 하나님과 사람에게 더 사랑스러워 가시더라. (누가복음, 2:41-52)

주류 기독교의 전승에서 예수의 유년 성장기는 오직 누가복음에서만 확인이 가능한데, 김동리의 〈목공 요셉〉은 바로 이 누가복음의 전승을 근간으로 삼고 있다. 누가복음은 "아기가 자라며 강하여지고 지혜가 충족하며 하나님의 은혜"(누가복음, 2:40)가 나날이 그 위에 더하여진 예수가 열두 살의 어린 나이에도 불구하고 예루살렘 성전에서 랍비들과 신학적 담론을 주고받는 탁월성을 부각하고 있다. 그리고 이후로도 예수는 본격적 공생애의 시작에 이르기까지 고향 나사렛에 머물며 부모께 '순종'하는 삶을 살아간 인물로 그려져 있다. 그러나 〈목공 요셉〉의 예수는 그렇지 못하다. 김동리는 주류 기독교의 빈약한 전승에 보다 확장된 사고를 덧입혀 놓았다. 다시 말해 주류 기독교의 전승에서는 읽어낼 수 없었던 예수의 성장기를 문학적 상상력의 토대 위에서 그 간극을 채워나가고 있는 것인데, 여기서 한 가지 주목해야 할 사실은 〈목공 요셉〉에 담긴 작가의 기독교 인식이 〈마리아의 회태〉의 그것과 현격한 차이를 드러내기 시작했다는 점이다. 즉 기독교 전승의 수용에 있어서 비교적 온건한 입장을 보여주었던 〈마리아의 회태〉와는 달리 〈목공 요셉〉에 이르면 보다 급진적 해석의 일면을 확인할 수 있다.

첫 번째로 확인할 수 있는 사실은 예수와 관련된 정보들의 구체적 진술이다. "그녀가 요셉에게 시집을 온 지도 어느덧 열다섯 해나 지나 있었다. 그 열다섯 해 동안에, 아들 넷, 딸 둘 해서 모두 여섯 남매를 낳은 것이다. 아니, 야곱과 스산나 사이에 하나 잃어버린 아이까지 합치면 일곱 남매를 낳은 셈이다. 게다가 장남 격으로 있는 예수까지 보태면 모두 여덟 남매를 낳은 셈인 것이다"[22]라고 가족 구성에 대한 구체적 언급이 나타난다. 그러나 주류 기독교의 전승에서 예수의 가족 구성원과 관련된 언급은 미미한 수준에 머물고 있다. 이를테면 누가복음(8:19-21)[23]의 기록에서 확인할 수 있듯이 단지 복수複數의 동생들로만 기록될 뿐 구체적인 이름이나 숫자는 확인할 수 없다. 아울러 예수의 가족들이 목수 일을 전업으로 삼아 생계를 꾸려나가고 있는 상황도 복음서

---

22. 김동리, 〈목공 요셉〉, 413쪽. 본고에서 인용하는 〈목공 요셉〉은 다음의 출처에 따른 것임을 밝혀둔다. 김동리, 〈목공 요셉〉, 『김동리 전집』 2, 민음사, 1995.
23. 동일한 내용의 기록이 마태복음(12:46-50)과 마가복음(3:31-35)에도 나타난다.

에서는 단편적으로만 언급되었을 뿐 〈목공 요셉〉에서처럼 부자 간의 갈등을 촉발하는 구체적 상황으로는 그려지지 않는다.

다음으로 중요한 것이 예수의 인물됨에 대한 형상화이다. 김동리는 〈목공 요셉〉에서 예수를 매우 색다른 시각에서 조명하고 있다. 즉 주류 기독교의 전승 속에 그려진 예수처럼 더 이상 순종적이지도, 혹은 "하나님과 사람에게 더 사랑스러워 가시더라"(누가복음, 2:52)와 같이 긍정적이지도 않은 인물이다. 오히려 부친의 뜻을 알면서도 거역하고, 모친의 애타는 심정을 무시로 일관하는 비윤리적 반항아에 불과하다. 그런데 이러한 예수의 형상은 기독교의 비경전들에 간혹 나타나는 매우 흥미로운 인물상이다. 그 대표적 자료가 「토마스 복음」[24]의 전승이다. 기원후 150년경에 작성된 것으로 추정되는 「토마스 복음」은 예수의 어린 시절에 관한 복음서 가운데 가장 오래된 것으로 여겨진다. 이 복음은 예수의 탄생에서부터 누가복음 2장 40절에 언급된 성전의 예수 사건까지를 다루고 있는데, 특히 소년 예수가 기적의 아이일 뿐 아니라 고약한 기적을 일으키는 공포의 아이로 묘사되고 있는 점에서 특이하다. 이 기록에 의하면 다섯 살의 어린 예수가 진흙으로 참새 열두 마리를 빚어내어 손뼉을 치자 그 참새들이 생명을 얻어 날아간다는 신비로운 이적으로부터 이야기에서 시작된다. 여기까지는 예수의 비범성을 돋보이게 하려는 전승자의 의도가 부정적이지 않다. 그러나 율법학자 안나스의 어린 아들이 버들가지로 만든 문을 망가뜨리자 그를 저주하여 말라버리게 한 일, 어떤 아이가 달려오다 예수의 어깨에 부딪히자 그 자리에서 아이를 저주하여 죽

---

24. Willis Barnstone, 이동진 역, 『숨겨진 성서』2, 문학수첩, 1994, 25~37쪽.

게 만드는 사건, 또 자신을 비난한 사람들을 소경으로 만들어 버리는 예수의 행적은 결코 도덕적이거나 인간적이지 않다. 더욱이 아들의 악행에 화가 난 아버지 요셉이 그를 야단치며 귀를 잡아당기자 예수는 '어리석은' 아버지에게 경고의 표현을 서슴지 않는다. 이러한 비경전의 전승은 주류 기독교의 전승에 익숙해진 독자들에게는 예수에 대한 기대와 존경을 뒤흔드는 매우 이채로운 사건들이다. 「토마스 복음」과 그 아류로 보이는 다수의 문헌들[25]에서 확인할 수 있는 유년기의 예수는 이처럼 도덕성이 심각하게 훼손된 인물로 전승되고 있는데, 김동리의 〈목공 요셉〉에서 만나게 되는 예수의 인물 형상도 전통적 윤리의식과 상당한 차이를 보이고 있다는 점에서 주목할 만하다.

〈목공 요셉〉에 구체화 된 이러한 설정들은 다양한 전승들을 바탕으로 작가의 허구적 상상력이 가미된 일련의 장치들이지만 오히려 서사의 사실성을 높여주는 기능을 수행한다. 김동리는 일상적으로 공감할 수 있는 가족의 구성, 그리고 그 가족 사이에서 흔히 발생할 수 있는 갈등의 표면화를 통해 주류 기독교의 전승이 보이는 초현실성을 극복하고 있다. 즉 예수에 대한 성자로서의 위격位格을 구축하려는 주류 기독교의 의도에서 벗어나 예수를 인간적이고 보편적인 시각으로 조명하고 전통적 윤리의식의 잣대로 판단하고자 한 의도로 추론할 수 있다.[26]

지금까지 살펴본 것처럼 〈목공 요셉〉에서 주목한 예수의 성장

---

25. 예수의 탄생, 예수와 마리아가 이집트에서 보여 준 기적들, 그리고 어린 예수의 기사들을 다루고 있는 그리스도교의 비경전 「아랍어 복음」에서도 이와 유사한 내용들을 발견할 수 있다.

담은 드러나지 않은 행적에 대한 허구적 상상력의 발동이었다. 김동리는 구속사적 관점에서 서술되고 선택된 주류 기독교의 경전이 외면하고 감춰버린 예수의 성장담을 재구성하고 허구화함으로써 성자로서의 위격만 도드라진 예수에게 인간적 흔적을 채색한 것이다. 그런데 〈마리아의 회태〉에서 보여 준 온건한 수용 태도가 〈목공 요셉〉에 이르러 이처럼 급진전한 이면에는 어떠한 사유의 전이가 기인한 것일까. 이와 관련하여 이동하는 김동리가 복음서와 관련된 소재를 작품화할 때 보여 준 창작의 태도에 대해 "기본적으로는 복음서의 내용을 충실히 존중하면서, 거기에 다양한 허구를 섞어 넣는다. 그러한 허구는 반드시, 김동리가 전개하는 이야기의 현실성을 강화시켜 주는 방향으로 작용할 수 있는 것들로 한다. 그렇게 함으로써, 원래의 복음서 내용이 가지고 있는 현실초월적인 성격을 희석시킨다"[27]라고 진단하고 있다. 아울러 그러한 성향이 후기로 갈수록 점점 강화되었다고 분석하는데, 여기서 김동리가 염두에 둔 '이야기의 현실성을 강화시켜 주는 방향'의 방편으로 채택된 다양한 요소들이란 대개가 "동양적 전통주의의 이념에 입각하여 예수를 비판하는 자리"[28]에 서게 된 작가의 동양적 윤리의식의 친근성과 연계하여 해석할 수 있다.

---

26. 이동하는 〈목공 요셉〉을 유교적 가족주의와 현세중심주의에 입각하여 예수를 비판한 것으로 해석한다. 이는 궁극적으로 동양적 전통주의의 이념에 기초하여 예수의 행적을 바라본 것이라는 관점이다. 이동하,「〈목공 요셉〉과 〈라울전〉에 대하여」,『한국 소설과 기독교』, 국학자료원, 2003, 269~285쪽.
27. 이동하,「김동리 소설과 기독교의 관련 양상」, 곽상순 외,『김동리 문학의 원점과 그 변주』, 계간문예, 2006, 136쪽.
28. 위의 글, 276쪽.

4. 예수의 부활 전승에 대한 그노시스적 인식
- 〈부활〉《사반의 십자가》

기독교의 전승에 따르면 부활하신 예수는 40일을 머문 후 여러 무리들이 보는 가운데서 승천했다고 전해지고 있다.[29] 누가복음의 전승에 따르자면 예수는 베다니에서 무리들에게 축사하신 후 하늘로 올라갔다고 기록되어 있으며, 사도행전과 마가복음에서도 동일한 내용들이 전해지고 있다. 그런데 예수의 승천이 성립하기 위해서는 무엇보다도 십자가에서 죽음을 맞이한 예수의 부활이 전제되어야 가능한 일이다. 따라서 기독교의 역사는 '예수 그리스도께서 무덤에서 살아나셨다'는 선언과 함께 시작되었다고 해도 지나친 말이 아니다. 그러나 일부 기독교인들, 즉 이단으로 규정되는 영지주의자들은 예수의 부활에 대한 자못 심각한 회의를 제기한다. 물론 그들 역시 부활 자체를 부인하는 것은 아니다. 그렇지만 예수의 부활에 대한 문자 그대로의 해석을 경계하고 여러 가지 방식의 새로운 해석을 시도함으로써 주류 기독교의 신학과는 관점을 달리한다. 이를테면 예수의 부활을 목격했다는

---

29. 누가복음(24:50-53)에는 "예수께서 저희를 데리고 베다니 앞까지 나가사 손을 들어 저희에게 축복하시더니 축복하실 때에 저희를 떠나 (하늘로 올리우)시니 저희가 (그에게 경배하고) 큰 기쁨으로 예루살렘에 돌아가 늘 성전에 있어 하나님을 찬송하니라"로, 사도행전(1:9-11)에는 "이 말씀을 마치시고 저희 보는 데서 올리워 가시니 구름이 저를 가리워 보이지 않게 하더라 올라가실 때에 제자들이 자세히 하늘을 쳐다보고 있는데 흰옷 입은 두 사람이 저희 곁에 서서 가로되 갈릴리 사람들아 어찌하여 서서 하늘을 쳐다보느냐 너희 가운데서 하늘로 올리우신 이 예수는 하늘로 가심을 본 그대로 오시리라 하였느니라"고 기록되어 있다. 그리고 마가복음(16:19)에는 "주 예수께서 말씀을 마치신 후에 하늘로 올리우사 하나님 우편에 앉으시니라"고 기록하여 주류 기독교의 전승에서는 예수의 승천을 기정사실로 받아들이고 있음을 확인할 수 있다.

사람들은 육체적으로 다시 살아난 예수를 만난 것이라기보다 영적인 수준의 체험, 즉 무아지경의 환상 속에서나 꿈 속, 또는 영적인 깨달음의 황홀경 속에서의 신비한 체험을 과장되게 의미부여한 것으로 간주하는 것이다.[30]

한편 정통 기독교의 주장에도 예수의 부활에 대한 혼란의 양상이 나타나고 있다. 요한복음의 전승에서 빈 무덤을 보고 울고 있던 막달라 마리아가 자신의 앞에 나타난 예수를 보고도 동산지기인 줄로 착각하여 알아보지 못하는 장면[31]은 예수의 육체적 부활에 대한 의혹을 제기하는 빌미가 된다. 또한 마가복음과 누가복음의 전승에서도 예수는 엠마오로 가던 두 제자들에게 예수임을 알아볼 수 없는 '다른 모습으로' 나타났다고 전해지고 있다. 제자들은 예수를 알아보지 못하다가 나중에야 예수임을 깨닫게 되었지만 역시 저희들에게 보이지 않았다고 전해지고 있다.[32] 때문에 신약성서의 복음서 안에서도 예수의 부활에 대한 기록은 육체적 부활이라는 문자적 해석의 가능성과 함께 그 반대적 의미로의 해석 가능성도 열려 있는 것이다. 따라서 인간의 상식과 과학의 논리로는 도저히 납득되지 않는 부활에 대한 이견은 예수 사후로부터 지금까지도 끊임없는 신학적 논쟁의 불씨로 지속되고 있는 것

---

30. Elaine Pagels, 하연희 역, 『숨겨진 복음서 영지주의』, 루비박스, 2006, 41쪽.
31. "마리아는 무덤 밖에 서서 울고 있더니 울면서 구푸려 무덤 속을 들여다보니 흰 옷 입은 두 천사가 예수의 시체 뉘었던 곳에 하나는 머리 편에, 하나는 발편에 앉았더라 천사들이 가로되 여자여 어찌하여 우느냐 가로되 사람이 내 주를 가져다가 어디 두었는지 내가 알지 못함이니이다 이 말을 하고 뒤로 돌이켜 예수의 서신 것을 보나 예수신 줄 알지 못하더라 예수께서 가라사대 여자여 어찌하여 울며 누구를 찾느냐 하시니 마리아는 그가 동산지기인 줄로 알고 가로되 주여 당신이 옮겨 갔거든 어디 두었는지 내게 이르소서 그리하면 내가 가져가리이다"(요한복음, 20:11-15)

이다. 마찬가지로 문학적 상상력의 공간에서도 예수의 부활은 무궁무진한 해석의 가능성을 열어놓고 있는데, 김동리도 이 문제에 대한 관심을 상당히 심도 있게 지속한 것으로 알려져 있다.

김동리는 《사반의 십자가》의 창작에 있어서 예수의 부활 사건에 대해 많이 고심한 흔적을 발견할 수 있다. 1958년의 단행본 출간에 이어 25년이 지난 1982년의 개작본에 이르면 여러 부분에서 달라진 양상을 발견할 수 있다. 즉 세부적인 단어의 선택과 문장 표현의 손질에서부터 기본적 서사의 구성에 이르기까지 작가는 세심한 개작을 진행시켰다. 그런데 그 중에서도 가장 공을 많이 들인 부분이 바로 예수의 부활에 대한 마지막 장면이다. 김동리는 원작본에서는 예수의 부활에 대해 그리 세밀한 서사를 전개하지 않았다. 다만 예수의 주검이 아리마대 출신의 요셉과 바리새인 니고데모에 의해 장사되었고, 사흘 뒤 세 여인과 베드로와 요한에 의해 빈 무덤이 목격되는 장면을 간략히 서술하고 있을 뿐이다. 그리고 예수의 부활을 그대로 믿기는 의심스럽다는 견해를 조심스럽게 내비치는 것에서 이야기를 마무리하고 있다.

---

32. 마가복음(16:12-13)에는 "그 후에 저희 중 두 사람이 걸어서 시골로 갈 때에 예수께서 다른 모양으로 저희에게 나타나시니 두 사람이 가서 남은 제자들에게 고하였으되 역시 믿지 아니하니라"고 기록되었고, 누가복음(24:13-31)에는 "그 날에 저희 중 둘이 예루살렘에서 이십오 리 되는 엠마오라 하는 촌으로 가면서 이 모든 된 일을 서로 이야기하더라 저희가 서로 이야기하며 문의할 때에 예수께서 가까이 이르러 저희와 동행하시나 저희의 눈이 가리워져서 그인 줄 알아보지 못하거늘…(중략)…저희의 가는 촌에 가까이 가매 예수는 더 가려하는 것 같이 하시니 저희가 강권하여 가로되 우리와 함께 유하사이다 때가 저물어 가고 날이 이미 기울었나이다 하니 이에 저희와 함께 유하러 들어가시니라 저희와 함께 음식 잡수실 때에 떡을 가지사 축사하시고 떼어 저희에게 주시매 저희 눈이 밝아져 그인 줄 알아보더니 예수는 저희에게 보이지 아니하시는지라"로 기록되어 있다.

그러나 아무리 그의 부활을 믿는 사람일지라도 그 무덤에서 돌을 밀치고 나간 예수의 육신이 그대로 하늘나라로 올라간 것이라고 생각한다면 그것은 너무나 완고한 詩다. 만약 문제가 어디까지나 그의 시체의 행방에 있는 것이라면, 처음부터 자진하여 그것을 인수하러 나타났던 아리마대 요셉이, 그만한 사랑과 용기와 정의의 사람이 왜 그의 부활을 그의 제자들과 더불어 맞이하지 못했던가 하는 사실과 아울러 생각할 필요도 있을 것이다. (《사반의 십자가》, 원작본, 283쪽)

그런데 개작본에 이르면 이 부분에 대한 서사의 확장이 이루어지는데, 작가의 이러한 변모는 개작본 이전에 발표된 단편 〈부활〉에서 이미 나타나 있다. 즉 김동리는 《사반의 십자가》를 발표한 이후 예수의 부활에 대한 서사에 나름대로의 미진함을 염두에 두고 단편 〈부활〉을 창작한 것으로 보이며, 결국 《사반의 십자가》를 개작함에 이르러서는 단편 〈부활〉의 서사 의도를 반영한 것이다. 따라서 예수의 부활을 대하는 작가의 인식과 이에 대한 기독교적 상상력의 실체는 단편 〈부활〉에 대한 분석으로 가능할 것이다.

〈부활〉은 골고다 언덕에서 죽음을 맞이한 예수에 대한 서술자인 '나'(아리마대 사람 '요셉'으로 추정)의 목격담, 그리고 사흘 후 벌어진 예수의 부활을 주류 기독교의 인식과는 전혀 다른 시각에서 해석하고 있는 두 부분으로 서사가 전개되고 있다. 즉 전반부는 예수와 두 도적(사반과 마나엔)이 골고다 언덕에서 처형당하는 상황을 '나'라는 초점화자의 주관적 해석을 통해 전개하고 있으며, 후반부는 하인을 동반한 화자가 예수를 장사지낸 동굴로 가서 깨어난 예수를 자신의 집으로 은밀히 모셔간 후 그가 회복되는 과정을 전개하고 있다. 〈부활〉의 서사에서 예수의 십자가 처형 과정을 끝까지 지켜보고, 이후 예수의 주검을 손수 마련한 무덤에 장사지내고 신비한 부활의 상황까지 목격하는 화자인 '나'는 복음서의 아리마대 사람 요셉으로 추정할 수 있다.

> (1) 몰약沒藥과 침향沈香과 가는 삼베는 나와 같은 공회(산히드린)의 동료인 니고데모가 가져오기로 되어 있었다. 공회에서 예수에게 형틀(십자가)을 거부한 이는 그와 나 둘뿐이다. 그는 시체에 필요한 향약품香藥品들과 삼베를 가져오기로 하고 나는 무덤을 마련하기로 했던 것이다.
> 무덤은 내 친구 아볼로의 것이다. 골고다에서 가까운 동산 속에 있었다. 거기다 아볼로는 미리 굴을 뚫어서 무덤을 만들어 두었었다. 나는 그에게 적당한 금액을 주기로 하고 이것을 그로부터 양보 받게 되었던 것이다.
> 내가 인부들을 시켜 예수의 시체를 이 무덤-아볼로에게 양보 받은-까지 옮겨갔을 때는 니고데모도 필요한 약품들과 가는 삼베를 보자기에 싸들고 나와 함께 와 있었던 것이다. 땅거미가 지기 시작할 무렵이었다. (〈부활〉, 111~112쪽)[33]

> (2) 공회의원으로 선하고 의로운 요셉이라 하는 사람이 있으니 (저희의 결의와 행사에 가타하지 아니한 자라) 그는 유대인의 동네 아리마대 사람이요 하나님의 나라를 기다리는 자러니 빌라도에게 가서 예수의 시체를 달라하여 이를 내려 세마포로 싸고 아직 사람을 장사한 일이 없는 바위에 판 무덤에 넣어 두니 이날은 예비일이요 안식일이 거의 되었더라. (누가복음, 23:50-54)[34]

---

33. 본고에서 인용하는 〈부활〉은 다음의 출처에 따른 것임을 밝혀둔다. 김동리, 〈부활〉, 『김동리 전집』 3, 민음사, 1995.

인용문 (1)에 나타난 여러 정황들, 즉 산헤드린 공회원이며 예수의 십자가 처형을 거부했으며 직접 예수의 장례를 준비했다는 내용은 인용문 (2)의 누가복음 전승과 대체적으로 일치한다. 이를 통해서 비록 텍스트에 구체적 이름을 명기하지 않았지만 아리마대 출신의 요셉이라는 인물이 서사의 화자임은 분명한 사실로 확인된다. 그런데 서사의 후반부에 나타난 예수의 부활에 대한 목격과 그 이후의 반응들은 복음서의 전승에서는 어떠한 단서도 찾을 수 없는 작가의 허구적 창작이다.

여기서 한 가지 주목하고 넘어갈 것은 〈부활〉에서 다루어진 서사의 전반적 흐름이 개작본 《사반의 십자가》에서 거의 유사하게 반복된다는 점이다. 개작본 《사반의 십자가》에서는 요셉이라는 인물을 구체적으로 명시하여 전개하고 있는데 이는 〈부활〉에서 이미 상세히 다루었던 예수의 부활 사건을 전반적인 틀을 그대로 유지하면서 요약적으로 형상화한 것이다. 그리고 〈부활〉이 원작 《사반의 십자가》에서 예수의 부활을 다소 미진하게 처리했던 것에 대한 작가의 새로운 해석을 보여주는 작품이라는 점도 주목해야 한다.

---

34. 동일한 내용이 요한복음(19:38-40)에는 "아리마대 사람 요셉이 예수의 제자나 유대인을 두려워하여 은휘(隱諱)하더니 이 일 후에 빌라도더러 예수의 시체를 가져가기를 구하매 빌라도가 허락하는지라 이에 가서 예수의 시체를 가져가니라 일찍 예수께 밤에 나아왔던 니고데모도 몰약과 침향 섞은 것을 백 근쯤 가지고 온지라 이에 예수의 시체를 가져다가 유대인의 장례법대로 그 향품과 함께 세마포로 쌌더라"라고 기록되어 있다. 이를 통해 볼 때 김동리는 누가복음과 요한복음의 전승을 종합적으로 참고하여 〈부활〉의 서사를 구성한 것으로 짐작된다. 또한 이 내용은 마태복음(27:57-61)과 마가복음(15:42-47)에서도 유사하게 다루어지고 있다.

《사반의 십자가》 원본에서 김동리는 예수의 부활에 관하여 "시체가 사라진 것은 인정하지만 유신 그대로 부활·승천했다는 것은 부정한다. 그리고 이렇게 볼 경우 예수의 시체가 정말로 어떻게 되었다는 것이냐라는 문제는 그대로 남는데, 이 문제에 대해서는 확실히 답할 수 없다"라는 태도를 취했었다. 이런 태도는 사실 퍽 모호한 것이고 그래서 김동리 자신도 거기에 적지 않은 불만을 느꼈으리라는 것은 쉽게 짐작할 수 있다. 아마도 그러한 불만이 김동리로 하여금 이 문제를 계속 생각하게 만들었고, 그 생각의 결과가 〈부활〉로 나타난 것인지 모른다.[35]

원작《사반의 십자가》이후 5년 만에 예수의 부활에 해당하는 내용만을 단편으로 발표한 작가의 의도에는 분명 이동하의 해석과 같은 고뇌가 작용했을 것이다. 그리고 이러한 작가 인식이 개작본에 와서도 지속적으로 형상화되었다는 점에서 예수의 부활을 바라보는 김동리의 기독교적 세계관의 특징을 발견할 수 있을 것이다.[36]

김동리는 〈부활〉의 창작에 이르러서는 〈마리아의 회태〉와 〈목공 요셉〉보다 훨씬 더 주류 기독교로부터 멀어진 사고의 확장을

---

35. 이동하, 『김동리』, 건국대학교 출판부, 1996, 89쪽.
36. 이동하는 《사반의 십자가》의 원작과 개작본의 차이를 다음의 세 가지로 설명하고 있다. 첫째는 원본에서 모호하거나 불투명한 상태에 머물러 있던 부분들이 개작본에 이르러서는 보다 명료한 윤곽을 얻게 된 경우가 여럿 나타난다는 점, 둘째는 원본에서 다분히 시적인 울림을 발했던 부분들이 개작본에 이르러서는 그러한 울림을 잃고 산문화된 경우가 있다는 점, 셋째는 원본의 경우 서술자가 야훼의 존재 내지는 기독교 신앙의 정당성을 인정하거나 아니면 그 문제에 대해 최소한 호의적인 중립을 지킨 것으로 해석될 수 있는 부분들이 몇 개 있으나 개작본에 이르러서는 그런 부분들이 사라지고 야훼의 존재 내지 기독교 신앙의 정당성이라는 문제에 대해서는 판단을 유보하는 것처럼 보이면서 사실상 냉담한 거부의 입장을 취하는 태도가 두드러지게 나타난다고 설명하고 있다. 위의 책, 78~79쪽.

나타내고 있다. 그 첫 번째 단서가 예수를 장사지낸 아리마대 사람 요셉이 동굴로 예수를 찾아가는 내면의 동기에서 확인된다.

> 나는 속으로 다행이라고 생각했다. 그가 죽었다고는 뻔히 알고 있으면서도 왠지 그의 속속 깊은 데까지는 완전히 죽어지지 않았으리라고, 또 하나 다른 내가 그것을 은근히 믿고 있었기 때문이었다.
> 형틀(십자가)에 달려서 죽었던 사람이 나중(틀에서 내리워진 뒤) 되살아났다는 이야기는 나도 얼마든지 알고 있는 것이다. 예수는 워낙 여러 날 굶어왔었고 또 지쳐 있어서 남 먼저 숨을 거두기는 했지만 그에게는(체질적으로) 남달리 약한 반면에 강한 일면도 있었기 때문에 숨이 그쳤다고 해서 그냥 아주 썩어져버릴 것 같지만은 않은 생각이 곧장 들었던 것이다. 내가 빌라도(총독)에게 그의 시체를 빌어서 손수 장사 지내기로 한 것도 나로서는 여러 가지 생각이 있었기 때문이다. (〈부활〉, 111쪽)

애초에 요셉은 예수가 '속속 깊은 데까지는 완전히 죽어지지 않았으리라'는 믿음을 가지고 그의 장사 지내기를 자청한다. 그리고 예수가 예언했던 부활에 대해서도 다수의 사람들이 믿지 않았음에도 불구하고 그는 나름의 가능성을 배제하지 않는다. 그러나 그 믿음이 순전한 신앙에 기인한 것이 아니라는 점에 문제성을 내포하고 있다. 이를테면 요셉은 예수가 함께 처형을 당하던 도둑들과는 판이하게 다른 허약 체질이라는 특질에서 그의 죽음에 의문을 제기한다. "틀에 달리기 전부터 죽은 사람 모양 새하얗게 질린 얼굴에 땀방울만 구슬처럼 주렁주렁 달고"(107쪽)있는 예수에게서 요셉은 비참함마저 느끼며, 때문에 그는 십자가에서 죽음에 이른 것이 아니라 가사 상태(기절)에 빠져들었을 것이라는 가정에 도달한다. 또한 그 가능성에는 예수의 단식이라는 상황이 또다른 이유로 개입된다. "그는 이미 사흘째나 빵 한 조각 우유 한 모금 목에 넘기지 않은 채니까 미리 지쳐버린 것도 무리가 아니다. 그러나 그가 왜 이렇게 사흘 동안이나(내가 알기만도) 식음을 전폐하다시피 하는지는 아무도 모른다"(107쪽)는 의미심장한 의혹의 제기 속에서 예수는 죽음에 도달한 것이 아니라는 매우 획기적인 사유의 시도를 드러내고 있다. 따라서 인용문의 '형틀(십자가)에 달려서 죽었던 사람이 나중(틀에서 내리어진 뒤) 되살아났다는 이야기는 나도 얼마든지 알고 있는 것이다. 예수는 워낙 여러 날 굶어왔었고 또 지쳐 있어서 남 먼저 숨을 거두기는 했지만 그에게는(체질적으로) 남달리 약한 반면에 강한 일면도 있었기 때문에 숨이 그쳤다고 해서 아주 썩어져버릴 것 같지만은 않은 생각이 곧장 들었던 것이다'는 문맥은 오랜 단식과 허약한 체질에 따른 기절(혼절)의 가능성에 더 큰 비중을 두고자 한 작가의 허구적 상상력이다.

또한 김동리는 〈부활〉에서 예수의 부활이 가사 상태에서의 깨어남일 수 있다는 또 다른 가정을 제시한다. 요한복음(19:31-33)의 전승에 따르면 "이날은 예비일이라 유대인들은 그 안식일이 큰 날이므로 그 안식일에 시체들을 십자가에 두지 아니하러 히여 빌라도에게 그들의 다리를 꺾어 시체를 치워 달라 하니 군병들이 가서 예수와 함께 못박힌 첫째 사람과 또 그 다른 사람의 다리를 꺾고 예수께 이르러는 이미 죽은 것을 보고 다리를 꺾지 아니하고 그 중 한 군병이 창으로 옆구리를 찌르니 곧 피와 물이 나오더라"는 기록이 있다. 김동리는 이 전승의 '다리꺾임'에 주목하여 예민한 해석을 시도하고 있다.

예수는 이미 제 구시(하오 세시)에 이상한 소리를 지르고 숨을 거두었기 때문에 아무도 살아 있으리라고 의심하는 사람은 없었다. 그러나 그는 일찍이 살아 있었을 때, 〈죽은 지 사흘 만에 되살아날 것〉이라고 선언한 일이 있었기 때문에 시체 검사를 엄중히 하라는 명령이 내렸다.
　병사 둘이 예수의 시체 곁으로 다가오더니 그 중의 하나가,
「이왕이면 이 치도 다리꺾음을 해버리지」
하는 것을 나는 서슴지 않고,
「멀쩡하게 죽은 사람을 두고 새삼 다리꺾음할 필요는 없지 않소?」
했더니 그들도 더 대꾸를 하지 않았다. 그 대신 아마 다리꺾음을 해치우자고 하던 병사가 창 끝으로 예수(시체)의 옆구리를 쿡 찔러보았다. 요행히 그것은 아랫배 옆구리였기 때문에 뼈가 상할 리는 없었고, 핏물이 좀 나왔을 뿐이다. 그들도 이미 죽은 것으로 보고 있었기 때문에 시체를 두고 그다지 악착스레 굴고 싶지는 않은 모양이었다.
　나는 속으로 다행이라고 생각했다. 그가 죽었다고는 뻔히 알고 있으면서도 왠지 그의 속속 깊은 데까지는 완전히 죽어지지 않았으리라고, 또 하나 다른 내가 그것을 은근히 믿고 있었기 때문이었다. (〈부활〉, 110~111쪽)

　요한복음의 전승에서는 예수가 다리꺾임을 면한 것이 유대 병정들의 자발적 행위에 따른 것이었지만 〈부활〉에서는 요셉의 적극적 만류가 작용했다는 점이 차이를 보인다. 자칫 화를 자초할 수도 있는 요셉의 적극적 개입은 '왠지 그의 속속 깊은 데까지는 완전히 죽어지지 않았으리라'는 믿음이 있었기 때문이다. 아울러 예수의 '다리꺾임'이 지니는 의미를 부각시켜 예수의 부활이 실제 죽음을 경험한 불가해한 사건이 아니라, 단지 가사 상태에 머물다 의식을 되찾게 된 오해의 산물임을 견지하려는 작가의 의도가 엿보이는 대목이다. 만에 하나 예수가 다리꺾임마저 당한 지경이었

더라면 그의 부활에 대한 이견을 펼칠 만한 근거가 희박해지기 때문이다. 이처럼 김동리는 예수의 부활을 주류 기독교의 전승과는 다른 시각에서 접근함으로써 초기에 기독교의 전승을 대하던 태도와는 상당히 변모한 양상을 보여주는데, 끝으로 무덤에서 사라진 예수의 후일담을 전개하는 속에서도 그것을 확인할 수 있다.

> 나는 하인을 시켜 무덤 앞을 막아놓은 큰 돌을 옆으로 밀어뜨리게 하고 무덤 속으로 들어갔다. 속은 칠흑같이 캄캄했다. 그러나 이내 희미한 빛이 있음을 깨달았다. 희끄무레한 무엇이 비치고 있었기 때문이었다. 나는 숨을 죽이다시피 하여 그〈희끄무레한 무엇〉에 조심조심 다가갔다. 아! 예수가 일어나 앉아 있지 않는가.
> 「랍비여! 랍비여!」
> 내가 조금 전 꿈결에서 외치던, 꼭 그와 같은, 울음 섞인 목소리로 그를 불렀을 때 그는 가만히 한쪽 팔을 나에게 내밀었다.
> 나는 두 손으로 그의 팔을 붙잡았다. 그러고는 준비하여 갔던 겉옷을 그에게 입히었다.
> 내가 예수를 부축하여 무덤 밖으로 나오자 돌-무덤 앞을 막았던-위에 걸터앉아 그곳을 지키고 있던 하인이 일어나 나를 거들었다. 병사들은 먼저보다도 더 곤히 잠들어 있었다.
> 나와 나의 하인은 예수를 마차에 모시자 나는 그를 부축하여 마차 안에 함께 앉고, 하인은 말을 몰아 아리마대로 달렸다. 동이 틀 무렵이었다. (〈부활〉, 112~113쪽)

기독교의 전승에 따르면 예수는 누구의 도움도 받지 않은 채 무덤에서 나왔으며, 이후 여러 제자들 앞에 나타나 자신의 부활을 알린다. 그러나 김동리는 〈부활〉에서 이미 깨어나 있던 예수가 요셉에 의해 그의 집으로 옮겨간 것으로 상황을 변화시키고, 요셉의 조력에 의해 서서히 기력을 회복하는 것으로 이야기를 결말짓는다. 즉 예수는 "처음엔 포도주를 한 모금, 다음에는 우유를 두 모금, 이렇게 식사를 마실 것부터 조금씩 시작"(113쪽)하여 사흘이 지난 후에 건강을 회복하고, 또 다시 사흘이 지난 안식일에는 옷도 갈아입고 골방에서 나오게 된다. 이는 주류 기독교의 전승자들이 예수의 신성을 훼손시키지 않고 오히려 불가해한 사건의 연속 속에서 그의 신이성을 더욱 굳건히 하려는 의도였음에 비해, 김동리는 예수의 부활 자체를 이성적·과학적 사고의 틀 안에서 해석하려는 태도를 확고히 한다. 이것은 앞서도 지적했듯이 김동리의 기독교적 사유가 이 즈음에 이르러서는 기독교 비경전의 적극적 수용과 영지주의적 사유의 단초를 지니게 되었음을 추론할 수 있게 한다.

보수적 주류 기독교인의 대표자인 테르툴리아누스의 "그리스도가 무덤에서 육체적으로 부활하였기 때문에 모든 신자들도 육체적 부활을 기대해야 한다"[37]라는 표명에는 기독교 부활 신앙의 핵심이 고스란히 담겨 있다. 이천 년이 넘는 오랜 기독교의 역사 속에서 신앙의 궁극적 목적은 죄로부터의 구원과 죽음 이후의 부활에 대한 열망이었다. 여기서 심판날의 부활 소망은 예수의 부활이 전제됨으로써만 가능한 일이다. 그러나 일부의 영지주의자들은 예수의 부활 자체를 부인하지는 않지만 문자 그대로의 해석은 거부하는 태도를 드러내며, 심지어 극단적 영지주의자들의 경우 죽은 사람이 다시 살아난다는 사실 자체를 "극도로 혐오스럽고, 모순되고, 불가능한 것"[38]이라고 단언하기에 이른다. 합리적 이성과 과학적 논리를 벗어난 주류 기독교의 전승들이 영지주의

---

37. Elaine Pagels, 하연희 역, 앞의 책, 41쪽.

자들의 사유체계 내에서는 지극히 모순되고 불가능한 상상력에 불과하기 때문이다. 이는 〈마리아의 회태〉에서 비교적 기독교의 전승에 순응적 태도를 보여주었던 김동리의 의식이 〈목공 요셉〉에 와서는 현실적 태도로 변모하게 되고, 이후 〈부활〉에 이르러 보다 심화된 것에서 인식의 유사성을 발견할 수 있다.

* * * * * * * * * *

본 연구는 서구 기독교의 전승을 한국 민족문학의 대표적 작가인 김동리가 어떻게 수용하고 있는가에 초점을 맞추어 전개했다. 신화가 갖는 범세계적 보편성을 인정한다 할지라도 기독교적 세계관은 동양, 그 중에서도 한국적 토대에서는 낯설고 특수한 사고 체계임에 분명하다. 그럼에도 불구하고 한국의 근대화와 더불어 유입된 기독교적 세계관은 전혀 이질적인 토양 위에서도 그 싹을 틔웠고 김동리에 이르러서는 나름의 의미 있는 결실을 맺어가고 있음을 확인할 수 있었다. 즉 〈마리아의 회태〉, 〈목공 요셉〉, 〈부활〉, 《사반의 십자가》는 김동리의 기독교적 상상력이 민족문학의 토양과 융화되는 과정을 보여주는 것이며, 더 나아가 앞으로 전개될 기독교 문학의 방향성을 개척했다는 점에서 그 가치를 평가할 수 있다. 또한 김동리로부터 시작된 성서 모티프의 수용이 최근에 이르면서 점점 더 영지주의적 세계관과 흡사한 면모를 보여주고 있음을 주목할 때, 김동리의 기독교 소설에 대한 연구는 이 분야의 변모 양상을 연구함에 출발이 된다는 점에서 의의를 지니게 될 것이다.

---

38. 위의 책, 41쪽.

5장. 실존적 세계인식에 기초한 가롯 유다의 생애
 - 박상륭의 〈아겔다마〉

1. 형이상학적 난해성과 통종교적 사유의 극대화

박상륭朴常隆은 1963년 24세의 나이로 『사상계』 신인상에 단편소설 〈아겔다마〉가 입상하면서 문단에 등단한 후 이듬해 〈장끼전〉으로 『사상계』의 추천을 받아 작가로 정식 입문했다. 이후 그는 《죽음의 한 연구》, 《칠조어론》 등 한국 소설사에서 관념소설의 대표로 손꼽을 만한 일련의 작품들을 발표하면서 한국 문학사의 일면을 채워가고 있다.

일반적으로 박상륭의 소설에 대한 문학적 평가는 과도한 관념성의 표출로 인한 독서의 난해함에 모아지고 있다. 때문에 그의 소설이 만들어내는 의미 체계를 제대로 읽어내기란 여간 고된 일이 아니다. 이것이 일반 독자들이 박상륭의 소설에 깊이 빠져들지 못하는 가장 큰 이유일 것이며, 그의 문학 세계가 나름의 의미를 구축하고 있음에도 불구하고 문단의 전폭적인 조명을 받지 못하는 까닭이기도 하다. 그러나 다른 한편에서는 그의 작품에 대한 무한한 동경과 찬사를 보내는 것 또한 현실이다. 그 이유는 비록 그의 소설이 논리적인 독법으로 읽어내기에는 지극히 어려운 점이 있음에도 불구하고 그 이면에 내재하고 있는 사유 체계의 깊이는 일종의 '신비로움'으로 독자들의 감성과 이성을 자극하기 때문이다.

> 박상륭의 소설은 하나의 신비다. 소설이라는 몸을 이루는 저 사유의 뼈대가 지닌 형이상학적 난해성이 우선은 그러하고, 저 장대한 근골을 살아 숨쉬게 하는 말씀의 불가해성이 또한 그러하다. 그러나 무엇보다도 가장 큰 신비인 것은, 이 사유와 말씀의 형태화인 그의 소설이 펼쳐내는 '마음의 우주'의 풍경 그 자체이다. 모든 아름다운 것들의 뿌리에 자리하고 있을 이러한 우주의 신비는, 물론, 풀려지지 않는다. 그렇기에 저 아름다움의 매혹은 영원히 '알 수 없는 그 무엇 Jene sais quoi'으로 남겨진다. 우리는 다만 매혹당할 뿐 저 신비의 근저에는 접근할 수 없다. 그런 의미에서 그것은 차라리 하나의 해독 불가능한 '경전'이 된다. 그렇다. 박상륭의 소설은, 내게는, 아름다운 '마음의 경전'쯤으로나 보이는 것이다.[1]

김진수는 박상륭의 소설을 이루고 있는 '형이상학적 난해성'은 물론이고 그 '말씀의 불가해성', 즉 '마음의 우주'가 뿜어내고 있는 그 신비의 근저에 다만 매혹당할 뿐 도저히 접근할 수 없음에서 박상륭 소설의 요체를 파악하고 있다. 박상륭의 소설이 보여주는 신비의 극치는 따라서 '차라리 해독 불가능한 경전'이 되고, 독자 개개인에게는 '아름다운 마음의 경전'으로 간직될 가치를 지닌다는 점에서 작가에 대한 평가는 정점에 도달한다. 필자는 이러한

---

1. 김진수, 「되돌아오는 삶, 불가능한 죽음-'마음의 우주'의 한 풍경」, 박상륭, 《평심》, 문학동네, 1999, 255~256쪽.

평가에 대체적으로 공감을 표하면서, 과연 박상륭의 소설이 담지하고 있는 사유의 근원이 무엇인가에 대한 논의를 전개함으로써 작가의 텍스트에 함의된 신비의 근저에 도달하고자 한다.

박상륭 소설의 형이상학적 난해성은 그가 다루는 서사의 대부분이 죽음과 밀접한 관련을 맺고 있는 데서 찾을 수 있다. 죽음에 대한 그의 각별한 인식은 어린 시절 어머니에 대한 체험에서부터 싹튼 것으로 볼 수 있다. 그가 태어났을 때 이미 그의 어머니는 45세 나이의 중로中老였다. 때문에 '늙은 어머니로부터 태임 받았다'는 사실이 일종의 수치로 작용했음을 작가는 고백하고 있다. 뿐만 아니라 그는 건강이 좋지 않아 앓아누워 계시곤 하던 어머니를 보면서 항상 돌아가실까봐 걱정하며 유년을 보냈다고 한다. 그리하여 모친께서 죽으면 어쩌나 하는 죽음에 대한 두려움과 늘 맞대어 살았다고 그는 술회하고 있다.[2] 따라서 중학교를 졸업하던 17세 때에 모친이 61세의 나이로 돌아가시면서 받은 엄청난 정신적 충격이 향후 그의 문학적 형상화에 있어서 죽음에 대한 남다른 인식을 안겨 주었다.

> 제가 아마, 장편을 쓰기 시작했을 그때부터가 아니었나 하고 추측하는데, 그때 저는, 하나의 출가出家를 단행했었습니다. 저 스스로, 하나의 중僧을 꾸미기 시작했었더라는 말씀이지요. 이 돌팔이 중은 그러면, 대체 어느 종파에 속하느냐고 묻는 자가 있다면, 그렇지 않아도, 불머슴 구하기가 어렵던 차에, 저는 그를 저의 불머슴으로 만들고 싶어함에 분명합니다. 어제의 삶의 수치-비린내 나는, 미끄

---

2. 김명신, 「말씀의 우주에서 마음의 우주로의 편력」, 김사인 편, 『박상륭 깊이읽기』, 문학과 지성사, 2001, 41~43쪽.

덩거리는, 흐린, 누런, 양수羊水 속에 담겨, 새끼 하마 꼴로, 그것 마시느라 전신을 떨기, 의 수치, 아무런 즐거움도, 영광도, 내일에 대한 희망도 없이, 홍진 속에 무릎을 꿇고, 삶을 구걸하기, 의 수치, […] 이런 따위로, 수치의 고통으로 늙어가는 한 글꾼이, 뭐든 '문학'이라는 것을 해본다고 했다면, 그것은 다름아닌, 저 콤플렉스를 극복하기 위한, 몸서리쳐지는 한 몸부림의 표현이었을 것을 분석해내기는 어렵지 않을 것인데, 저 콤플렉스라는 것은, 어떻게 뒤집으면, 곧 바로 종교적 콤플렉스였던 것이기도 하여, 제가 '해본다고 했던 문학'이, 별수없이 종교적으로 기울 수밖에 없었다는 것은, 어렵잖게 분석되어질 것입니다. (1997년 7월 13일자 서신에서)[3]

인용문에 나타난 작가의 표현처럼 그는 어머니 콤플렉스로부터의 극복을 위해 문학의 길로 들어섰다. 그는 문학을 하나의 불머슴으로 삼아 출가를 단행한 것인데 이때의 문학은 늙은 어머니로부터 태임 받은 수치 콤플렉스를 극복하기 위한 몸서리쳐지는 몸부림의 표현이었다. 그리고 그것은 뒤집어 표현하면 '종교적 콤플렉스'였던 것이기도 하여 그 자신의 문학은 필연적으로 종교적으로 기울 수밖에 없었다고 진술하고 있다. 바로 여기서 박상륭 문학의 본령인 종교적 사유의 근원을 확인할 수 있으며, 그의 문학이 형이상학적 난해성과 관념성의 과다한 노출로 일관하는 원인을 제기해볼 수 있다.

그런데 박상륭의 종교적 사유는 그리 간단치 않다. 즉 박상륭 소설이 난해함을 보이는 여러 이유들 중 하나가 그의 소설들이 통종교적通宗敎的 속성에 기인하고 있기 때문이다. 그의 소설은 우

---

3. 위의 글, 42쪽.

리 민족 고유의 샤머니즘적 세계관으로부터 기독교와 불교 등의 종교적 사유, 세계적으로 넓게 분포된 각종 신화와 민담류의 다층적 수용이라는 복잡다기한 양상을 보여주고 있다. 또한 그것들의 단순한 차용에 머무르지 않고 한 단계 더 나아가 작가 특유의 인류학적 이해, 심리적 사유가 첨가됨으로써 원형에서 보다 진화된 유기물로 우리들에게 다가오고 있다. 이러한 그의 문학적 성과는 "삶과 존재의 근원, 존재의 궁극적 비의를 드러내는 데 바쳐지고 있다"[4]는 평가로 이어진다. 따라서 박상륭의 소설을 읽는다는 것은 이 세계의 여러 종교적 사유에 대한 탐승이며, 인간 존재에 대한 실존적 천착의 과정이라는 의미를 지닐 것이다.

본고에서는 박상륭의 통종교적 사유 가운데서 특히 기독교적 상상력에 주목하여 논의를 전개하고자 한다. 그의 소설이 보여준 다양한 종교적 사유 가운데서 특히 기독교적 세계관을 주목하고자 함은 그의 초기 소설부터 최근의 작품에 이르기까지 성서 모티프의 패러디가 지속적으로 표출되고 있음에 기인한다. 즉 그의 등단작인 〈아겔다마〉로부터 시작하여 대표작이라 일컬을 수 있는 《죽음의 한 연구》, 그리고 최근의 《소설법小說法》에 수록된 〈역증가逆增加〉에 이르기까지 그는 성서적 모티프의 직접적 차용 내지는 은유적 수용을 통해서 기독교적 세계관을 끊임없이 드러내고 있기 때문이다. 이에 대해 김경수는 작가의 초기 단편들을 분석하면서 "초기의 박상륭의 작품들은 기독교적 세계관의 소설적 연장이라 할 만큼 기독교적 세계관 내지는 기독교 신화의 메타

---

4. 박상륭·김사인, 「누가 저 공주를 구할 것인가」, 김사인 엮음, 『박상륭 깊이읽기』, 문학과 지성사, 2001, 21쪽.

구조를 수용"⁵⁾하고 있다고 지적했다. 또한 박상륭의 사유의 원형질을 기독교적 사유에서 해석해 낸 김명신의 다음과 같은 언급은 본고의 논의를 전개함에 있어서 되짚어볼 의미가 있을 것이다.

> 박상륭 소설, 특히 1960년대 작품 세계에서 찾을 수 있는 공분모는 메시아 콤플렉스라고 할 수 있다. 메시아 콤플렉스라는 것은 기독교적 사유 체계에 뿌리를 두고 있는 것으로, 작가가 현실과 이상 사이의 괴리에서 오는 깊은 절망감을 문학으로 승화시켜, 인간의 구원문제를 탐색해나가면서 자연적으로 갈망하게 되었다고 볼 수 있다. 물론 이때의 사유는 기독교적 자장磁場 안에서의 사유이면서 정통 기독교에서 행해지는 관점과는 사뭇 다른 입장, 오히려 이단적이라고 할 만한 위험한 요소들로 채워져 있다.…(중략)…여기서 기독교적 사유라는 것은 단선적인 서구적인 의미에서의 기독교가 아니라, 박상륭식으로 변용을 겪은 기독교적 사유라는 것이다. 주요 모티프가 기독교일 뿐 그 내용을 이루고 있는 것은 이미 질적인 변화를 겪은, 말하자면 문학적 형상화라는 과정을 통해 연금술적인 변환 과정을 겪은 것들이라는 것을 밝혀야 할 것이다.⁶⁾

김명신은 1960년대 발표된 작가의 초기 단편들이 기독교적 사유인 '메시아 콤플렉스'를 공통분모로 구현하고 있음을 지적했다. 이는 박상륭이 당대 현실과 이상 사이의 괴리에서 발생한 절망감을 뛰어넘는 인간 구원의 문제를 문학적으로 형상화함에 따른 것인데, 여기서 한 가지 주의할 것은 그의 메시아관이라든가 기독교에

---

5. 김경수, 「구원과 중생(重生)을 향한 탐색」, 박상륭, 《아겔다마》, 문학과 지성사, 1998, 489쪽.
6. 김명신, 위의 글, 51~52쪽.

대한 이해가 결코 정통 기독교의 관점에 기인하고 있지 않다는 점이다. 즉 박상륭식의 연금술적 변환을 통해 문학적 형상화를 이루어나가는 과정에서 기존의 기독교적 사유는 다양한 화학적 변화를 겪게 된다. 그리고 이러한 화학적 변화는 보수적 기독론에 침윤되어 있던 독자들의 상식적 사고 체계를 완전히 전도시키고, 드디어는 심각한 신학적 전회까지도 유발할 수 있다는 점에서 그 의의를 찾음과 동시에 연구의 대상으로 삼을만한 근거를 갖게 한다.

본고는 기독교적 사유로 점철된 박상륭의 작품들 중에서 그의 등단작인 〈아겔다마〉를 대상으로 삼는다. 이 소설은 박상륭의 초기 단편집에 수록된 작품으로서 앞으로 그의 작품 세계에서 지속된 기독교적 사유의 출발점을 확인할 수 있는 단초가 될 것이다. 또한 그의 작품들 중에서도 성서 모티프가 비교적 명료하게 드러나는 작품이라는 점에서 작가의 기독교적 사유의 일단을 보다 분명히 밝혀낼 수 있다. 따라서 이 소설의 성서 모티프를 선행 텍스트인 성서 원전과 비교, 분석해감으로써 작가의 문학적 형상화 과정을 거친 기독교적 사유의 본질을 구명해 낼 수 있을 것이다. 이것은 앞에서도 지적 했듯이 박상륭의 문학이 '삶과 존재의 근원, 존재의 궁극적 비의'를 지니고 있음에 주목할 때, 그의 문학 전반을 관통하고 있을 실존적 지향에 한걸음 더 다가설 수 있는 밑거름이 될 것이다.

2. 가롯 유다 전승의 연속성과 전도

성서 모티프를 차용한 박상륭의 소설을 해석함에 있어서 선행 텍스트인 성서 원전과의 엄밀한 비교를 소홀히 할 수 없다. 이것은 결국 텍스트 상호간의 관계성과 연속성에 주목하는 문학적 표현 양식으로서의 패러디 양상에 주목해서 소설 읽기를 시도해야 한다는 의미이다. 패러디를 예술 상호간의 담론으로써 "이전의 예술작품을 재편집하고 재구성하고 전도시키고 초맥락화(transcontextualizing)하는 통합된 구조적 모방의 과정"[7]으로 이해하는 것은 린다 허천(Linda Hutcheon)의 논의를 통해서 이미 통용되고 있는 시도이다. 그의 이러한 인식은 흔히 패러디를 단순한 모방의 차원에서 '기생적인 것'으로 간주함으로써 비판의 대상이 되기도 했던 기존의 인식에 대해 보다 확장된 사고의 틀을 열어 놓았다는 점에서 의미가 있다. 또한 모든 문학이란 "과거를 포함한 현재의 글쓰기로서 문학적 그리고 역사적 과거의 맥락화된 자취를 인식하고, 그 흔적을 찾아 나가는 것을 의미한다"[8]고 함으로써 패러디의 관계성과 연속성에 주목하고 있는 그의 일관된 입장을 알 수 있다. 한편 움베르토 에코(Umberto Eco)도 "책은 항상 책들에 대해 말하고, 모든 스토리는 항상 이미 말해진 스토리에 대해서 말을 하는 것뿐"[9]이라고 주장함으로써 텍스트 상호간의 관계성에 주목하고 있음을 보여준다.

이와 같은 패러디의 특질에 주목할 때, 박상륭의 경우도 성서 텍스트에 표현된 기존의 서사 구조(스토리)를 재편집, 재구성 내지는 전도顚倒(inversion)시키는 일련의 창작 활동이 빈번히 나타나

---

7. Linda Hutcheon, 김상구·윤여복 공역, 『패러디 이론』, 문예출판사, 1995, 23쪽.
8. Linda Hutcheon, A Poetics of Postmodernism-History, Theory, Fiction, New York & London : Routledge, 1988, p.127.
9. Umberto Eco, The Name or the Rose, Tranas William Weaver, New York : Harcout Brace Jovanovich, 1983, p.20. Linda Hutcheon, 위의 책, p.128.

고 있음을 발견하게 된다. 아울러 그는 일련의 재구성 내지는 전
도된 서사를 통해 문학적·역사적 과거의 맥락화된 자취를 나름
의 방식으로 인식하고, 그 의미를 재해석해 내려하는 패러디스트
로서의 면모를 드러내고 있다. 때문에 독자는 선행텍스트의 성서
모티프를 패러디텍스트로 전도시키는 일련의 과정에 숨겨진 작
가의 의도를 밝혀내는 것, 다시 말해서 텍스트 상호간의 '차이'에
의도된 이중 지시적 담론의 양상을 밝혀내는 것이 작가의 기독
교적 사유의 궁극에 도달하는 방편이 될 것이다. 따라서 〈아겔다
마〉의 경우도 선행텍스트와 패러디텍스트 사이의 차이와 반복을
밝혀내는 것에서부터 독서행위가 시작되어야 한다. 즉 선행텍스
트인 성서의 구조와 패러디텍스트의 구조에서 나타나는 상호텍
스트성과 텍스트 간의 차이를 통한 거리화의 정도를 가늠하는 작
업은 작가의 사유에 접근하는 첫걸음이 되기 때문이다.

(1) 때에 예수를 판 유다가 그의 정죄됨을 보고 스스로 뉘우쳐 그
은 삼십을 대제사장들과 장로들에게 도로 갖다 주며 가로되 내
가 무죄한 피를 팔고 죄를 범하였도다 하니 저희가 가로되 그것
이 우리에게 무슨 상관이 있느냐 네가 당하라 하거늘 유다가 은
을 성소에 던져 넣고 물러가서 스스로 목매어 죽은지라 대제사
장들이 그 은을 거두며 가로되 이것은 피값이라 성전고에 넣어
둠이 옳지 않다 하고 의논한 후 이것으로 토기장이의 밭을 사서
나그네의 묘지를 삼았으니 그러므로 오늘날까지 그 밭을 피밭
이라 일컫느니라 이에 선지자 예레미야로 하신 말씀이 이루었
나니 일렀으되 저희가 그 정가定價된 자 곧 이스라엘 자손 중에
서 정가된 자의 가격 곧 은 삼십을 가지고 토기장이의 밭값으로
주었으니 이는 주께서 내게 명하신 바와 같으니라 하였더라.(마
태복음, 27:3-10)

(2) 모인 무리의 수가 한 일백이십 명이나 되더라 그때에 베드로가 그 형제 가운데 일어서서 가로되 형제들아 성령이 다윗의 입을 의탁하사 예수 잡는 자들을 지로指路한 유다를 가리켜 미리 말씀하신 성경이 응하였으니 마땅하도다 이 사람이 본래 우리 수 가운데 참예하여 이 직무의 한 부분을 맡았던 자라 (이 사람이 불의의 삯으로 밭을 사고 후에 몸이 곤두박질하여 배가 터져 창자가 다 흘러나온지라 이 일이 예루살렘에 사는 모든 사람에게 알게 되어 본방언에 그 밭을 이르되 아겔다마라 하니 이는 피밭이라는 뜻이라)
(사도행전, 1:15-19)

인용문은 신약성서에 전승되고 있는 유다와 관련한 기록들이다. 인용문 (1)은 예수의 제자였던 마태에 의해 기록된 것으로 누가에 의해 기록된 인용문 (2)의 내용에 비해 예수 사후死後 유다의 행적에 대해 비교적 자세한 정보를 전해준다. 작가는 신약성서에 기록된 두 텍스트, 즉 마태복음과 사도행전의 전승을 기본으로 유다의 행적을 재구성한 것으로 보아야 한다.[10] 〈아겔다마〉의 창작에서 중요하게 반복된 선행텍스트의 지표는 다음과 같다. 예수의 제자였던 유다는 무슨 이유에서인지 선생을 배반하고 은 삼십에 그를 유대 관원들의 손에 넘겨주고, 뒤이어 선생의 죽음을 목도하게 된다. 이후 뒤늦은 뉘우침으로 대제사장들과 장로들에게 예수를 판 몸값을 되돌려주려 하지만 거절당하며, 돈을 성

---

10. 박상륭이 〈아겔다마〉를 쓰면서 마태복음과 사도행전의 내용을 절충하면서 나름대로의 변용을 보태는 방식으로 전개했음은 이미 이동하의 「박상륭이 본 가롯 유다의 죽음」(이동하, 『한국현대소설과 종교의 관련 양상』, 푸른사상, 2005, 72~116쪽 참고)에서 자세히 설명되어 있다. 그는 두 경전의 절충을 시도하면서도 실제의 무게중심은 사도행전에 많이 기울어져 있음을 몇 가지 근거를 들어 제시해 주고 있다.

소에 던져 둔 채 돌아와 자살을 감행함으로 자신의 비극적인 일생을 마감한다. 성소에 던져진 유다의 은 삼십은 토기장이의 밭을 구입하는데 사용되어 나그네의 묘지로 사용되고, 오늘날까지 '피밭' 즉 그 지역 방언으로 '아겔다마'(Ageldama)라 불려진다. 이와 같은 비교적 간단한 선행텍스트의 몇몇 지표에 작가는 소설적 형상화를 가加함으로써 패러디스트로서의 의도를 텍스트의 이면에 숨겨놓았다.

우선 〈아겔다마〉는 선행텍스트의 지표를 비교적 충실하게 반복하고 있다. 일반적으로 패러디 기법에 있어서 독자들에게 주어지는 텍스트 상호간의 반복 지표는 그것이 표면화된 경우와 내재화된 경우로 구별된다. 전자는 표제의 동일성, 등장인물의 유사성, 시·공간적 배경 및 서사 구조의 유사성 등에 의해 선행텍스트의 정보를 친숙하게 떠올리게 함으로써 패러디스트의 의도를 비교적 쉽게 환기시킨다. 반면에 후자는 표제의 동일성에도 불구하고 여타의 지표들에서는 그다지 유사성을 발견할 수 없는, 그래서 독자들의 추론적 독서 과정에 의해 텍스트 상호간의 빈 공간을 메워나가는 독서 행위를 요구하는 한층 다층적인 패러디 의도를 나타낸다. 물론 박상륭의 경우에 있어서도 이와 같은 '표면적 패러디'(overt parody)와 '내재적 패러디'(covert parody)가 다양하게 작품으로 형상화되고 있는데, 그 중에서도 〈아겔다마〉는 표면적 패러디 양상을 뚜렷하게 보이고 있는 작품이다. 때문에 선행텍스트와 패러디텍스트 상호간의 반복된 지표를 먼저 밝힌 이후에 차이를 보이는 지표에 접근하는 것이 작가의 패러디 의도를 명확하게 찾아낼 수 있는 방편이 될 것이다.

힌놈의 골짜기의 동남 예루살렘과 골짜기 맞은편 후미지고 나그네의 발걸음이 여간해선 머물지 않는 한곳에 오래되고 볼품없는 움막집이 한 채 있었는데, 그 움막집의 사립문 한쪽 기둥에 '가룟 유다'라는 문패가 걸려 있었다.[11]

텍스트의 시간은 '서력 기원 삼십년 니산달 열닷새 금요일'을 시작으로 이후 한 주간의 경과를 보여준다. '서력 기원 삼십년'은 예수의 공생애 기간인 A.D 27~30년의 그 해를 의미하며, '니산달 열닷새 금요일'은 예수의 수난일로 전승되는 바로 그 날을 의미함에서 성서의 모티프에 충실히 따라가고 있다. 그리고 '힌놈의 골짜기'라는 공간적 설정까지도 선행텍스트의 지표에 충실함으로써 가룟 유다와 예수의 시대에 대한 신빙성을 더해준다. 여기에 유다의 행동에서 보통 때와는 전혀 다른 분위기를 감지한 노파가 그 원인을 "제 육시쯤으로부터 갑자기 하늘이 흐려지고, 제 구시쯤에 천둥과 지진이 일어났다는 그런 변괴"(10~11쪽)의 자연적 이변에서 찾고 있는 부분에서도 신약성서의 전승을 충실히 재현하고 있다. 즉 예수가 십자가에 달려 운명하기까지의 시간 동안에 초자연적 이변이 그 일대에 발생했다는 것은 이미 성서에 기록된 사실인데, 작가는 노파의 의식에서 유다의 기이한 행동을 그 날의 비정상적 상황의 연장선상에서 이해시킴으로써 텍스트 상호간의 반복적 지표를 명확히 하고 있다. 또한 "처음엔 큰 구데기인지 몸뚱이인지 구별할 수가 없을 정도였어요. 하여튼 구데기 뭉치가 그 사내의 배때기에서 술에라도 취한 듯이 꾸물거렸으니

---

11. 박상륭, 〈아겔다마〉, 9쪽. 본고에서 인용하는 〈아겔다마〉는 다음의 출처에 따른 것임을 밝혀둔다. 박상륭,《아겔다마》, 문학과 지성사, 1998.

까요"(25쪽)처럼 유다의 죽음을 묘사함에 있어서도 사도행전의 전승을 기본 모티프로 삼은 듯하다.[12]

그러나 박상륭은 기본적 자료만 주어진 선행텍스트의 공백을 메워나가는 과정에서 특유의 문학적 형상화를 통해 자신만의 독특한 기독교적 사유의 단면을 보여준다. 선행텍스트인 성서는 그 초점이 다분히 '예수'라는 기독교적 구원자에 맞추어질 수밖에 없다. 예수의 출생과 성장, 공생애 기간에 행해진 여러 기적과 비유적 계시들, 그의 수난과 부활, 그리고 이후 사도로 지명된 자들에 의해 이 땅에 복음이 전파되는 과정이라는 지극히 예수 중심적 기술을 보이는 선행텍스트에서의 가룟 유다는 부차적 인물로 묘사될 수밖에 없는 한계를 지니고 있다. 따라서 그가 왜 예수를 배반했으며, 그 이면에 어떤 비밀스럽고 복잡한 사연이 개입되었는지, 그리고 스승을 배반한 자로서의 내면적 고뇌와 최후의 죽음이 얼마나 고통스러웠는지에 대한 단서는 쉽게 찾을 수 없었다. 작가는 바로 이 점에 주목함으로써 단순히 예수의 구원 사역에 필요한 보조적 역할자였던 가룟 유다를 무대의 전면에 내세운다. 그리고 그와 예수 사이에 벌어진 비밀한 관계를 드러내 보임으로써 지금까지 은 삼십 세겔에 스승을 팔아치운 물질적 탐욕자에 불과했던 가룟 유다의 누명을 벗겨나가는 작업을 과감히 시도하고 있다. 이처럼 다분히 외경外經적 요소가 짙은 선행텍스트와

---

12. 가룟 유다의 죽음에 대해서 마태복음에서는 스스로 목을 매달아 자살한 것으로 기록하였으나, 사도행전에서는 배가 터져 창자가 흘러나와 죽은 것으로 기록하고 있다. 박상륭의 묘사에서는 자살의 흔적을 찾을 수 없으므로 사도행전의 전승을 따른 듯이 보인다. 그러나 가룟 유다의 죽음에 대한 기록의 차이를 논하는 것은 신학적 논쟁이기에 본고에서는 그 의미를 두지 않겠다.

의 거리두기를 시도한 작가의 의도를 통해서 우리는 박상륭 특유의 기독교적 사유 체계에 접근해 볼 수가 있을 것이다.

3. 차이를 통해 본 기독교적 사유와 실존적 지향

박상륭 소설을 관통하고 있는 주제 의식을 '죽음'과 '재생'으로 규정하는 것에는 일반적으로 대다수의 평자들이 동의하고 있다. 그리고 이러한 주제 의식을 설명해내기 위해서 작가가 주로 사용하는 모티프가 상극적 두 요소인 '살육'과 '성욕'임에 대해서도 마찬가지의 일치된 평가가 내려지고 있다.[13] 박상륭에게 죽음의 문제는 초기 작품에서부터 최근에 이르기까지 끊임없이 던져진 화두이며, 이 문제에 대한 천착으로써 그의 소설은 다분히 종교적인 색채를 지닐 수밖에 없게 된 것이다.

> 저는 원래, '문학적'이었기보다는 '종교적' 편향이 있었던 듯하다고 뒤돌아보게 되는데, 회피할 수 없는 처지에 처했을 때마다 저는, 노쇠했었을 뿐만 아니라 몹시 병약한 어머니를 통해, 죽음의 공포를 당해왔었다는 얘기를 주억거려 왔더랬습니다만, 그때부터 죽음은 저에게, 변강쇠의 등짝에 붙어버린 북통 모양의 시체 같은 것이었습니다. 뒤돌아보면서이니까 말씀이지만, 저는 열뒤 살 내부터 이미 허무주의자였으며, 또한 뒤돌아보면서 늙은네의 목소리로 말입니다만, 화현된 세계에 있어서 다만 하나의 리얼리티는 죽음밖에 없다고 알고 있었던 것입니다.[14]

---

13. 김명신, 앞의 글, 52쪽.
14. 박상륭·김사인, 앞의 글, 21~22쪽.

작가와의 대담에서도 나타났듯이 그는 어려서부터 병약한 어머니로 인한 죽음의 공포를 피부로 느끼며 살아 왔었다. 45세의 늦은 나이에 9남매의 막내로 박상륭을 출산한 어머니는 작가의 유년기에 여느 어머니와 같은 의미를 지니지는 못한 듯하다. 오히려 항상 앓아 누워계시던 어머니가 돌아가실까봐 죽음의 두려움과 맞서 살아온 작가의 유년 시절은 일찍이 허무주의자의 길로 그의 사유 체계를 길들이기 시작했고, 화현된 세계의 리얼리티는 죽음밖에 없다는 작가 특유의 세계관을 형성하게 만든 것이다. 이는 결국 그의 삶이 '문학적'이기보다 다분히 '종교적' 편향을 지니게 한 원천이 되었고, 그리고 죽음이라는 부조리함에 맞서는 그의 의식은 필연적으로 실존적 지향을 드러내게 되는 것이다. 이러한 작가의 죽음에 대한 독특한 인식은 초기작인 〈아겔다마〉에서부터 매우 자극적으로 표현되고 있으며, 그의 모든 텍스트 속에서 지속적으로 구현되고 있음을 주목해야 할 것이다.

〈아겔다마〉는 다소 광기에 어린 가학적인 성의 탐닉과 직접적인 살육은 아닐지라도 방기적 살육을 행하고 있음을 다음에 제시한 인용문을 통해 확인할 수 있다.

> 노파가 정신을 차릴 수도 없는 빠른 사이에 노파의 치마가 찢겼다. 다음엔 속옷 찢기는 소리가 그 방의 벽에 살점처럼 튀겼다. 노파는 있는 힘을 다해 발을 구르고 꼬집고 고함을 질러 반항해보았지만, 끝내는 오른편 팔을 분질려 기절하고 말았다.
>   유다는 이번엔 자기의 바짓자락을 찢었다. 가랑이에 붙었던 흙이 부스스 떨어졌다.
>   그리하여 그는 짐승의 한계에서도 더 아래쪽 길을 처벅처벅 걸어댔다. …(중략)…

"자 받아라. 은 삼십 세겔이다. 몸값이다, 몸값이야." 유다는 스가랴의 팸플릿 위에 있던 꾸러미를 노파의 가슴팍에다 거칠게 던졌다. 그리고 유다가 다 탄 초 동강이의 불을 끄려 할 때, 그 사마리아의 여인은 유다가 보는 앞에서 자기의 혀를 콱 깨물었다. 촛불도 꺼졌다. 새벽빛이 방안에 넘쳤다.

그리고 잠시 후, 초 동강이의 심지가 굳어질 때쯤엔 그 노파도 운명했다. 눈은 뜬 채였다. 그 뜬눈 속에도 새벽의 어슴푸레함은 사양없이 파고들었다. (15~17쪽)

〈아겔다마〉에서 선행텍스트와의 차이를 보이는 일차적 요소는 '늙은 노파'라는 인물의 설정이다. 박상륭은 선행텍스트에서는 전혀 나타나지 않는 노파를 새로운 인물로 등장시키고 있다. 그리고 그녀와의 사이에서 벌어지는 가학적 성행위와, 노파와 유다 자신의 죽음으로 이어지는 비극적 사건 속에서 예수를 은 삼십 세겔에 팔아넘기고 그의 죽음을 목격함으로써 정신적 공황에 놓이게 된 유다의 내면적 상태를 매우 정치精緻하게 그려가고 있다. 노파는 가룟 유다에게 어머니와도 같은 존재로 설정되어 있다. "사실 유다 쪽에선 아버지나 어머니의 얼굴도 기억할 수도 없는 채 가룟 땅으로부터 각 곳을 쓸쓸한 심정으로 진전하던 차"(11쪽)에 역시 "노인 부부들 쪽에서도 옛날에 아들이 하나 있었으나, 집시패들이 스쳐지나간 뒤 종적이 묘연해 시름겹고 적적함이 더욱 뼈저린 참"(12쪽)에 그들은 자연스럽게 가족처럼 지내게 된 것이다. 그리고 토기장이 영감의 사후에도 유다는 노파를 떠나지 않았으며, 오히려 언제나 몇 푼의 돈꾸러미를 가져와 노파의 생계를 책임졌고, 늘상 그 이마에 가벼운 입맞춤까지 함으로써 상냥하고 인정 많고 믿음직스러운 존재로 자리매김하고 있었다. 그러나 이 순간 노파는 유다의 가학적 성적 대상으로 처참하게 짓밟히고 만다.

유다는 노파의 모습에서 순간적으로 십자가를 진 예수의 뒤를 따르던 막달라 마리아의 치맛자락을 연상하게 된다. 그는 십자가를 뒤쫓아 가던 막달라 마리아에게 창끝으로 치맛자락을 들추던 로마 병정의 모습을 떠올린다. "팽팽하고 물큰해 보이는 두 가랑이가 창끝에 의해 들쳐져 보였을 때"(15쪽) 그는 참을 수 없을 정도로 숨을 헐떡였던 순간을 떠올리며 그 욕정을 노파를 통해서 광포하게 해갈한다. 그런데 이 순간 노파에 가해진 유다의 성적 폭력은 한때 자신이 믿고 숭배했던 '푸른 눈의 사내'(예수)에 대한 실망의 표출로 이해해야 할 것이다. 즉 자신의 기대가 무너진데 따른 일종의 보상적 차원에서, 그리고 그에 대한 경멸의 극단적 행동으로 막달라 마리아를 범하는 환상을 품게 된 것이고, 그러나 자신의 앞에 실재하지 않는 마리아의 이미지 중첩으로 나타난 노파를 성적으로 범하게 된 것이다. 따라서 노파에 대한 강간은 마리아에 대한 강간이자, 예수에 대한 경멸적 심리의 간접적 표출인 셈이다. 그동안 열렬히 추종했던 푸른 눈의 사내에게서 자신이 소망했던 갈증을 해갈하지 못한데서 기인한 반대급부의 표출이 노파에 대한 강간으로 나타나고 있는 참으로 뜻밖의 사건인 셈이다.

그러면 예수에 대한 유다의 배반은 무엇에 기인한 것인가? 배반의 궁극적 원인은 애초에 유다의 지향과 예수의 지향이 달랐음에 근거함을 인식해야 한다. 한때나마 예수에게서 위로를 얻고 추종하였던 유다의 궁극적 지향은 예수처럼 천상적인 것에 있지 않았다. 일종의 정치적 메시야의 출현을 갈망했으며, 메시야의 시대가 도래한 이후 차지하게 될 정치적 보상을 염두에 두고 있었기에 시간이 지날수록 그 기대가 멀어지고 있음에서 유다의 배반은 필연적일 수밖에 없었던 것이다. 그는 철저히 지상적인 것을 열망하고 있었다. 우리는 박상륭이 이러한 유다의 열망을 태생적인 것으로 설정하고 있다는 점을 간과해서는 안 된다. 즉 태생적으로 '사팔뜨기 눈'의 기형적 외양을 지니고 있는 유다의 인물 설정에서 우리는 선행텍스트와의 또 다른 차이를 발견할 수 있는데, 이것은 유다의 상반된 두 가치에 대한 내적 갈등과 아울러 궁극적인 지향이 지상적인 것에 좀 더 치중되어 있음을 암시하고자 한 패러디스트의 계획된 의도임을 읽어낼 수 있어야 한다.

> 유다의 눈은, 오른쪽은 갈색으로 똑바로 보는데, 왼쪽이 사시斜視였다. 그런데 유다의 왼쪽 눈은 보통의 사팔뜨기와는 달라서 참으로 이상했다. 오른쪽이 갈색인 데 비해 왼쪽은 하늘색 바탕이라는 인상을 받았다. 그리고 그것은 위를 향해 시선을 보내는 눈이었다. (14쪽)

위를 향해 시선을 보내고 있는 하늘색 바탕의 눈은 천상적 가치를 지향하는 유다의 의식을 은유한다. 반면에 오른쪽을 똑바로 바라보고 있는 갈색의 눈동자는 현실을 응시하는, 즉 지상적 가치에서 벗어나지 못하고 있는 인식의 표상으로써 결과적으로 이러한 의식의 불균형이 예수에 대한 배반의 단초를 제공한다. 예수에 대한 기대의 불발은 필연적으로 열심당원들과의 교감으로 이어지고 당수 바라바에 대한 추종으로 전환되는데 이 역시 지상적 가치에 대한 열망을 태생적으로 품고 태어났기 때문에 나타난 자연스러운 귀착이다.

이처럼 박상륭은 선행텍스트에서는 찾아볼 수 없던 인물의 기형적 외형 설정을 통해 패러디스트로서의 의도를 드러내고 있다. 권위 있는 성서 주석가들의 견해에서도 유다의 배반은 일반적으로 예수와는 달리 지상적 가치에 기인함으로 설명되고 있다. 다시 말해서 '유대인의 왕' 예수에 대한 이해가 유다의 경우는 지극히 현실 정치적 차원에서 열망되고 있었으며, 이것에 대한 기대의 괴리에서 유다의 배반은 필연적이었던 것인데 박상륭은 이 점을 인물의 태생적 외양으로 묘사함으로써 보다 구체적으로 가시화시킨 것이다. 그런데 여기서 작가는 유다의 열망을 저속한 것으로만 폄하하고 있지 않음에 주목해야 한다. 오히려 유다의 지상적 열망을 태생적인 것으로 설정한 작가의 의도를 놓치지 말아야 한다. 이는 유다가 보편적 인간의 전형이기 때문이다. 유독 유다만이 지상적 가치에 함몰된 것은 결코 아니다. 그리고 유다만이 예수를 배반할 수 있었던 것은 더욱 아니다. 유다의 지상적 추구는 바로 현실의 우리 모습에 다름 아니며, 유다의 배반 또한 우리의 모습이라는 것에 작가는 주목하고 있다. 다시 말해서 지상적 가치와 천상적 가치 속에서 끝없이 갈등하고 고뇌하는 자아의 모습은 부조리한 세계를 살아가면서 끊임없이 고뇌하는 '세계 내 존재'로서의 실존적 인간의 모습이라는 것이다.

예수가 십자가형을 당한 엿새 후인 두 번째 안식일 새벽에 유다는 누군가 자신을 깨우는 사람이 있다는 느낌으로 서서히 의식을 회복한다. 그리고 유다는 예수와의 논쟁을 통해서 의식의 마지막 순간까지 치열하게 실존적 지향성을 드러내 보인다.

> "랍비여, 당신은 아버지 같으니이다."
> …(중략)…
> "도대체 당신은 무엇 때문에 나에게 오셨습니까?"
> …(중략)…
> "무엇을 나에게서 더 원하십니까?" (18쪽)

　유다는 누군가의 희고 가냘프며 부드러운 손이 자신의 이마를 짚고 있음을 느낀다. 또한 그 손은 왠지 얼음장처럼 차고, 바닥엔 가시라도 찔렸던 흔적이 오관에 의한 것이기 보다 그의 깊숙한 곳에 잠자고 있던 혼의 촉수처럼 느껴지면서 그의 심연을 자극한다. 유다는 먼저 예수의 존재를 아버지라고 시인한다. 이 첫 번째 유다의 고백을 결코 가볍게 넘겨서는 안 된다. 계속적으로 이어지는 유다의 논쟁은 예수에 대한 강렬한 반항심의 표출이며, 그 존재로부터 벗어나고자 하는 일탈의 몸부림이다. 그러나 그 모든 항명의 출발점에는 부인할 수 없는 진실, 즉 '당신은 아버지 같으니이다'라는 고백에서 출발한다. 유다는 누군가의 존재가 바로 푸른 눈의 사내인 예수임을 자각하는 순간, 그리고 그 존재의 거부할 수 없는 부드러움을 혼의 촉수로써 교감하는 순간 '진실되고도 그러면서도 분노를 썪어'(18쪽) 존재의 아버지됨을 시인할 수밖에 없게 된 것이다. 그리고 '깊은 사념에 잠기면서 꺼질 듯'(18쪽)한 목소리로 무엇 때문에 자신에게로 돌아왔는가를, 자신에게 무엇을 더 원하는 가를 뇌까리며 신 앞에 선 나약한 실존자의 고통스러움을 호소한다. 자신에게 주어진 배반자의 사명을 성실히 수행했음에서 오는 정신적 고통, 그리고 그 고통에서 결코 벗어날 수 없음을 자각함에서 느끼는 처절한 패배감으로 유다는 몸부림치고 있다. 그리고 유다의 앞에 나타난 예수는 그를 더욱 고통과 처절함으로 몰아감으로써 나약한 인간 존재의 실존적 고뇌를 극대화시키고 있는 것이다.

도대체 무엇을 자신에게서 더 원하느냐는 유다의 항변에 예수는 한결같이 '서른 세겔의 은銀을 되찾고자 함'이라는 말을 되풀이하고 있다. 잘 알려져 있다시피 유대 풍습에서 은 삼십은 '노예'의 대가이다. 그런데 유다는 예수가 은 삼십을 되돌려 받고자 한다는 것을 예수 자신이 결코 노예가 아님을 확증하려는 의미로 인식한다. 그리고 더 나아가 뒤늦은 이 때에 비로소 '유대인의 왕'임을 증명하려는 의도로 오해하면서 단호히 거부의 의사를 밝힌다. 유다에게 메시야는 철저히 지상적인 메시아다. 그럼으로써 이미 그 기대를 상실해버린 예수에게는 유대인의 왕이라는 지위가 어울리지 않으며, 은 삼십의 값어치에 해당하는 노예로밖에는 인식되지 않는 것이다.

마지막으로 유다와 예수의 이어지는 논쟁 가운데서 우리는 선행텍스트에서는 인지할 수 없었던 중요한 차이를 발견하게 되는데, 이는 정통 보수주의적 신학론과는 정면으로 배치되는 상당한 위험성을 내포한 사유 체계임을 주목해야 할 것이다. 우리는 바로 이 지점에서 박상륭이 지니고 있는 기독교적 세계관의 실체를 정면으로 맞닥뜨리게 된다.

> (1) "나는 당신의 아버지가 내 몫으로 지워준 십자가를 훌륭히 졌습니다. 그리고 당신도 약간의 비겁만을 제외하면 훌륭했습니다. 그것으로 당신과 나와의 일은 끝난 것입니다. 무엇 때문에 이제 또 나를 괴롭히려 하시오?" (18~19쪽)

(2) "당신은 나를 배반했었소. 그리곤 나로 하여금 당신을 배반하도록 충동시켰소. 당신은 '나와 함께 그릇에 손을 넣는 그가 나를 팔리라'하고 말했었소. 그러나 내가 어떻게 가장 존경하였던 당신을 배반할 생각을 꿈엔들 가져볼 수 있었겠습니까? 존경하지도 않으면서 덩달아 추종하는 그런 사내도 있을 줄 알았습니까? …(중략)… 이제 우리의 거래는 끝났습니다. 당신의 시인적인 기질이 당신을 비극적인 인물로 만들긴 했지만, 하여튼 선지자 이사야에 의한 당신의 자기 도취는 만족되고도 남았을 것입니다. …(후략)…." (22쪽)

두 인용문에서 각각 주목해야 할 표현은 '나는 당신의 아버지가 내 몫으로 지워준 십자가를 훌륭히 졌습니다'와 '이제 우리의 거래는 끝났습니다'라는 다소 의미심장한 유다의 언급이다. 이 두 문맥은 성서에서는 유사한 맥락을 찾아볼 수 없는 표현인데, 여기서 작가 특유의 기독교적 사유를 다시 한 번 되새겨보게 된다. 앞에서도 언급했듯이 정통의 보수 기독교적 사유 체계를 과감히 탈피하려는 반기독교적 사유의 체계, 즉 경외전經外傳적 사유 체계를 은밀히 만나게 된다.

복음서에서는 여러 차례 유다의 배반이 신의 섭리 가운데 계획된 것임을 암시하고 있으며, 또한 유다는 사악한 영의 조정에 의해 부정을 저지른 인물로 규정되어 있다. 즉 요한복음의 증언을 따르면 "내가 한 조각을 찍어다가 주는 자가 그니라 하시고 곧 한 조각을 찍으셔다가 가룟 시몬의 아들 유다를 주시니 조각을 받은 후 곧 사단이 그 속에 들어간지라"(요한복음, 13장 26-27절 중)라 했고, 누가복음에서는 "열둘 중에 하나인 가룟인이라 부르는 유다에게 사단이 들어가니"(누가복음, 22장 3절)라고 증언하면서 유다의 배반 자체를 용서받을 수 없는 사단의 행위로 일반화하고 있다. 그리고 유다에 대한 이와 같은 관점은 예수의 부활을 신앙의 정점으로 삼고 있는 오늘날의 기독교적 세계관에서는 절대 거스를 수 없는 진리로 전승되고 있다. 그러나 성서가 기록되던 당대에도 예수의 온갖 이적과 부활 사건에 대한 다양한 이설이 존재했고, 이러한 견해를 기록으로 남긴 문서가 있었음은 이미 알려진 사실이다. 물론 성서를 구성하는 단계에서 이러한 견해들은 위경으로 심판받아 오늘날 독자들의 관심 밖으로 밀려났고, 그 과정 속에서 문서 자체가 흔적을 잃어버린 경우가 허다하다. 또한 위경적 관점을 신봉하거나 이에 대한 논의를 진지하게 논의하는 것 자체가 기존의 기독교적 사유는 용납하지를 않았다. 그런데 박상륭의 텍스트는 유다의 배반과 배반에 따른 실존적 고뇌를 드러내는 그 언간에 매우 교묘하게 위경적 사유를 개입시켜 놓았음을 놓치지 말아야하는데, 그것이 바로 위에서 인용한 두 문맥이다. 말하자면 유다는 자신의 행위를 자신의 몫으로 야훼 하나님이 지워준 십자가를 짊어진 일종의 사명으로 말하고 있다. 즉 예수의 구속사라는 거대한 섭리 속에 분명한 역할을 감당한 정당성을 주장하고 있는 것이다. 아울러 '이제 우리의 거래가 끝났습니다'라는 표현은 자신의 행위가 예수와의 은밀한 거래로 사전에 계획된 것이었으며, 그렇기에 다른 사람들은 오해할 수 있는 사건이라는 의미를 내포하고 있는 것이다. 이것은 충분히 신학적 논쟁을 불러일으킬만한 문제의 소지를 안고 있는 발상인데, 박상륭은 과감히도 그 논쟁의 한가운데를 파고 들어가 유다의 손을 들어주고 있는 것이다.

이 부분에서 우리는 박상륭의 기독교적 사유 체계가 서구 기독교 사상 가운데서 이단시되고 있는 영지주의靈智主義, 즉 그노시스 종파의 세계관과 맥이 닿고 있음에 주목해야 한다. 그노시스주의 자들은 정통 그리스도교의 세계관과는 상당히 이질적인 면모를 보인다. 당대에는 그노시스파 내에서도 상당히 다양한 종교 집단 이 있었고, 그 유파들 가운데 일부는 〈유다복음〉의 존재를 믿었고 그에 따른 구원관을 피력하고 있었음은 이미 신학적으로도 알려진 사실이다.[15] 그런데 그동안 구전으로만 그 존재가 전해지고 있던 〈유다복음〉이 발굴되어 그 내용이 밝혀짐으로써 우리는 유다에 대한 영지주의적 관점의 태도를 발견할 수 있는데, 이 점에서 〈아겔다마〉에 나타난 작가의 기독교적 사유가 상당히 영지주의자들의 그것과 닮아있음을 재차 확인할 수 있다.[18] 즉 〈유다복음〉에 나타난 유다의 배반은 기존 복음서의 관점처럼 수치스러운 행동으로만 서술되어 있지 않다. 앞에서도 지적했듯이 복음서들 속에 나타난 유다는 열두 제자 가운데 언제나 악인으로 간주되었고, 그가 예수의 배반자였음을 예외 없이 증언하고 있다. 그러나 만약 예수가 이 세상을 구원하기 위해 십자가 위에서 죽는 것이 피할 수 없는 운명이었다면, 그리고 구약 시대로부터 꾸준히 예언된 것처럼 누군가의 배반에 의해 예수가 적들에게 넘겨

---

15. 2세기 후반 리옹의 주교였던 이레네우스의 「이단들을 반박함」이라는 논문에서 그는 〈유다복음〉의 존재를 최초로 증언하고 그것의 위험성을 고발하고 있다. 이점을 통해 볼 때, 〈유다복음〉의 전승은 상당히 오랜 역사성을 지니고 있는 것으로 볼 수 있으며, 따라서 박상륭의 경우도 〈아겔다마〉의 창작에서 이러한 영지주의적 전승을 상당부분 차용했을 것이라는 짐작을 가능하게 한다. 이레네우스의 논문에 대해서는 그레고르 부르스트의 「성 이레네우스와 유다복음」(로돌프 카세르·마빈 마이어·그레고르 부르스트, 김환영 역, 『예수와 유다의 밀약』, 내셔널 지오그래피, 2006, 108~121쪽.)을 참고하기 바란다.

겨야 할 예언이 성취되어야 했다면 유다의 배반은 악행이 아니라 예언의 성취와 세상의 구원을 위한 선행이었음 주장할 수도 있지 않겠는가? 바꾸어 말하자면 유다의 배반이 있었기에 예수의 죽음이 가능했으며, 죽음이 있었기에 예수의 부활이 가능했으며, 예수의 부활이 있었기에 인류의 구원이 성취되었음을 인정한다면 유다의 행위는 충분히 그 정당성을 지니고 있다는 관점이 그노시스주의자들의 견해이다. 그들은 유다의 배반이 "예수를 당국에 넘겨줌으로써 유다는 예수로 하여금 유한한 육신을 벗어나 영원한 고향으로 돌아갈 수 있게"[17]한 조력자의 행위로 인식한다. 그렇기에 유다에 대해 내려진 기존의 비난은 너무 가혹한 것일 수도 있다는 것이다. 바로 이러한 영지주의적 사유 체계가 '나는 당신의 아버지가 내 몫으로 지워준 십자가를 훌륭히 졌다'는 고백과 '이제 우리의 거래는 끝났습니다'라는 미묘한 표현에 숨겨져 있는 것이다. 작가는 유다의 배반이 단순히 지상적 가치에 몰두

---

16. 물론 박상륭이 〈아겔다마〉를 창작할 당시에는 우리에게 〈유다복음〉의 존재가 알려져 있지 않았다. 다만 〈유다복음〉이라는 상당히 위험한 내용을 담고 있는 경전이 초기 기독교 시기에 전승되고 있었음이 2세기 후반 리옹의 주교였던 이레네우스의 명저 「이단들을 반박함」에서 다루어지고 있다. 따라서 그 세부적인 내용은 비록 최근에 우리들에게 모습을 나타내고 있지만 〈유다복음〉의 존재 내지는 개략적 사상은 단편적으로나마 전승되고 있었기에 작가의 창작에 어느 정도 모티프를 제공할 수 있었으리라 여겨진다. 또한 작가의 절친한 친구였던 이문구의 증언에 따르면 박상륭은 습작 시절을 '사서삼경', '신구약서', 번역한 '팔만대장경' 등을 독파하는데 상당히 심혈을 기울였던 것으로 되어 있다. 이런 점들을 종합해 볼 때, 박상륭은 작품을 구상함에 있어서 복음서의 문맥에만 매달린 것이 아니라 작가적 상상력을 매우 심도 깊게 전개시켰으며, 그것이 최근에 발견된 〈유다복음〉적 사유와도 상당히 맥이 통하고 있다는 점에서 작가의 영지주의적 기독교 인식의 특성을 추론할 수 있다.
17. 바트 D. 에어먼, 「정통 그리스도교에 대한 도전: 유다복음이 제시하는 또 다른 관점」, 로돌프 카세르·마빈 마이어·그레고르 부르스트 공역, 위의 책, 89쪽.

하고 은 삼십 세겔의 물질에 눈 먼 자의 배반으로 읽혀져서는 안 된다는 점을 드러냈다. 오히려 예수와 유다 사이의 숨겨진 관계를 암시하는 가운데 유다의 내적 갈등에 좀더 심도 있게 접근함으로써 존재자로서의 고뇌와 그 고뇌의 끝에서 도달하게 된 실존적 한계를 이야기하고 있는 것이다.

* * * * * * * * * *

본고는 박상륭의 〈아겔다마〉를 텍스트로 삼아 작가의 기독교적 사유 체계를 밝혀나가는 단초를 제공함에 그 목적을 두었다. 이것은 다양한 종교적 사유가 얽혀있는 박상륭의 전작全作을 이해함에 있어서 하나의 방편을 찾는 의미가 있을 것이다. 또한 그의 초기작에서부터 최근작에 이르기까지 기독교적 사유는 다른 어떤 종교적 사유보다도 작가의 인식에 깊이 뿌리내리고 있다는 점에서도 의미 있는 연구라 생각된다.

이를 위해서 〈아겔다마〉를 패러디적 기법에 근거하여 선행텍스트인 성서모티프와 엄밀히 비교·분석함으로써 작가의 사유 체계에 접근하고자 했다. 즉 선행텍스트와의 반복된 지표를 통해 작가가 중요하게 간주하는 요소와, 아울러 선행텍스트와 '차이'를 보이는 지표, 혹은 선행텍스트에는 나타나지 않았던 요소들의 재해석을 통해 작가의 독특한 기독교적 사유 체계를 밝혀내고자 한 것이다.

이러한 과정을 통해 종합해 볼 때, 박상륭은 성서에서 부정적 평가를 받고 있는 가룟 유다에 대한 독창적인 재인식의 관점을 보여주고 있다. 그동안 예수의 행적 중심에서 기술되었던 보수적 정통 신학의 관점을 과감히 벗어나서 철저히 유다의 내적 관점으로 그날의 사건과 의미를 재해석함으로써 독자들로 하여금 선행 텍스트와는 상당히 거리를 갖게 하였다. 그리고 이러한 관점은 그동안 이단시되었던, 그래서 정경에서 다룰 수 없었던 영지주의적 태도를 작가가 자신의 기독교에 대한 인식 체계의 본바탕으로 삼고 있음을 드러낸 것으로 결론지을 수 있다. 한편 이러한 작가의 기독교적 사유는 〈아겔다마〉 이후로도 그의 또 다른 작품들 속에서 지속적으로 형상화되고 있음에 우리는 주목해야 한다. 이것은 결국 작가의 기독교적 세계관이 정통 신앙의 울타리를 뛰어넘는 경계에 서 있는 것임을 논증하는 것이다.

6장. 현실적 역사인식에 기초한 빌라도의 생애
- 백도기의 〈본시오 빌라도의 수기〉

1. 백도기 소설의 현실 지향성의 근원

서울신문 신춘문예에 단편소설 단편 〈어떤 행렬〉(1969)이 당선되면서 본격적인 문단활동을 시작한 백도기白道基는 이후 〈골짜기의 종소리〉(현대문학, 1970), 〈은제의 십자가〉(새생명, 1970), 〈젊은 나목〉(월간문학, 1971), 〈아벨의 피〉(월간문학, 1972)를 비롯하여 그의 대표작이라 일컫기에 결코 주저함이 없는 《청동의 뱀》(문학과 지성, 1974)에 이르기까지 명실상부 한국 기독교 소설의 대표적 작가로 오늘에 이르고 있다. 여기에 열거한 이외에도 그의 작품집에 수록된 대부분의 소설들은 단순히 호교적 차원에서의 기독교 소실적 특성을 담고 있다기 보다는 한국의 기독교가 현실의 당면 문제, 즉 인간 삶의 제약적 조건들에 대해 얼마나 심각한 고민을 보여주는가에 대한 진지한 성찰의 자세가 돋보인다. 특히 《청동의 뱀》과 같은 경우에는 제도화된 기독교에 대한 신랄한 자기 성찰이 작가 자신의 다른 작품들보다도 더욱 두드러짐은 물론이거니와, 동시대 기독교 작가로 분류되는 여타의 작가들에 비해서도 현저한 차이를 보여준다는 점에서 본격적인 기독교 소설의 가능성을 충분히 담지하고 있는 소설로 평가된다.[1]

이와 같은 백도기 기독교 소설의 현실 지향적 가치 추구는 6·25 당시 목사의 신분으로 순교하신 부친의 영향과 아울러 한국의 신학적 풍토에서는 다분히 진보적 성향이 농후한 한국 신학대학에서 신학적 토대를 닦은 데서 연유한다는 점을 간과할 수 없다. 우선 전자의 경우처럼 작가의 성장기 원체험은 유년의 백도기에게 참된 목회자상과 진정한 기독교의 방향에 대한 나름의 잣대가 되었음이 틀림없다. 즉 부친 백남용白南鏞은 작가에게 있어서 "진정한 삶의 모형으로 비치는" 사표로써 "어린 시절부터 아버지처럼 살겠다는 의지"를 지니게 한 모본이었다.[2]

---

1. 백도기의《청동의 뱀》에 내재된 현실에 대한 기독교의 실천적 지향성에 대해 문용식은 "그의 소설 대부분은 인간의 내부를 비판적으로 성찰하는 가운데 사회구조에 내재해 있는 부조리한 현실을 비판적으로 드러내고 반성"한다는 점에서 기독교 소설로서의 독창적 특성을 지니고 있다고 전제하면서, "작품을 통해 드러나는 훼손된 현실 속에서 타락한 실존을 인식하고 신앙을 회복하는 주체 인식의 문제"라는 점에서 그의 소설의 본령을 찾고 있다.(문용식,「백도기의《청동의 뱀》에 나타난 주체 인식의 과정 고찰」,『문학과 종교』제13권 2호, 한국 문학과 종교학회, 2008, 97쪽.) 마찬가지로 임영천과 김봉군도 이 소설에 대해서 산업화로 인해 급속히 물질화되어 가는 세태, 그리고 이러한 세태 그대로를 소설적 대상으로 껴안고 있는 한국판〈카라마조프가의 형제들〉이라고 평가했다.(임영천,『기독교와 문학의 세계』, 대한기독교서회, 1991, 88쪽. 김봉군,「패륜의 카오스와 어둠 속의 중개자」,『한국소설의 기독교 의식 연구』, 민지사, 1997, 237쪽.) 대체적으로《청동의 뱀》에 집중되고 있는 이러한 문학적 논의들은 백도기의 소설이 기독교의 문제를 현실과의 대응 관계 속에서 비판적으로 접근하고 있다는 점에서 공통된 인식을 보여주는 평가들이다. 그리고 이러한 문학적 특질이《청동의 뱀》에만 국한되지 않고 그의 소설 전반에 걸쳐 나타나고 있다는 점은 이론의 여지가 없을 것이다.
2. 백도기,「작가노트-더 많은 '열림'을 위하여」,『우리시대 우리작가』15, 동아출판사, 1987, 419쪽.

아버지는 목사인데, 해방되고 난 후 입법의원으로 잠시 정치에도 관여하셨었다. 해방되던 날 의자를 놓고 그 위에 올라서서 천정 한 귀퉁이를 찢어내고 그 안으로 손을 디밀어 태극기를 꺼내 들고서 부둥켜안고 울던 모습이 생각난다. 그는 신념대로 정직하게 살다가 저 사람들에게 잡혀가서 학살당하였다. …(중략)…

아버지는 전라도 대토호의 아들이었다. 그러나 그는 여섯 살 때 학문은 도저하지만 문자 그대로 집안에 들어와 서발막대를 휘저어도 살림살이 하나 거칠 것이 없는 가난한 집으로 양자를 갔다. 그는 일본으로 유학을 가서 두엄자리에 내다버린 죽은 고양이를 갖다가 삶아먹을 정도로 고생을 하다가 어느 학생결사 사건에 관련되어 스카모에 갇혀 있었는데 그때 반전反戰운동을 하다가 들어온 우치무라 간조의 제자를 만나서 기독교 신학에 물들어 신앙에 귀의하게 되었다. 그러다가 6·25 때 순교한 것이다.[3]

작가가 아버지에 대해 회상한 짧은 글에서도 알 수 있듯이 그의 부친은 민족의식이 투철한 지식인이었으며, 그러한 신념을 고수하다가 끝내 1950년 음력 8월 16일 지금의 김제 형무소 자리에서 순교까지 당한 인물이었다. 일제 치하의 유학생 신분으로 학생결사에 가담을 했다거나, 해방 정국의 현실 정치에 입법위원으로 관여했다는 등의 부친의 행적들은 어린 백도기에게 현실 지향적 성향을 길러기는 밑기름으로 작용하기에 충분했을 것으로 심작된다. 또한 해방되던 날 숨겨 둔 태극기를 꺼내들고 부둥켜안고 우시던 부친의 모습이 작가의 의식에 깊게 각인되어 있다는 점, 그리고 신앙적 양심을 고수하기 위해 순교까지 마다하지 않은 아버지의 마지막 모습은 작가의 인생에서, 그리고 그의 문학

---

3. 위의 글, 419~420쪽.

적 지향에서 숨김없이 드러나기에 모자라지 않았을 것이 분명하다. 물론 작가에게도 신앙에 대한 깊은 회의가 전혀 없었던 것은 아닌 듯하다.

> 나는 그 당시 부모로부터 물려받은 나의 신앙에 대해서 깊은 회의에 빠져 있었다. 그것은 카뮈나 사르트르의 영향이었고, 내가 부딪치고 있는 이 세상의 모호함과 낯설음과 어이없음 때문이었다. 나는 아버지가 그 신神을 위해 목숨을 바쳤음에도 불구하고, '신이 선하다면 그는 전능하지 않거나, 전능하다면 선하지 않은 것이 아닐까?'하는 회의에 사로잡혀 있었다. 내가 신학교에 갈 때까지 이 회의를 극복했던 것은 아니었다. 들어가서 부딪쳐 봐야겠다고 생각했던 것이다.[4]

백도기 기독교 소설의 현실 지향적 가치 추구가 부친의 영향으로부터 말미암은 것과 아울러 더욱 중요한 근원은 한국신학대학(現 한신대학교)으로의 진학과 맞물려 있다. 가난 때문에 대학 진학을 포기했던 작가가 1960년 서라벌예대 장학생으로 입학하였다가 곧 중퇴를 했지만, 이듬해 한국신학대학에 진학을 했다. 지금은 어느 정도 분위기가 달라졌지만, 조선신학교를 전신으로 한 한신대학교는 한국의 신학적 풍토에서는 진보적 성향이 상당히 농후하다고 자타가 공인하는 학풍을 자랑하고 있는 곳이다. 이를테면 이 대학의 설립부터가 보수적 신학의 틀에서 과감히 탈피하려는 면모를 발견할 수 있는데, 1952년 조선신학교에서 강의를 맡고 있던 김재준 목사가 '성서무오설聖書無誤說'과 '축자영감설逐字靈感說'을 부정하고 이른바 '성서유오설聖書有誤說'을 주장했다는

---

4. 백도기, 「작가연보」, 위의 책, 422~423쪽.

이유로 장로교 총회에서 제명당한 뒤 세워진 이력을 지니고 있다는 점이 그러하다. 그리고 이 학교가 속한 교단인 한국기독교 장로회는 창립 선언에서 '복음의 자유', '신앙 양심의 자유', '자조·자립의 함양', '에큐메니칼 정신의 철저' 등을 강령으로 세울 정도로 진보적 신학의 선두에 서 있는 교단이라는 점에서도 작가의 현실 지향적 가치는 그 근원을 짐작하기에 충분하다. 다시 말해서 백도기가 이러한 신학교육의 영향 아래에서 의식이 다져졌으며, 이후로 지금까지 이 교단 소속으로 사목 활동을 이어오고 있다는 점은 그의 문학적 지향과 결코 무관치 않다.[5]

또한 백도기는 신학생 시절 5·16 군사 쿠테타를 경험했는데, 이 비극적 사건이 일어난 날 아침에 서남동徐南同 교수가 아무렇지도 않게 수업을 진행하는 것에 대해서 '신학이란 이다지도 인간 역사와 무관한 것인가?'를 고심했다는 점, 그런데 이 교수가 드디어 민주투쟁의 선봉에 서서 해직교수가 되고, 감옥에 갔다 오고, 그 후유증으로 세상을 떠나는 일련의 사태 속에서 이러한 신학사상의 변혁이 백도기 자신에게 귀중한 문학의 동기와 이유를 제기해 주었다는 고백을 통해 볼 때 작가의 문학이 걸어 온 길을 충분히 가늠해볼 수 있다.[6] 그리고 이와 더불어 인용문에서도 나타나듯이 부모로부터 물려받은 신앙에 대한 깊은 회의, 즉 "아버지가 그 신을 위해 목숨을 바쳤음에도 불구하고, '신이 선하다면 그는 전능하지 않거나, 전능하다면 선하지 않은 것이 아닐까?' 하는

---

5. 민경배, 「한국 교회사」, 종교교재 편찬위원회편, 『종교현상과 기독교』, 연세대학교 출판부, 1978, 194쪽.
6. 백도기, 「작가연보」, 앞의 책, 423쪽.

회의" 속에서 다져진 신학적 문제의식은 관념으로서의 신이 아닌 현실적 가치를 실현하는 신과 종교를 추구했음이 명확해진다.

따라서 백도기 소설에 대한 기독교 소설사적 평가도 현실의 부패와 부조리에 대한 기독교인의 자기 성찰과 비판적 인식이라는 점에서 대부분의 의견이 일치하고 있다. 단적인 예로 성민엽은 진정한 의미의 기독교 문학을 백도기의 소설에서 찾고 있다. 그는 기독교 문학이란 '기독교 신앙과의 대결을 통해 암묵적으로 존재하는 진정한 신앙을 추구'함이라는 송상일의 주장을 전제로 하여, "제도화된 종교로서의 기독교에 대한 비판과 부정"의 정신이 반영된 문학, 그리고 "기독교적 세계관에 의한 인간 존재의 실존적 및 사회적 조건에 대한 성찰이 우리 모두의 '보편적인 삶의 문제성'으로 확대"되고 있는 문학으로 정의하고 있다. 그리고 이러한 두 가지 정신이 백도기의 소설에 이르러 긍정적 모습으로 드러난다고 평가하면서 그에게서 한국 기독교 문학의 가능성을 예견하고 있다.[7] 이러한 논지는 김병익의 평가에서도 동일하게 나타난다. 김병익은 "백도기의 소설은 목사라는 특수한 신분을 통해 우리 모두의 삶, 그 삶을 괴롭히는 이 세계의 진상을 폭넓게 진술하고 있다"고 진술하면서, "기독교를 교회와 교역자의 울타리로부터 이 갈등의 현실, 비리의 세계 전체로 넓히고 있다"는 점에서 문학적 의미를 부여하고 있다.[8] 이러한 평가들을 종합하면 백도기는 그 자신 목회자라는 신분적 제약에도 불구하고 단순히 호교적 차원의 종교문학에 머물지 않고 오히려 제도화된 종교로

---

7. 성민엽, 「기독교 문학의 가능성」, 위의 책, 409~410쪽.
8. 김병익, 「고통의 의미와 세계의 인식」, 《청동의 뱀》, 현대사상사, 1976, 286~292쪽.

서의 기독교에 대한 신랄한 비판과 부정을 서슴지 않았다는 점에서, 그리고 인간 존재의 실존적·사회적 조건에 대한 성찰을 바탕으로 우리 모두의 삶을 괴롭히는 이 세계의 진상을 폭넓게 진술했다는 측면에서 한국 기독교 소설사의 비중 있는 작가로 규정할 수 있는 것이다.

백도기가 발표한 다수의 기독교 소설들 가운데 복음서의 전승을 선명히 인지할 수 있는 두 편의 소설이 있다. 그 하나가 1978년 『기독교 사상』에 연재한 후 이듬해 단행본으로 출판한 장편소설 《가룟 유다에 대한 증언》(전망사, 1979)이고, 또 다른 하나는 1986년에 발표한 단편소설 〈본시오 빌라도의 수기〉[9](문학사상, 1986.12)이다. 작가는 《가룟 유다에 대한 증언》에서 메시아로서의 '예수'와 배반자 '가룟 유다'라는 성서상의 두 인물을 통해 '사랑'이라는 이념과 '정의'라는 규범의 대립을 부각하여 궁극적으로 인간을 구원할 윤리적 지표는 무엇인가에 대해 문학적 상상력을 확대한 바 있다.[10] 그런데 이로부터 불과 10년이 지나지 않은 시점에 또다시 동일한 전승을 근간으로 하는 소설 〈본시오 빌라도의 수기〉를 발표한 것이다. 이 두 텍스트는 우선 분량 면에서 전자가 장편이었음에 비해 후자는 단편으로 구성되었다는 점, 그리고

---

9. 백도기가 1986년 12월 『문학사상』에 발표한 소설의 제목은 〈본시오 빌라도의 手記〉로 명기되어 있다. 그러나 개신교에서 번역한 신약성서에는 '본시오 빌라도'가 아닌 '본디오 빌라도'(Pontius Pilate)로 일관되게 표기되어 있다. 개신교 목사인 작가가 굳이 '본디오'를 '본시오'로 명기한 데에는 나름의 이유가 있을 것인데, 이는 추후 작가의 입을 통해 확인해보아야 할 점이다. 본고에서는 소설의 본문과 제목을 인용함에는 '본시오 빌라도'라 하겠지만, 서술 과정에서는 신약성서의 방식을 따라 '본디오 빌라도'라 표기할 것임을 미리 밝혀둔다.
10. 황효숙, 「한국 현대 기독교 소설 연구-1960~70년대 소설을 중심으로」, 경원대학교 박사학위논문, 2008, 40~41쪽.

전자가 '시므온'이라는 가상의 인물을 통해 서사가 전개된 반면 후자는 '빌라도'라는 성서상의 등장인물이자 역사적 실존인물을 화자로 설정하여 서사를 진행하고 있다는 점에서 뚜렷한 차이를 보인다. 또한 전자가 예수를 팔아넘긴 '가룟 유다'에 초점이 맞추어졌다면, 후자는 예수를 처형한 '본디오 빌라도'에게 초점이 맞추어진 점에서 차이가 있다. 그러나 두 소설 모두 예수의 죽음과 직결된 문제적 인물, 즉 후대 기독교의 역사에서 가장 심각한 비난에 직면한 인물들에 대한 나름의 변호라는 점에서 흥미롭다.

본고는 이 두 텍스트 중에서 〈본시오 빌라도의 수기〉에 주목하고자 한다. 백도기는 매우 흥미로운 인생을 살았으면서도 그간 대중의 관심에서 비껴있었던 빌라도를 서사의 전면에 등장시킴으로 예수의 죽음과 부활을 둘러싼 그 며칠간의 인간적 고뇌와 씻을 수 없는 회한을 형상화하고 있다. 그리고 고뇌하는 빌라도의 모습 속에서 이 시대의 권력과 책임이라는 문제에 대한 역사적 고민을 드러내고 있다. 그러나 이 소설에 대한 그간의 연구는 너무나 미약했다. 다만 이동하의 몇몇 평론들에서 이 소설에 대한 개략적 소개가 있었을 뿐이다.[11] 따라서 본고에서는 백도기의 텍스트를 빌라도와 관련된 복음서를 포함한 다양한 전승들과

---

11. 이동하는 세련되고 단아한 문체, 인간에 대한 깊고 섬세한 통찰, 속악한 현실에 대한 치열한 비판 의식, 그리고 예수 시대 및 초기 기독교 시대의 역사와 풍속에 대한 해박한 지식으로 인한 상당한 수준의 리얼리티의 확보에 따른 디테일한 전개 등에서 이 소설이 지닌 미덕을 찾고 있다. 한편 이와 같은 미덕에도 불구하고 의표를 찌르는 독창적 상상력의 부재에서 한계를 지적하며, 때문에 이 소설이 김동리의 〈사반의 십자가〉보다 떨어지고, 카잔차스키의 〈그리스도 최후의 유혹〉과 보리슬라프 페키치의 〈기적의 시간〉, 엔도 슈사쿠의 〈사해 부근에서〉보다도 떨어진다는 부정적 평가를 내려놓았다.(이동하,「〈본시오 빌라도의 수기〉와 관련된 몇 가지 단상」,『한국 소설과 기독교』, 국학자료원, 2003, 25쪽.)

의 상호 텍스트적[12] 관계에서 비교·분석함으로써 이 소설이 지닌 기독교 소설로서의 가치를 일차적으로 규명해 낼 것이다. 그리고 이러한 상호 텍스트적 분석을 바탕으로 백도기 문학의 본류적 특성이라 할 수 있는 문학의 현실 지향성에 대한 규명, 즉 권력과 책임의 상관성이라는 역사 인식에 근거한 작가 의식의 본질을 궁극적으로 규명해 냄으로써 작가가 지닌 기독교적 세계관의 실체에 도달하고자 한다.

2. 빌라도와 관련한 전승들과 텍스트의 서사적 연계성

기원전 63년에 폼페이 장군의 팔레스타인 입성과 함께 유대 전

---

12. 본고에서 텍스트 분석의 틀로 제시한 '상호 텍스트성'은 하나의 텍스트를 결코 독자적이거나 독립적인 개체로 인정하지 않는다는 전제에서 출발한다. 즉 모든 텍스트는 인용의 모자이크로 구성되며, 다른 텍스트의 흡수이자 변형으로 파악함으로써 텍스트의 체계를 개방적으로 열어놓고 있는 개념으로 이해해야 한다.(Julia Kristeva, 「말, 대화, 그리고 소설」, 여홍상 엮음, 『바흐친과 문학 이론』, 문학과지성사, 1997, 237쪽.) 이 개념을 고안한 줄리아 크리스테바(J. Kristeva)는 텍스트 사이의 상호관련성을 어느 한 발화가 화자나 청자와 맺고 있는 '수평적' 관계와, 그 이전 혹은 동시대적인 다른 발화와 맺는 '수직적' 관계로 구별하면서 특히 후자의 상호 관련성에 주목하고 있다. 이러한 측면에서 보자면 백도기의 〈본시오 빌라도의 수기〉는 이전 시대의 다양한 복음서 전승과 유대 역사적 전승까지 폭넓게 수용하고 있다는 점에서 상호 텍스트적 고찰이 매우 적확한 텍스트로 규정할 수 있을 것이다. 그리고 상호 텍스트성은 좁은 의미에서는 다른 텍스트가 인용이나 언급의 형태로 명시적으로 드러나 있는 경우를 가리키고, 가장 넓은 의미에서는 텍스트와 텍스트, 주체와 주체 사이에 작용하는 텍스트가 쓰여진 모든 시대의 지식, 그리고 당대에 통용되고 있는 모든 담론의 형식, 즉 역사나 철학·과학·예술 등을 가리키는 것으로 이해된다.(이미란, 『한국 현대소설과 패러디』, 국학자료원, 1999, 24쪽.) 이러한 두 가지 특성은 본고의 대상인 백도기의 텍스트에 자명하게 드러나고 있는 양상이며, 따라서 본고는 이 두 가지 상호 텍스트성의 특성에 근거하여 분석을 시도할 것이다.

역은 로마의 통치하에 들어갔다. 그러나 로마의 집권층은 필요한 경우 이외에는 로마로부터 멀리 떨어진 지역의 통치를 위해서 자신들의 행정적·군사적 자원의 투입을 자제한다는 원칙을 세워두었다. 때문에 유대 지역은 로마의 세력권에 놓인 이후에도 약 20여 년 간(63~40 BC)은 과거 이 지역을 통수하고 있던 하스모니안 왕조에게 내정의 권한이 위임되어 있었다. 그러나 이들 왕조가 점진적으로 정치적 힘을 잃어가던 시기에 이두매 출신인 헤롯의 부친이 유대 정치에 간섭하기 시작했고, 결국 로마 집권층의 후원을 등에 업은 아들 헤롯 시대에 이르러 본격적인 '왕'으로서 권한이 행사되었다. 그렇지만 헤롯의 아들 아켈라오가 그 무능함으로 인해 추방당하자(AD 6), 로마의 집권층은 비로소 총독과 군대를 파송함으로써 유대지역에 대한 직접적 통치권을 행사했다. 따라서 기원후 6년부터 유대 전쟁이 발발한 66년 사이에 무려 14명의 로마 총독들이 파견되었는데, 그 가운데 신약성서에는 본디오 빌라도(Pontius Pilate)와 더불어 사도 바울의 체포와 투옥에 관련된 안토니우스 벨릭스(Antonius Felix)와 포르시우스 베스도(Porcius Festus) 등 세 명의 총독이 언급되어 있다.[13]

이 세 사람의 로마 총독들 가운데 복음서에서 가장 큰 문제성을 내포한 인물은 단연 본디오 빌라도일 것이다. 그는 기원후 26년부터 36년 사이에 유대와 사마리아의 책임자로 파견된 인물로서 복음서의 전승에 의하면 예수의 사형을 판결하고 집행하여 후대 기독교인들에게 영원히 지울 수 없는 악명으로 유전되고 있

---

13. Steve Mason, 유태엽 역, 『요세푸스와 신약성서』, 대한기독교서회, 2002, 142~143쪽 참조.

다.[14] 아마도 기독교의 전승에서 가장 부정적으로 묘사되고 평가받는 인물이라면 스승인 예수를 팔아넘긴 가룟 유다와 더불어 빌라도가 단연 으뜸일 것이다. 이런 점에서 백도기가 〈본시오 빌라도의 수기〉에서 빌라도를 서사의 전면에 등장시켜 놓은 점은 여러모로 독자들에게 호감을 불러일으키기에 충분한 전략적 선택임이 분명하다. 이 소설은 개략적으로 다음과 같은 서사를 보여주고 있다.

유다와 사마리아와 이두매아 지방의 총독으로 재임하던 빌라도는 자신의 재임 중 수많은 인명人命에 사형을 언도했음에도 유독 나자렛의 청년 예수의 죽음에 대해서는 특별한 기억과 회한을 지닌 채 살아오고 있다. 이 소설의 서사는 로마 총독으로 재임하던 시절 나자렛 예수에 대한 사형을 승인하였던 빌라도가 그 사건으로부터 이십 구년이 지난 시간에 당시의 비망록을 뒤척이며 고통스러운 자기 변명의 글을 남기는 장면에서 시작하고 있다. 빌라도는 사랑하는 아내 클라우디아 프로큐라의 간곡한 당부에도 불구하고 마치 갈가마귀 웃짖는 듯한 소리로 아우성치는 대제사장들과 민중들의 요구에 굴복하여 예수를 십자가에 못 박아 죽음에 이르게 하고 말았다. 비록 예수에게서 어떠한 죄목도 발견할 수 없었지만, 로마 총독의 지위를 지켜내기 위해서, 그리고 결단코 황제의 뜻에 반하는 빌미를 제공해서는 안 되는 당대의 복

---

14. 이 시기 로마의 황제는 티베리우스(AD 14~37)였고, 유대의 대제사장은 요셉 가야바(AD 18~37)가, 그리고 갈릴리와 뵈레아의 통치권은 헤롯 안티파스(4 BC~AD 39)가 행사하고 있었다. 따라서 빌라도와 관련한 문학적 서사는 대개 이 시기의 역사적 정황과 맞물려 전개되고 있으므로 인물들 사이의 역학 관계에 대한 이해가 선행되어야 텍스트의 분석에 도움이 될 수 있다는 점을 밝혀둔다.

잡한 정치적 매커니즘 속에서 빌라도는 유대 군중들의 뜻에 굴복하고 만 것이다. 물론 그가 예수의 생명을 구명키 위한 나름 최선의 노력을 다한 것은 사실이다. 그럼에도 불구하고 절대 한 치의 물러섬이 없던 군중들의 함성에 예수의 생명을 내어 준 빌라도는, 이후 자신을 향한 세상의 비난에 무척이나 당혹스러움을 느끼게 된다. 즉 그 자신 예수의 구명을 위해 최선을 다했음에도 불구하고 '본시오 빌라도에게 고난을 받으사……'라고 끝없이 되뇌는 후대 기독교도들의 지탄에 인간적인 불만과 아울러 심리적 고충을 지닌 채 살아온 것이다. 예수의 죽음 직후 아내 프로큐라는 물론이고 예수의 사형을 집행했던 백인대장 말커스마저 메시아로서의 예수를 믿게 되는 회심을 지켜보면서 빌라도는 은연 중 자신이 죽음의 자리에 내어준 나자렛의 청년 예수에 대해 신의 아들일 수도 있다는 두려움과 자책을 지니게 되었다. 예수의 죽음 이후 그의 추종자들에 의한 잇단 소요가 황제 티베리우스의 귀에까지 들어가 결국 로마로 소환되어 죽음에 직면할 뻔했던 빌라도는 다행히 로마 도착 하루 전 황제의 급작스러운 죽음으로 처형을 면하고 이십 구년의 삶을 연장하여 이제 예순 둘의 나이에 이른 것이다. 그러나 빌라도는 차라리 그때 죽었더라면 좋았을 것이라는 괴로움 속에서 평생을 살아왔다. 그 이유는 시간이 흐를수록 자신의 실수를 더욱 명백히 의식할 수밖에 없었기 때문이다. 그런데 지금에 와서 이러한 자기 항변의 글을 남기고 스스로 목숨을 끊으려는 것은 아내의 죽음에 따른 것이다. 아내 프로큐라는 예수가 죽은 후로부터 지금껏 지하묘지(카타콤)에 숨어 다니며 기독교도들의 예배 모임에 참석했는데, 그 사실이 발각되어 결국에 황제 네로에 의해 십자가에 매달려 죽임을 당한 것이다. 그리고 주정뱅이에 미치광이 황제인 네로는 반역자와 이교도의 무리를 처형하는 그 경기장에 빌라도를 초대하여 아내가 죽어가는 장면 앞에서 난처함과 고통을 느끼게끔 명령했었다. 그러나 빌라도는 황제의 명을 어기고 그 자리에 가지 않았다. 그리고 드디어 지금 이 시간 자신이 거느렸던 다섯 노예와 시종 필립보에게 모든 재산을 골고루 나누어주고 그들을 노예의 신분에서 해방시킨 후 자결에 앞서 자기 옹호와 번민에 빠져든 것이다.

 이상의 서사는 복음서의 전승과 표면적으로는 유사성을 유지하고 있다. 이를테면 수많은 유대의 민중들과 대제사장이 예수를 빌라도의 앞으로 끌고 와서 십자가에 못 박아 사형시킬 것을 요구했다는 점, 이에 대해 빌라도는 수차례 예수를 놓아 줄 방도를 강구했다는 점, 그럼에도 불구하고 민중들의 소요에 위기를 느낀 빌라도가 결국 예수를 십자가에 못 박도록 승인했다는 점에서는 복음서의 전승과 동일하다. 그러나 백도기는 소설적 형상화의 과정 곳곳에 빌라도의 목소리를 통해 기독교의 일방적 전승과는 다른 시각에서 문제를 제기하고 있다. 바로 이 부분들에서 우리는 작가의 남다른 기독교적 사유를 발견할 수 있는 것이며, 아울러 시대적 모순에 직면한 권력의 정당성을 고민하는 백도기의 성찰을 읽어낼 수 있다.

* 〈표1〉 : '빌라도'의 재판 과정에 대한 복음서의 서사 비교 분석[15]

서사 내용 및 순서	마태복음 (27,11-26)	마가복음 (15,1-15)	누가복음 (23,1-25)	요한복음 (18,28-19,16)
(1) 빌라도가 예수를 심문함	11-14	1-5	1-5	18:33-38 19:8-11
(2) 빌라도의 아내가 예수의 방면을 권유함	19	-	-	-
(3) 예수를 헤롯에게 보내어 죽임을 면케하려함	-	-	6-12	-
(4) 명절 전례를 이유로 예수를 방면하려함	15-23	6-14	18-24	18:38-40
(5) 예수를 태형에 처한 후 방면하려함	-	-	13-16, 22	19:1-5
(6) 예수의 죽음에 자신이 무죄함을 선언함	24-25	-	-	-
(7) 예수를 십자가에 못 박게 넘김	26	15	25	19:13-16

* 〈표2〉 : 〈본시오 빌라도의 수기〉의 서사층위와 복음서의 전승 관련 대조표

서사 층위		복음서 전승	기타 전승
내용	시간		
(1) 예수의 사형언도 당시 비망록 소개	현재	-	-
(2) 아내 프로큐라의 서신-예수의 방면을 권유	과거	마(27:19)	-
(3) 로마의 권력관계와 빌라도 자신의 정치적 입지	현재	-	『유대전쟁사』*

---

15. 복음서들 사이의 서사에 대한 비교 분석은 대한성서공회에서 발행한 〈한글판 개역 관주 성경전서(1962년 5월 10일 초판)〉의 표기에 따른 것이며, 이후 본고에 인용한 성서의 출처도 이에 준한 것임을 밝혀둔다.

(4) 유대인과의 충돌-케사르의 동상 수립 사건	과거	-	『유대전쟁사』*
(5) 산헤드린 공회원인 요셉과의 대화	과거	-	-
(6) 예수와의 심문 과정	과거	마(27:11-14) 막(15:1-5) 눅(23:1-5) 요(18:33-38,19:8-11)	-
(8) 예수의 방면을 위한 시도2 - 명절 전례를 이유로 예수를 방면하려함	과거	마(27:15-23) 막(15:6-14) 눅(23:18-24) 요(18:38-40)	-
(9) 예수의 방면을 위한 시도3 - 예수를 태형에 처한 후 방면하려함	과거	눅(23:13-16,22) 요(19:1-5)	-
(10) 예수의 죽음에 자신이 무죄함을 선언함	과거	마(27:24-25)	-
(11) 예수의 부활 소문이 확산되고 그 추종자들이 점점 늘어감. 그리고 빌라도의 내면에 예수가 메시아였을 가능성이 점차 굳어짐	과거	마(28:1-20) 막(16:1-20) 눅(24:1-53) 요(20:1-21:23)	-
(12) 빌라도의 아내가 네로 황제에 의해 순교함	현재	-	유대 설화
(13) 하인들의 신분을 해방시키고 재산을 나누어준 후 자결	현재	-	『교회사』**

* 요세푸스(Flavius Josephus, 100년경 사망)의 저작, Jewish War
** 유세비우스(Eusebius, 340년 사망)의 저작, Ecclesiastical History

위에 제시한 두 표는 빌라도와 관련한 복음서의 전승 및 백도기의 텍스트에 나타난 서사와 기독교 전승들을 차례대로 비교, 분석한 결과이다. 〈표1〉은 빌라도의 재판과정을 소개하고 있는 네 복음서의 서사를 비교한 것인데 예수에 대한 빌라도의 심문 과정, 명절 전례를 이유로 예수를 놓아주려한 빌라도의 여러 시도들, 결국 예수를 십자가에 못 박도록 무리들에게 넘겨주는 과정이 공통적으로 전승되고 있다는 사실을 발견할 수 있다. 반면 빌라도의 아내가 빌라도를 찾아와 예수를 처벌하지 말도록 권유하는 장면을 비롯하여 예수를 헤롯에게로 보내어 죽임을 면케 하려던 시도, 예수에게 모진 채찍질을 가한 후 놓아주려던 시도, 그리고 예수의 죽음에 자신은 무죄하다는 선언을 하는 장면 등은 일부의 복음서에만 전승되고 있다는 점도 확인할 수 있다. 이를 바탕으로 〈표2〉의 〈본시오 빌라도의 수기〉의 서사와 복음서를 포함한 여타의 기독교 전승 자료를 비교해 보면, 백도기가 복음서의 전승을 복합적으로 활용하고 있음과, 이와 더불어 유대 역사에 전해지고 있는 다양한 사료들과 설화들에 작가적 상상력을 가미함으로써 순전히 빌라도의 입장에 서서 서사를 진행하고 있다는 점을 발견할 수 있다.

특히 백도기의 〈본시오 빌라도의 수기〉에 전개되고 있는 몇 가지 서사에는 복음서의 전승에서는 확인할 수 없는, 그러나 역사적으로 실재했을 당대의 복잡 미묘한 정치적 역학관계를 인과적으로 배치함으로써 독자들로 하여금 빌라도의 고충과 처지를 십분 이해할 수 있도록 만드는 상당히 흥미로운 요소들이 개입되어 있다. 즉 예수라는 청년의 무죄함을 알고 있었고, 그래서 여러 가지 방법으로 그를 놓아주려는 시도를 강구했음에도 불구하고 결과적으로는 예수의 죽음을 방임할 수밖에 없었던 것이 자신이 처한 정치적 현실을 감안할 때 불가피한 선택일 수밖에 없었음을 강변하는 장면이 그러하다.(〈표2〉-서사(3)) 또한 식민지를 통괄하는 총독이라는 우월한 지위에도 불구하고 유대 민중들의 항거에 두려움을 가질 수밖에 없었던 이유로 제시하고 있는 '케사르 동상 수립' 사건도 역사적 실증을 서사의 인과성에 결부시킨 흥미로운 부분이다.(〈표2〉-서사(4)) 이처럼 당대 로마와 유대에 관련한 역사서들에서 논증되고 있는 전승들이 창작의 모티프로 활용됨으로써 빌라도에 대한 주류 기독교의 일방적 비난을 다소 완화된 관점에서 평가하려는 작가의 의도를 엿볼 수 있다. 그리고 빌라도의 아내가 예수의 부활 이후 적극적인 기독교도로 개종했으며 결국 네로 황제 치하에서 순교 당했다는 서사라든가(〈표2-서사(12)〉), 결말에 제시된 빌라도의 자결설(〈표2〉-서사(13)) 등도 복음서의 전승과는 거리를 둔, 반면 여타의 유대 교회사와 설화 등에서 구전되고 있는 전승에 바탕을 둠으로써 텍스트의 서사적 완결성을 꾀하고 있는 부분들이다. 이처럼 백도기의 〈본시오 빌라도의 수기〉는 복음서의 전승에 기본적 토대를 두고, 아울러 다양한 역사적 실증과 관련 설화들을 적절히 가미함으로써 소설적 형상화를 성공적으로 이루어냈다는 점을 텍스트 간의 상호 비교를 통해 발견할 수 있다.

3. 빌라도에 대한 몇 가지 변명과 옹호

복음서의 전승은 예수를 심문하는 과정에서 빌라도가 어떤 방식으로든지 그를 놓아주려 노력했다는 사실에서는 일치된 견해를 보인다. 그럼에도 불구하고 오늘날의 기독교는 예수를 죽음에 이르게 한 중요한 관여자로 빌라도를 지목하기에 서슴지 않는다. 여기에 대해 백도기는 빌라도의 입을 빌어 무죄에 대한 몇 가지 항변을 늘어놓고 있다.

> 나는 오늘 만부득이 한 나자렛 청년에 대한 산헤드린회의 사형 청원서에 서명하고 말았다. 나는 그에게서 반역죄의 혐의를 찾을 수 없다고 버티면서 그의 구명을 위해 백방으로 노력해 보았으나 결국

은 허사로 끝나고 말았다.
　나는 유다인 회중들 앞에서 「내가 비록 마지못해 서명은 하였으나 나의 양심에 따라 한 것이 아니므로 그 청년의 죄에 대한 책임은 그대들이 지라」고 선언했다. 그들은 「그 피를 우리와 자손들에게 돌리라」고 소리쳤다. 나는 대야에 물을 떠오도록 해서 손을 씻었다.[16)]
　(185쪽)

　빌라도는 예수를 처형한 그 무렵에 썼던 비망록에서 위와 같이 기록하고 있다. 그는 '만부득이~서명하고 말았다'라고 표현함으로써 당시의 판결이 어쩔 수 없는 상황에서 불가피하게 내렸던 결정임을 강조하고 있다. 아울러 '~버티면서~백방으로 노력해 보았으나~허사로 끝나고 말았다'라고 거듭 강변하는 데서 당시 자신이 예수에 대해 보여 준 일련의 태도가 상당한 노력의 연속된 과정이었음을 주지하고 있다. 그렇지만 후대의 평가가 본인의 입장과는 전혀 다른 방향으로 전개되고 있다는 사실 앞에서 고민은 깊어가고, 또한 그 당시 자신의 판결이 잘못된 판단이었을 가능성이 조심스럽게 각성되면서 회의에 빠져든다. 그리고 자신의 판결에 의해 십자가에 넘겨 진 예수가 진정한 유대인의 메시아일 가능성이 점차 농후해지는 상황 속에서 어떤 식으로든 변명의 필요성이 강하게 일어나는 것이다. 그 변명의 첫 번째 장면은 다음의 인용문에서 읽어낼 수 있다.
　나는 아내의 꿈을 액면 그대로 믿지 않았지만 편지를 가져온 시녀

---

16. 백도기, 〈본시오 빌라도의 수기〉, 185쪽. 본고에서 인용하는 〈본시오 빌라도의 수기〉는 다음의 출처에 따른 것임을 밝혀둔다. 백도기, 〈본시오 빌라도의 수기〉, 「문학사상」, 문학사상사, 1986.12.

메리나에게 아무 걱정도 하지 말라고 일러 보냈다. 총독의 권위로 식민지의 한 시골 청년의 목숨을 살리는 일쯤은 문제가 없다고 믿었던 것이다.

 그러나 아내의 애절한 간청이나 나의 결단도 저 미친 악귀들처럼 날뛰며 제 동족인 나자렛의 한 청년을 죽이라고 아우성치는 유다인들의 격정 앞에서는 결국 무위하게 되고 말았다.

 어떤 사람들은 이렇게 말하리라. 내가 총독의 자리에 연연하지 않고 내 직위와 권력을 다하여 유다인들과 맞섰더라면 그 나자렛 사람의 목숨쯤은 능히 구할 수 있었으리라고 말이다. (186쪽)

복음서의 전승 중에는 유일하게 마태복음에서만 빌라도의 아내가 등장한다. 백도기의 서사에서 빌라도의 아내 프로큐라는 "사랑하올 주인이시어, 조심하시고 또 조심하시도록 간곡히 애원합니다. 그 나자렛 사람에게 결코 해를 끼치지 마세요. 그는 의로운 사람입니다. 어젯밤 저는 환상 중에 그이를 보았습니다"(186쪽)[17]로 시작하는 간곡한 애원의 편지를 남편에게 보내어 예수의 죽음에 관여하지 않기를 소망하고 있다. 그러나 아내의 간절한 바람에도 불구하고, 또한 빌라도 자신의 의지에도 무관하게 상황은 전혀 다른 방향으로 치닫고 만 것이다. 따라서 빌라도는 당시의 상황에 대한 변명을 하지 않을 수 없었다. '총독의 권위로 식민지의 한 시골 청년의 목숨을 살리는 일쯤은 문제가 없다'고 생

---

17. 동일한 맥락의 전승이 마태복음에는 다음과 같이 기록되어 있다. "총독이 재판 자리에 앉았을 때에 그 아내가 사람을 보내어 가로되 저 옳은 사람에게 아무 상관도 하지 마옵소서 오늘 꿈에 내가 그 사람을 인하여 애를 많이 썼나이다 하더라"(마27:19). 빌라도의 아내와 관련해서 전해지는 복음서의 전승 중에는 유일한 내용이다.

각했던 자신의 의지가 '아우성치는 유다인들의 격정 앞에서' 여지 없이 무너질 수밖에 없었음을 이해시켜야만 했다. 아울러 '내가 총독의 지위와 자리에 연연하지 않고 내 직위와 권력을 다하여 유다인들과 맞섰더라면'이라는 비난에 대해서도 나름의 변명이 절실히 필요하다. 먼저 후자의 경우 빌라도는 "내가 로마 총독의 지위에 오른 것은 그야말로 획득이다"(186~187쪽)는 언급을 통해 변명을 시작하고 있다(《표2》-서사(3)). 이후 다소 지루한 서사을 통해 당대 로마의 정치적·역사적 상황이 자세히 소개되고 있는데, 한마디로 피비린내 나는 로마 케사르들의 권력의 암투 속에서 살아남기 위해서 더구나 "갈리아 출신이고 또 군인이며 전사戰士로서 이루 헤아릴 수 없는 전쟁터를 휘젓고 다닌 사람"(189쪽)으로서 기어이 로마 총독의 지위에까지 오른 입지전적인 자신의 처지로서는 어쩔 수 없는 결단이었음을 변명한다.

여기에 전자의 비난에 대한 이유가 더욱 의미심장하다. '미친 악귀들처럼 날뛰며 제 동족인 나자렛의 한 청년을 죽이라고 아우성치는 유다인들의 격정'은 빌라도에게 체제의 위해요소로 느껴질 수 있었다.(《표2》-서사(4)) 실질적으로 유대 역사가인 요세푸스는 그의 『유대전쟁사』에서 빌라도를 "둔감하고 잔인하며 변덕스러운 인물"[18]로 소개하면서, 이를 입증하기 위해 두 가지 에피소드를 제시하고 있는데 그 가운데 하나의 예증에서 이러한 상황을 역사적으로 확인할 수 있다. 당시 유대의 총독으로 부임한 빌라도는 조각된 형상이 있는 티베리우스 황제의 깃발을 밤에 몰래 예루살렘으로 옮겨놓았다. 이러한 그의 행위는 "너를 위하여 새

---

18. Steve Mason, 유태엽 역, 앞의 책, 146쪽.

긴 우상을 만들지 말고 또 위로 하늘에 있는 것이나 아래로 땅에 있는 것이나 땅 아래 물 속에 있는 것의 아무 형상이든지 만들지 말며 그것들에게 절하지 말며 그것들을 섬기지 말라"(출20:4-5)는 십계명의 두 번째 계명에 대한 전면적인 도발이다. 요세푸스는 "밤에, 숨겨서"라는 표현을 사용해서 빌라도의 행위가 의도적인 위반임을 드러내고 있다. 이때 유대인들의 반응이 매우 즉각적이었고, 또한 결사적이었음을 역사는 증언하고 있다. 이를테면 가이사랴의 해변에 위치해 있던 빌라도의 관저에 몰려든 유대인들은 5일 동안이나 관저 잔디밭에 움직이지 않은 채 누워 있었다. 빌라도는 그들의 요구를 듣기 위해 유대 군중들을 야외극장으로 모이게 했고 군대로 하여금 그곳을 포위한 후, 만약 끝까지 버틴다면 죽이겠다고까지 위협했다. 그러나 유대인들은 율법을 어기느니 차라리 죽음을 선택하겠다며 군인들의 칼 앞에 목을 내놓았고, 이에 굴복한 빌라도가 예루살렘에서 깃발을 철거한 사실이 요세푸스의 기록에 전승되어 있는 것이다.[19] 이처럼 빌라도에게 유대인들은 한편 성가신 존재이자 또 한편 위협적 존재로서 각인되어 있었다. 따라서 로마 총독의 지위에 오른 것이 '그야말로 획득'의 처지인 빌라도에게 한갓 식민지 시골 청년의 문제에 자신

---

19. 위의 책, 146~147쪽 참조. 이 외에도 유세푸스는 빌라도의 잔인한 인물평에 대해 예루살렘 수로 건설 사건을 예로 들고 있다. 그는 예루살렘에 물을 대는 수로 건설의 비용을 충당하기 위해 성전 금고에서 돈을 꺼내 사용했다. 역시 분개한 예루살렘 사람들이 몰려와 해명을 요구하며 빌라도를 둘러싸고 거칠게 항의했으며, 이에 빌라도는 군인들을 동원하여 시위대를 난폭하게 진압했다고 기록은 전하고 있다. 이러한 자료들을 통해 볼 때 빌라도는 유대 민중들의 거센 항의를 수차례 경험하는 과정 속에서 그들의 결사항전의 태세에 상당한 두려움을 갖게 되었으며, 아울러 자칫하면 황제에게 나쁜 소문이 들어가 총독의 지위에 위협을 받을지도 모른다는 경각심을 갖고 있었을 것이라는 추론이 가능하다.

의 정치 생명을 걸 정도로 중요성이 느껴지지 않았던 것이다. 때문에 빌라도에게 가해지고 있는 첫 번째 비난, 즉 그가 총독의 자리에 연연하지 않고 총독의 권위로 예수의 목숨을 충분히 구명할 수 있었음에도 예수를 죽임에 이르도록 한 것이 결과적으로 '임무의 방임'일 수 있지 않느냐는 비난에 대해 빌라도의 편에 서서 옹호하고 있는 작가의 태도를 확인할 수 있다.

다음으로 빌라도는 예수의 죽음에 자신이 나름대로 최선의 방책을 강구했다는 사실을 강조하고 있다. 실질적으로 빌라도는 예수를 놓아주기 위해 세 가지 방책을 시도했다. 예수에 대한 판결을 헤롯 안티파스에게로 위임해 버린 것(《표2》-서사(7)), 명절(유월절)에 죄수 한 명을 방면해주는 전례를 적용하여 예수를 방면하려 한 것(《표2》-서사(8)), 그리고 이른바 '반죽음'이라는 형벌(태형)을 가함으로써 예수에게 십자가의 형벌만은 피하게 하려했다는 점(《표2》-서사(9)) 등을 통해 후대의 비난으로부터 벗어나려 한다.

> (1) 그가 갈릴레아인이기 때문에 그를 재판할 권리가 갈릴레아 왕에게 있다고 핑계하여 그를 헤롯 안티파스에게 보냈다. 안티파스는 마침 유월절을 앞둔 시기라서 예루살렘에 있는 별궁(別宮)에 와 있었다. 내가 노린 것은, 케사르가 이름뿐인 식민지의 왕들이 함부로 사형을 집행하는 따위의 행위를 거의 월권으로 여기고 있다는 사실이었다. 그는 저 자신이 살인광인 주제에 어떤 사람이 제 노예를 때렸다는 이유만으로 잡아다 사형을 시키는 종잡을 수 없는 성격이었기 때문에 그 소문을 들어 알고 있는 안티파스가 예수를 죽이지 못하리라는 계산을 했던 것이다. (198쪽)

(2) 나의 두 번째 시도는 유월절에 죄수 한 명을 방면해주는 전례가 있었는데 그걸 이용해서 예수를 살려보려는 것이었다. 나는 군중에게 예수 바라바라는 사내와 나자렛의 예수 두 사람 중에 하나를 선택하라고 했다. 그들은 둘 다 공교롭게도 예수라는 이름을 갖고 있었다. 그 이름의 뜻은 구원자였다. 나는 바라바가 로마인을 한 사람 죽일 때마다, 갑자기 거리를 막고 통행인들 열 사람을 닥치는 대로 잡아다가 죽이는 방법으로 그들의 폭력이 오히려 민심을 잃게 하는 방법을 쓰고 있었으므로 바라바라는 자가 은근히 유다인들의 미움을 사고 있다는 사실을 알고 있었다. (198~199쪽)

(3) 두 가지의 예상이 다아 어긋나버리자 나는 마지막의 비방을 사용하였다. 예수에게 이른바「반죽음」이라고 알려진 가혹한 형벌을 군중 앞에서 행하게 하므로 그들의 마음을 진정시키고 오히려 동정심을 끌어내려는 방법이었다.
옷을 벗긴 후에 형틀에 매달고 쇠못이 달린 가죽채찍으로 서른 아홉 대를 갈기도록 했다. 등가죽이 찢어지고 피가 낭자했다. 형벌이 끝났다. 나는 피투성이가 되어 형틀에 엎으러져 있는 그를 일으켜 세워 군중들 앞에 내놓고 소리쳤다.
「이 사람을 보라(Ecce Homo!)」
너희들의 부질없는 미움이 이 죄없는 사내를 이 지경으로 만들었다. 이 사람을 보라. 너희들이 이 사람에게 행한 짓을 보아라. 그러나 그들은 아우성쳤다.
「십자가에 못박아라!」(199쪽)

인용한 세 지문의 내용은 빌라도가 예수의 죽음을 피하기 위해 취한 최선의 방책이자 고육지책이다. 그럼에도 불구하고 예수는 결국 죽음에 이를 수밖에 없었는데, 이는 결국 빌라도의 책임이라기보다는 도저히 이해할 수 없는 유대인들의 탓이었음을 강변하고 있는 내용이다. 인용문 (1)에서 예수를 헤롯 안티파스에게 보낸 사실은 누가복음(23:6-12)의 전승에 기초하고 있는데, 이는 예수가 갈릴리 출신이라는 점을 이용하여 그에 대한 판결권을 헤롯에게 위임시켜버리려는 의도에서였다. 즉 '케사르가 이름뿐인 식민지의 왕들이 함부로 사형을 집행하는 따위의 행위를 거의 월권으로 여기고 있다는 사실'을 헤롯 역시 잘 알고 있을 것이므로 결국 예수에게 사형을 언도하지는 못할 것이라는 기대에서 시도한 계획이었다. 다음으로 인용문 (2)의 명절의 전례를 따라 죄수 한 명을 방면해 주는 일화는 복음서 전반에 걸쳐 공통적으로 나타나는 전승이다. 여기서도 빌라도는 '바라바가 로마인을 한 사람 죽일 때마다, 갑자기 거리를 막고 통행인들 열 사람을 닥치는 대로 잡아다가 죽이는 방법'으로 이미 바라바는 민심을 잃었고, 따라서 당연히 예수의 방면이 가능할 것이라 여겼기 때문에 시도한 계획이었다. 마지막으로 인용문 (3)의 태형의 형벌 역시 누가복음(23:13-16,22)과 요한복음(19:1-5)의 전승에 기초한 것인데, 예수에게 가혹한 채찍질을 가한 후 유대인들 앞에 세움으로써 '그들의 마음을 진정시키고 오히려 동정심을 끌어내려는 방법'의 하나였다. 그러나 이 세 가지 방책은 모조리 실패로 돌아갔으며, 결국 예수는 십자가의 형틀을 면할 수 없는 상황으로 내몰렸다. 이러한 다양한 방법의 시도와 민중들을 향한 빌라도의 설득은 그의 항변대로 예수에 대한 책임을 전적으로 자신의 탓으로 돌리는 것에 대한 부당함을 느끼게 한다. 아니, 오히려 그의 최선에 대해 후대의 기독교가 외면하고 있는 현실에 대한 작가의 연민이 느껴지기도 한다는 점에서 빌라도에 대한 옹호의 일면을 다시 한 번 확인할 수 있다.

4. 권력과 책임의 상관성에 대한 문학적 시론

백도기의 소설에 드러난 빌라도의 고민은 "내가 예수를 살리기 위해 애쓴 노력에 대해서 그 결과 때문에 칭찬을 기대하기는 어려울지 모르나 적어도 지탄의 대상이 될 수는 없다"(191쪽)는 데서 출발한다. 그래서 "나의 정보원이 보고한 바에 의하면 그들이 예배할 때 일상적으로 외우는 신조信條 가운데,「본시오 빌라도에게 고난을 받으시고, 십자가十字架에 못박혀 죽으시고 묻히셨으며……」라는 구절이 있다는 말을 들었다. 그 말을 듣고 당황하였으며 무인답지 않게 깊이 상심"(191쪽)했노라는 고백과 함께, 불쾌감마저 드러내고 있다. 또한 빌라도는 그리스도인이라는 자들의 입에서 "안나스와 가야파를 비롯한 대사제들과 산헤드린 의회의 원로들에게 핍박을 받아 결국 십자가에 넘기워졌다고 고백하지 않고 하필이면 그의 무죄한 피와는 무관하다고 선언하고 손까지 씻은 나를 끌어 넣는 것인가"(192쪽)라며 후대 역사적 기술의 불공평함에 대해 토로하고 있다. 일견 빌라도의 울분은 충분히 공감이 간다. 자신들의 기득권과 권위에 정면으로 도전하고 있는 예수에 대해 불안을 느낀 유대교회 지도자들의 비열함에 대해서는 한 마디의 언급도 하지 않으면서, 유독 빌라도에게 모든 책임을 전가시킨 후대의 기록이 빌라도에게는 너무나 억울한 일이 아닐 수 없다. 물론 이에 대해 한국어 성서 번역상의 오류가 지적되기도 한다. '본시오 빌라도에게 고난을 받으사'라는 구절은 사도신경의 원문에서는 'passus sub Pontio Pilato'로 기록되어 있으며, 이는 '본디오 빌라도 치하治下에서'라는 의미로 해석해야 올바르다. 이는 영어 번역에서도 'suffered under Pontius Pilate'로 되어 있다는 점에서 더욱 그러하다.[20] '빌라도 치하'에서 예수가 고난을 받으셨다는 것과 '빌라도에게' 고난을 받으셨다는 차이는 엄연히 크게 느껴지는 것이 사실이다. 그러나 이러한 미묘한 의미상의 차이만으로 빌라도의 책임이 덜어질 수는 없다는 것에 문제의 심각성이 존재하며, 작가는 이 문제에 대해 새로운 시각에서 빌라도의 책임을 추궁하고 있다는 점이 흥미롭다. 백도기는 이를 권력자의 책임 의식과 연관하여 해석하고 있다.

> 요셉은 조용히 듣고 나서 자신의 견해를 서슴지 않고 말하였다. 그의 말에 의하면, 어떤 사람이 죄없이 권력의 힘에 의해 억울한 죽음을 당했다면, 그 시대의 권력의 최고 책임자가 아무리「나는 상관없다」고 말하면서 대야의 물에 수천 수만 번 손을 씻었다고 할지라도 그 무고한 피를 흘리게 한 책임을 면할 수 없다는 것이었다.
> 왜냐하면 통치자는 무릇 진리와 선善과 정의로서만 나라와 백성을 다스리도록 신에게 권력을 위임받은 자이기 때문에 그 시대의 불의한 행악行惡을 막지 못한 최종적인 책임이 그에게 있다는 말이었다. (192~193쪽)

빌라도는 예수의 재판 당시 산헤드린 공의원이었던 아리마태아 출신 요셉을 불러들인다. 그는 의회가 예수를 죽이려는 결정과 행동에 찬성하지 않았던 인물로서, 예수의 죽음 뒤 스스로 공

---

20. 이러한 이유를 바탕으로 이동하는 현대 기독교가 빌라도에게 씌우는 굴레가 가혹할 정도로 혹독하며 부당한 처사라고 공박한다. 따라서 사도신경의 번역을 공식적으로 수정하든가 혹은 사도신경에서 빌라도의 이름을 빼는 것이 마땅하다고 주장하며, 더 나아가 이의 폐기까지도 강력히 요구한다. (이동하, 앞의 글, 28~29쪽. 이동하,「복음서의 빌라도, 필로와 요세푸스의 빌라도, 정찬의 빌라도」,『한국현대소설과 종교의 관련 양상』, 푸른사상, 2005, 121~123쪽.)

회 의원직을 사퇴하고 은밀히 예수의 제자들과 관계를 지속하고 있는 인물이다.[21] 그래서 빌라도는 요셉에게 기독교인들의 신앙고백에서 자신의 이름이 거론되는 것에 대해 불만을 토로한 후, 이의 시정을 요구하려고 불러들인 것이다. 하지만 요셉의 입에서 나온 대답은 예수의 죽음에 대한 책임을 도저히 피할 수 없게 만드는 너무나 단호한 선언이었다. 요셉의 주장에 따르면 신으로부터 권력을 위임받은 통치자란 '진리'와 '선'과 '정의'에 근거해서 '그 시대의 불의와 행악'에 맞서는 것이 절대적 사명이다. 따라서 그러한 불의와 행악을 막지 못한 책임은 전적으로 통치자가 져야 하는 것이며, 더구나 '어떤 사람이 죄없이 권력의 힘에 의해 억울한 죽음을 당했다면' 그 책임은 당연히 면할 수 없다는 요셉의 일갈은 작가 백도기의 주장에 다름 아니다. 따라서 이러한 관점에서라면 사도신경의 신앙고백이 '본디오 빌라도에게 고난'을 받은 것이든 '본디오 빌라도 치하에서 고난'을 당한 것이든 전연 문제가 되지 않는다. 비록 그가 직접적으로 관여치 않았다하더라도 '그 시대 권력의 최고 책임자'로서 어떤 식으로든지 책임을 벗어날 수 없기 때문이다. 이에 대한 백도기의 입장은 다음의 글에서 더욱 분명히 밝혀져 있다.

내가 여기서 다루어 보고 싶었던 것은 인간에게 있어서 권력이란

---

21. 복음서와 기타 기독교의 전승에 따르면 아리마대 출신의 요셉이라는 인물은 당시 공회의원의 신분임에도 불구하고 예수의 처형에 동의하지 않은 사람으로 기록되어 있다. 또한 빌라도에게 예수의 시신을 넘겨받아 세마포로 싸서 아직 사람을 장사지낸 적이 없는 새 무덤 속에 예수를 장사지낸 의로운 인물로 전해지고 있다. 마태복음(27:57-61), 마가복음(15:42-47), 누가복음(23:50-54), 요한복음(19:38-42) 등에서 확인할 수 있다.

무엇인가, 권력은 책임이라는 입장에서 조명될 때 어떻게 보일 수도 있는가 하는 문제들이었다. 주인한테 매를 맞은 종이라고 해서 밖에 나와 동냥 온 거지에게 분풀이를 안 한다는 법은 없으니까 힘의 사용 문제에서 인간인 우리는 누구나가 빌라도적的 상황에 처해 있는 것이 아닐까.[22]

권력과 책임의 상관 관계, 바로 이것이 〈본시오 빌라도의 수기〉를 통해 백도기가 궁구해보고자 한 주제의식의 단초였다. 아무리 대야에 수십 번 손을 씻고 책임을 회피하려 할지라도 '권력'을 지닌 자로서의 책임 의식은 벗어질 수 없다는 데에 문제의 심각성이 존재한다. 또한 인간인 우리는 생의 순간에 누구나 '빌라도적的 상황'에 직면할 수 있다는 데서 이를 과거 어느 낯선 땅에서 벌어진 빌라도만의 문제로 간단히 넘겨버릴 수 없는 것이다. 더욱이 백도기의 문학이 놓인 시대적 지형 속에서도 권력과 책임의 상관성은 의미심장한 물음을 던져놓고 있다. 지나온 한국의 역사적 정황들, 그리고 이 소설이 창작된 시대적 상황은 바로 이러한 권력과 책임이라는 문제의 한복판에 놓여 있던 시대라는 점에서 작가의 주제의식은 더욱 분명해진다.

* * * * * * * * * * *

지금까지 본 연구는 백도기의 단편 〈본시오 빌라도의 수기〉를 중심으로 텍스트가 근간으로 삼은 복음서와 여타 유대 전승들과의 상호 텍스트성을 면밀히 분석하였다. 그 결과 백도기의 텍스

---

22. 백도기, 「작가의 말」, 〈본시오 빌라도의 수기〉, 『문학사상』170, 문학사상사, 1986.12, 187쪽.

트는 복음서에 공통적으로 수용된 빌라도 관련 전승을 충실히 반영한 바탕 위에 권위 있는 유대 역사서의 전승과 각종 설화적 전승까지 과감히 수용하여 이를 소설적으로 허구화한 것으로 결론 내릴 수 있다. 다만 이러한 다양한 전승을 토대로 빌라도라는 역사적 인물을 조명하는 작가의 시각에는 기존의 복음서 저자들과는 또 다른 면모를 드러낸다는 점이 주목할 점이다. 즉 예수를 십자가에 희생케 한 일련의 사태에 있어서 빌라도가 중요한 책임을 회피할 수 없다는 기존의 주류 기독교의 태도에 나름의 이의를 제기하고 있다는 점이 그러하다. 지극히 빌라도적인 입장에 서서 그의 복잡한 심경을 헤아리려는 작가의 의도에서 이 텍스트가 지닌 재미는 한층 부각된다. 빌라도 자신이 어떤 방식으로든 예수를 놓아주려했던 다양한 시도를 적극적으로 부각시킨 점이라든가, 총독의 직위를 빌어 예수를 지키지 못한 당대의 정치적 매커니즘에 대한 작가의 부언 등은 이러한 홍미를 유발하기에 충분하며, 아울러 빌라도에 대한 기존의 인식을 뒤엎는 촉매로 기능하는 것이다. 그러나 그럼에도 불구하고 빌라도에게 전적으로 면죄부를 줄 수 없다는 한계에 대해서도 작가는 공감을 표한다. 이는 권력자에게 부여된 권력과 책임의 피할 수 없는 상관관계에 기인한 것이라는 점에서 당대의 어느 작가에 못지않게 시대와 역사에 민감했던 백도기의 역사 인식의 반영으로 이해할 수 있다.

백도기는 한국 현대사가 지닌 아픈 시대의 상처 속에서 한 사람의 작가로서, 그리고 한 사람의 목회자로서 권력과 책임의 상관성에 대한 고민이 그 누구보다 깊었던 것이 사실이다. 서라벌예대를 중퇴하고 쉬고 있던 그가 1961년 신학교에 편입한 동기에서도 밝혔듯이, 당시 부모로부터 물려받은 신앙에 대한 깊은 회의와 '신이 선하다면 그는 전능하지 않거나, 전능하다면 선하지 않은 것이 아닐까?' 하는 근원적 회의 속에서 싹튼 그의 신학적 관점과 기독교적 세계 인식은 단연 독특할 수밖에 없다.[23] 백도기에 있어서 문학이란 결코 삶과 동떨어진 것일 수 없는, 심미적 대상으로서의 문학일 수만은 없었던 것이다. 그는 "신학과 문학은 궁극적으로 삶의 아름다움에로의 지향이란 점에서 일치"[24]한다고 보았다. 우리의 삶을 아름답게 만들기에 문학과 신학은 공동의 목표를 삼고 있는 것이며, 때문에 백도기의 기독교 문학은 아름다운 삶을 지향하기 위해 현실의 문제와 권력의 속성에 대한 관심의 끈을 놓지 않고 있는 것이다. 이에 대해 성민엽은 "제도화된 종교로서의 기독교는, 진정한 신앙이라는 관점에서 보자면 하나의 우상 숭배에 지나지 않으며 사회·정치적 관점에서 보자면 기성의 사회·정치적 질서와의 결탁이고 지배 이데올로기에의 복무"[25]에 지나지 않기 때문에 기독교 문학은 이러한 제도화된 기독교에 대한 비판과 부정의 토대 위에 서 있어야 한다고 역설하면서 백도기의 문학에서 그 가능성을 엿볼 수 있다고 주장했던 것이다. 그리고 우리는 백도기의 대표작인《청동의 뱀》과〈어떤 행렬〉등에서 이와 같은 작가의 문학적 지향을 확인할 수 있을 것이며, 또한 본고의 대상인〈본시오 빌라도의 수기〉에서도 제도화된 기독교의 비판과 부정이라는 그의 신념이 지속되고 있음을 확인할 수 있었다.

23. 백도기,「작가연보」, 앞의 책, 422~423쪽.
24. 백도기,「작가노트-더 많은 '열림'을 위하여」, 위의 책, 421쪽.
25. 성민엽, 앞의 글, 409쪽.

제3부
창세설화의
문학적 해석과 변용

7. 창세설화의 주체적 해석과 실존적 자각
8. 상실한 에덴과 신성을 향한 갈망

7장. 창세설화의 주체적 해석과 실존적 자각
- 박상륭의 〈역증가〉

1. 동양 고전의 형식적 차용과 실존적 자각

앞서 5장의 〈아겔다마〉 분석에서 살펴본 것처럼, 박상륭은 형이상학적 난해성과 관념성의 농후한 표출을 근간으로 자신의 통종교적 성향을 여실히 드러내고 있는 작가이다. 그는 최근 〈역증가〉라는 또 하나의 중편을 통해 예의 난해성과 관념성, 그리고 종교적 지향을 다시 한 번 맘껏 드러냈다. 박상륭의 〈역증가〉는 일반적 소설의 양식과는 다른 면모를 보이고 있다. 〈역증가〉가 수록된 작품집《소설법》의 구성부터가 독특하게도 동양의 고전《장자莊子》의 체계를 따르고 있다.《장자》는 〈소요유〉를 비롯한 전체 7편의 내편內篇과 15편의 외편外篇, 11편의 잡편雜篇으로 구성되어 있다. 그런데 이미《장자》의 체계에서도 나타나 있듯이 내편은 작가의 근본 사상이 담겨진 부분이며, 외편과 잡편은 내편의 뜻을 부연, 혹은 주석함으로써 내편에서 다하지 못한 이야기, 혹은 그 난해함으로 독자들의 이해가 다소 미진했을 부분에 대한 작가의 친절한 해설쯤으로 생각할 수 있다. 그런데 특이하게도 박상륭은 이 《장자》와 동일한 구성을 차용하여 3편의 내편, 4편의 외편, 2편의 잡편으로 작품집 《소설법》의 체계를 구성하고 있다. 그리고 〈역증가〉는 《소설법》 작품집의 내편으로 편성된 작품이면서도 그 자체가 또 하나의 내·외편 구성을 보여주고 있다는 점에서 작가의 창작 의도를 미루어 짐작해 볼 수 있다. 즉 [古記 1]에서 [古記 3]까지의 서사 층위가 텍스트의 내편에 해당하는 기본 골격을 이루고 있으며, [古記 外典]으로 구분된 서사가 외편의 구성에 해당한다는 점에 주목할 때 작가의 서사 전략을 어느 정도 읽어낼 수 있는 것이다.

한편 내용적인 측면에서 〈역증가〉는 성서의 창세 설화를 선행 텍스트로 차용하고 있다.[1] 박상륭은 아담과 하와의 범죄로 인한 실낙원失樂園의 과정, 카인으로 인한 인류 최초의 살육 등을 서사의 기본 틀로 재맥락화하고 있다. 즉 내편에 해당하는 [古記 1]은 창세기 제3장 제1절에서 제7절까지를 중심으로, [古記 2]는 창세기 제3장 제8절부터 제24절, [古記 3]은 창세기 제4장 제1절에서 제15절까지를 중심으로 재맥락화했다. 그리고 외편에 해당하는 [古記

---

1. 〈역증가〉는 내용적인 측면에서 성서 모티프를 서사의 기본 토대로 삼고, 형식적인 측면에서는 《莊子》의 구성체계를 패러디하고 있다. 이것은 결국 텍스트 상호 간의 관계성과 연속성에 주목하는 문학적 표현 양식으로서의 패러디 양상에 주목해서 텍스트 해석을 시도해야 함을 의미하는 것이다. 패러디 양상을 예술 상호 간의 담론으로써 "이전의 예술작품을 재편집하고 재구성하고 전도시키고 초맥락화(transcontextualizing)하는 통합된 구조적 모방의 과정"으로 이해하고 있는 린다 허천(Linda Hutcheon)의 견해는 이미 폭넓게 수용되고 있다. 허천의 이러한 인식은 흔히 패러디를 단순한 모방의 차원에서 '기생적인 것'으로 간주함으로써 비판의 대상이 되기도 했던 기존의 인식에 대해 보다 확장된 사고의 틀을 열어 놓았다는 점에서 의미가 있다. Linda Hutcheon, 김상구·윤여복 공역, 『패러디 이론』, 문예출판사, 1995, 23쪽. Linda Hutcheon, A Poetics of Postmodernism-History, Theory, Fiction, New York & London : Routledge, 1988, p.127.

外典]은 창세기의 기록에는 나타나지 않는, 그러나 작가의 상상력에 의해 재구성된 '古記'의 부연, 혹은 후일담에 해당하는 내용으로 작가의 기독교적 사유의 진면목을 발견할 수 있는 곳이다.

따라서 〈역증가〉가 보여주고 있는 형식적·내용적 특징을 고려할 때, 창세 설화가 작가에 의해 재해석되어 텍스트 상호간의 반복과 차이를 드러내고 있는 古記 3篇에 대한 분석이 일차적으로 이루어져야 한다. 여기에는 비교적 창세 모티프의 충실한 재현을 바탕으로 기독교적 사유에 대한 작가의 기본적 인식을 소박하게 드러내고 있기 때문이다. 그러나 외편에 해당하는 [古記 外典]의 분석에 이르러서는 좀더 신중한 텍스트 읽기가 필요하다. 작가는 내편에서 충분히 다하지 못한 기독교적 상상력의 날개를 여기에 와서 마음껏 펼치고 있기 때문이다. 즉 박상륭은 창세 설화의 '낯설게 하기'를 통해 자신이 이야기하고자 하는 기독교적 상상력의 진면목, 다시 말해서 영지주의적 인식에 바탕을 둔 기독교적 세계관을 확고히 하고 있다.

박상륭은 〈역증가〉에서 인류 역사의 시작에 즈음한 사건들에 회의를 품음으로써 창조創造와 구속사救贖史로 단정지을 수 있는 기독교적 세계관에 대한 근원적 거부감을 드러내고 있다. 보수주의적인 기독인들은 〈창세기〉를 통해 인간뿐 아니라 우주와 땅, 그리고 그에 속한 뭇 생명체의 일반적 기원에 대한 답을 얻고자 한다. 그것은 〈창세기〉(Genesis)라는 이름이 '기원'(origins)을 뜻하는 헬라어에서 유래했다는 점에서도 나타난다. 때문에 "왜 창세기를 읽는가? 우리의 기원을 알기 위해서다. 우리가 누구이며, 우리의 삶이 어떤 의미가 있는지를 알기 위해서다. 세상에서 우리의 자리를 알고, 우리와 다른 피조물의 관계와 우리와 다른 사람들의 관계와 우리와 하나님의 관계를 알기 위해서다. 예수 그리스도의 사역에서 절정에 이르는 구속사의 나머지 부분의 의미를 깨닫기 위해서다"[2]는 언명은 정통 보수신학을 지향하는 다수의 독자들에게는 창세기가 갖는 너무나 당연한 의미일 수 있다. 그러나 〈창세기〉의 이러한 의미는 박상륭과 같은 영지주의적 인식론자들에게 이르면 그 뿌리에서부터 전혀 새롭게 해석된다. 이를테면 박상륭에게 〈창세기〉는 신과 인류의 어긋난 시작을 고변하는 기록이며, 신의 제척으로 인해 고통당하는 실존적 자아의 처절한 울부짖음이 아로새겨진 인간 비극의 역사인 것이다.

2. 실낙원 모티프와 자유의지

[古記 1]은 인간 역사의 비극적 사건을 가져온 장면에서 시작하고 있다. 신은 자신의 형상을 본떠 인간을 창조했고, 또한 그들에게 에덴을 선물하고 "생육하고 번성하여 땅에 충만하라. 땅을 정복하라. 바다의 고기와 공중의 새와 땅에 움직이는 모든 생물을 다스리라"(〈창세기〉제1장 제28절)는 무한한 특권을 부여했다. 그러나 "동산 각종 나무의 실과는 네가 임의로 먹되 선악을 알게 하는 나무의 실과는 먹지 말라 네가 먹는 날에는 정녕 죽으리라"(〈창세기〉제2장 제16절-제17절)는 금지의 법을 세움으로써 유혹으로부터 나약할 수밖에 없는 인류에게 타락의 길을 터놓는 모순을 드러내고 있다.

---

2. 트렘퍼 롱맨 3세, 전의우 역, 『어떻게 창세기를 읽을 것인가?』, 한국기독학생회출판부, 2006, 15~16쪽.

동산의 중앙, 선악善惡을 알게 하는, '지혜의 나무' 아래.
아담, 하와, 간교한 뱀. 저 모든 것들을 창조한 이는, 어디 서늘한 그늘 아래, 아마도 '생명의 나무'의 둥치에 등을 기대고, 낮잠에라도 들었을 터이다. 중원中原 뜰에 자빠져 누운 장자莊子라는 이가, 춘곤에 '나비의 꿈'을 꾸고 있기에는, 때가 좀 너무 이르겠는지, 어쩌겠는지는, 두고 한참 생각해보아야 할 일이겠는다. (〈창세기〉제3장 제3절 기사 참조)[3]

인용문은 인간 비극의 역사가 시작되는 현장의 상황을 희곡적 장면제시 형식으로 기술한 소설의 도입이다. 여기서 우리는 간교한 뱀의 농간에 유린당할 아담과 하와의 위기 앞에서 창조자는 한낱 방관자처럼 행위했음을, 즉 일종의 직무유기와 같은 중대한 실수를 범하고 있다는 사실이 지적되고 있다는 점에 주목해야 한다. 패러디스트로서의 작가 박상륭은 인류 최초의 타락, 즉 신과의 사이에 맺어진 계율을 깨뜨림에서 시작된 인류의 불행이 근원적인 면에서 신에게도 그 책임이 있음을 부각시키고자 함이다. 작가는 신이 창조주로서의 책임을 방기했던가, 아니면 유혹자와의 대결에서 애초부터 힘의 균형을 상실하고 있었던가에 대해 심각한 의혹을 제기한다. 마치 지나가는 말처럼 흘리고 있는 패관 박상륭의 언사言辭에는 미묘한 반항의 언중유골言中有骨이 느껴지고 있다.

[古記 1]은 기본적으로 창세기 제3장 제1절에서 제7절까지의 서사를 충실하게 따르고 있다. 이 부분은 창조주의 창조물 가운

---

3. 박상륭, 〈역중가〉, 155쪽. 본고에서 인용하는 〈역중가〉는 다음의 출처에 따른 것임을 밝혀둔다. 박상륭, 〈역중가〉, 《소설법》, 현대문학, 2005.

데 가장 간교한 뱀이 여자를 유혹하고, 그로 하여금 신의 금지 계율을 어기게 하여 인간 타락의 역사가 시작되는 장면이다.

> (1) 뱀 - (여자에게 물어 가로되) 하나님이 참으로 너희더러 동산나무의 실과를 먹지 말라고 하시더냐?
> 하와 - (뱀에게 말하되) 동산나무의 실과를 우리가 먹을 수 있으나, 중앙에 있는 나무의 실과는 하나님의 말씀에 먹지도 말고 만지지도 말라, 너희가 죽을까 하노라, 하셨느니라. (155~156쪽)

> (2) 뱀 - (여자에게 가로되) 너희가 결코 죽지 않으리라. 너희가 그것을 먹는 날에는 너희 눈이 밝아 하나님 같이 되어 선악을 알 줄을 하나님이 아심이라.
> 아담 - 선악이란 무엇이료? 그것을 아는 것이 지혜런가? 지혜란 또 무엇이료?
> 뱀 - 그런즉 저 과일을 따, 먹어보면 그 모두를 알 것이 아니냐? 갓 태어난 짐승의 새끼들과 다름이 없어, 너희 눈도 뜨여지지 못하여, 그래서 묻는도다. 먹어보면 눈이 뜨일 것이고, 그러면 모든 것이 환하게 보일 테다.
> 하와 - 나무를 본즉, 그 열매는 먹음즉도 하고 보암직도 하여, 지혜롭게 할 만큼 탐스럽기도 하여라.!(말하며, 그 열매를 따고, 먹어본 뒤, 함께한 아담에게도 주매, 그도 먹은지라)
> (162~163쪽)

인용문에 나타난 것처럼 작가는 선행텍스트인 창세기의 기사를 별다른 가감을 행하지 않고 충실히 재현하고 있다. 뱀의 출현 전까지만 하더라도 아담과 하와에게는 창조자의 진노를 불러일으킬만한 어떠한 불순함도 나타나지 않았다. 그러나 어디선가 등장한 간교한 뱀의 유혹에 지금껏 어떤 의심과 회의조차 갖지 않았던 두 사람은 너무나 쉽게 허물어지고 만다. 인용문 (1)에서 하와는 뱀의 질문에 '먹지도 말고 만지지도 말라'는 다소 과장적 표현을 섞어 신과의 금지계율에 벗어나지 않았다. 그러나 인용문 (2)에 이르면 아담과 하와는 어느새 의심하고 회의하고 있다. '선악이란 무엇인가', '지혜란 무엇인가'에 대한 의문은 탐욕으로 이어지고, 이렇게 신과의 금지계율은 스스로의 회의에 의해 무너지고 만 것이다. 여기서 우리는 '사고하는 존재'로서의 인간성을 발견하게 된다. 즉 데까르뜨(Oeuvres de Descartea)의 표현을 빌리자면 "나는 생각한다. 그러므로 나는 있다"(Cogito, er go sum)라는 명제에서처럼 인간의 현존(existence)은 '사유 능력'에 바탕하고 있는 것이다.[4] 따라서 뱀의 유혹에 넘어간 최초 인류의 모습에서 우리는 인간에서 태초부터 '회의하는 자'로서의 실존적 면모가 내재되어 있었음을 발견하게 된다. 뱀은 이것을 '자유의지'라는 다소 철학적인 궤변詭辯으로 역설하면서 인간의 타락 앞에서 과연 '신'은 자유로울 수 있는가라는 독설毒舌을 전개한다.

> 하와가 만약에, 저 열매 따기를 거부한다면, 끈을 쥔 자와, 그 끈 끝에 매인 망석중이, 의 관계는 분명해지겠으나, (하와가) 자기의 자유의지에 의해서-라는 말은, '유혹'은, '강압'이나 '강제'라는 뜻은, 전혀 내포하고 있는 것이 아니라는 말인데-만약에 저 열매를 딴다면, 그 관계는 역전될 수도 있다. 그리고도 물론, 저것들의 살기를 한참

---

4. 데까르뜨에 있어서 '생각한다'는 것은 "의심하고, 이해하고, 긍정하고, 의지하며, 의지하지 않으며, 또한 상상하며, 감각하는 것"을 포함한 우리의 정신 활동 전체를 의미하는 것이다. 최명관, 『방법서설, 성찰, 데까르뜨 연구』, 서광사, 1989, 156쪽.

이나 더 지켜보고서야 할 말이겠으나, 그렇게 되면, 저 끈 끝에서 '조종당하는 자'는, 안됐게도, '사람'의 반대편에 서 있는 자가 될지도 모른다 말이지. '자유의지'는 분명히, '자아'의 인식에 의해서 드디어 형성되는 것일 것? 것! 것. 그것은 (畜生의) 무명無明 속에 씨눈되어 있는 '욕欲', 말하는 바의 '본능本能'과는, 숫염소와 아담처럼 다를 테다. 비유로 말하면, 북명北溟에 기복해 있는 곤鯤과, 남해南海 위를 나르는 붕鵬의 관계일 테다. 저 계집이 글쎄, 제년의 자유의지로 저것을 딴다면, 먼 훗날의 빌라도모양, 신神 자기는 손 썼고, 죄와 벌을 다른 것에게 남겨둘 테다. 돌빼! 그런즉 누가 그 책임을 져야 되는가? 감히 묻게 되거니와, 신은 그래서, 인식하며 의식하고 산다는 것들이 짓게 되는, 모든 행위, 특히 과오에 대해서, 절대적으로 자유로울 수 있는가? 그렇다면, 또 묻게 되지만, 이 말은 바꾸면, 자유의지로 행위하는 것들은 또, 절대적으로 신의 섭력으로부터 자유스러울 수 있다는 말이 되는 것이 아닌가? 그렇다면, 신과 그의 피조물, 그중에서도 자유의지를 갖는 것들 사이에 있음에 분명한, 어떤 연대랄 것은 끊겨버린 것인가? (158~159쪽)

창조주는 자신의 형상을 닮은 유정有情을 창조하면서 아울러 그에게 '자유의지'를 부여했다. 따라서 하와의 행위는 전적으로 신으로부터 부여받은 자유의지에 따른 것으로 이해되지만 여기에는 또 하나의 모순이 내재되어 있음을 간과해서는 안 된다. 하와가 간교한 뱀의 유혹에 끝내 현혹되지 않았더라면 '끈을 쥔 자'로서의 창조주와 '그 끈 끝에 매인 망석중이'로서의 피조물의 관계는 너무나도 명료했을 터이다. 그러나 인간의 자유의지는 이러한 관계를 전도시킨다. '끈을 쥔 자'로서의 창조주는 오히려 '끈 끝에서 조정당하는 자'로 지위와 역할을 옮겨지게 되는 것인데, 이것은 신의 창조물로 인해 죄를 짓게 되고, 그 결과로 에덴에서 추방당하여 영원한 고난의 형극을 걷게 된 인간 역사의 비극에 대한 면죄부를 부여받는 의미가 되는 것이다. 다시 말해서, 인류의 타락과 범죄는 창조주 자신의 방관 내지는 불순한 의도에 따른 것이 아니라, 전적으로 인간 스스로의 자유의지에 따른 선택의 결과일 뿐이라는 논리의 성립이 이루어진다. 그러나 박상륭은 이러한 신의 행위에 과감히 '돌빼'이라 고함친다. 이것은 창조자의 방관과 직무유기에 대한 꾸짖음이며 탄식이다. 과연 신은 인류의 모든 행위들에 대해 자유로울 수 있는가? 만약에 신의 여러 피조물들 가운데 자유의지란 것을 가진 유정有情의 행위가 전적으로 창조주의 의지와 무관한 것이라면 그로부터 양자의 연대는 단절된 것을 의미함인데, 과연 인간과 신의 관계는 무연한 것인지에 대한 자각과 반성이 이루어져야 함을 진지한 의문으로 던져 놓았다.

3. 에덴 상실과 인간 비극에 대한 근원적 의문

[古記 2]는 창세기 제3장 제8절에서 제24절까지의 서사에 바탕을 두고 장면이 전개되고 있다. 아담과 하와는 동산 중앙의 실과를 범함으로 창조주로부터 돌이킬 수 없는 책망을 받고 에덴으로부디 영원히 추방당하게 된다.

> 에덴의 동쪽, 울 밖. 가시덤불과 엉겅퀴로 거칠은 들 가운데. 아담과 하와. 에덴의 동편 울을 둘러, 그룹(Cherubim)들과, 두루 도는 화염검을 두어, 쫓아낸 두 사람이 되들리는 것을 막고 있다. (164쪽)

인간 비극의 역사가 에덴을 상실한데서 출발함은 자명하다. 그것이 비록 인간의 자유의지에 의한 주체적 결단이었다 할지라도 창조주와의 관계 단절에서 모든 비극이 시작되었으며, 인간 역사의 고난과 투쟁이 에덴의 상실에서 비롯했음을 부인할 수 없다. 이후 인류가 제 아무리 에덴을 회복하기 위해 몸부림칠지라도 이미 그곳은 가시덤불과 엉겅퀴가 죄지은 인류의 접근을 차단하고 있으며, 그룹과 화염검으로 빈틈없이 차단되어 있음에서 비극의 심연은 그 깊이를 더할 뿐이다. 심지어 창조주는 아담과 하와에게 노동과 생산의 고통을 더함으로써 신의 진노가 얼마나 극심한 것인가를 분명히 하고 있다. 그런데 우리는 또 하나의 의문을 갖지 않을 수 없다. 도대체 신의 자비는 어디에서 찾을 수 있는가. 아담과 하와의 처절한 부르짖음에도 신은 외면할 뿐, 도대체 용서의 기미를 보이지 않았다. 어째서 단 한 번의 실수가 이토록 되돌릴 수 없는 형극으로 징치되는 것이며, 또한 그 형극이 그들에게서 끝나지 않고 그들의 후손들에게까지 대물림되는 것인가에 대해 우리는 되묻지 않을 수 없는 것이다.

> (1) 이것이, 주여, 당신이 원했던 결과이니까? 이것이 당신의 계획이었나이까? 이렇게 내팽겨쳐버리기 위해, 당신은 우리를 짓고, 에덴을 꾸민 뒤, 나뭇가지 위에다 덫을 매달고, 나무둥치 밑에는 무저갱을 파놓았던 것이오니까? 그리하여 하와와 아담은, 손발이 덫에 끼인 채 무저갱에로 떨어져내려 있소이다. 이것이 당신의 즐거움이 되리까? 간교한 뱀은 누가 지었나이까? 자생자自生者리까? 그렇다는즉, 당신은 만유의 주는 아니니다. 어찌하여 당신은, 당신의 진한 생기를, 한 유정에게만 먹였다는, 그 한 유정-사람을, 뱀의 혀에 붙이셨나이까? 그렇게 하지 않으면 안 되었던 까닭은 무엇이었나이까? …(중략)… 이것이

시험이리까? 무엇을 위한 시험이었나이까? 주여, 이제는, 당신이 위로가 아니라, 다만 두렵기만 하나이다! 당신의 손은 물론, 눈길도 닿을 수 없는 데까지 도망쳐, 숨고만 싶으오니다. 당신을 드러내 보이지 않으려거든, 부디 떠나소서, 우리로부터 떠나소서! (166쪽)

(2) 당신은, 이 한 계집의 잘못을, 이 한 계집에게만 머물리지 않고, 아직 태어나지도 않은 자식들에게까지도, 영영세세토록 물려주었사온데, 그런즉 어찌 그 잘못만이 유전되리까? 이 계집의 가슴에 얼어붙은, 그 한은 어찌 유전되지 않으리까? 어미가 될 것이 괴롭고 슬프오니다. 죄의식과 이 한을, 젖으로 자식의 입에 흘려넣어야 되는, 어미일 것이 저주스럽나이다! … (중략)… 두려운 것은, 저 자식들의 뒤꿈치가, 저 뱀의 대가리만을, 향해 찍어내리지만은 않을 것이라는, 주여, 그것이 두렵나이다. 이 계집의 배앓이에서 태어난 자식들 중의 어떤 자식들이, 어느 날, '신은 죽었도다!'라고, 당신의 머리를 디뎌 일어설 것이 두렵나이다. 죽음이 이 계집께 쳐들었다면, 그것은 이 계집 속에서의 '당신의 죽음이오니이다!' 주여, 당신은, 남자와 함께 하여 낳게 될, 남자와 여자의 자식 중에서도, 어미의 성女性을 구비한 자식까지도, 그애가 결혼한 남편의 종이 되라고 저주하였사오니, 남자와 여자 사이도 이간해버리셨음인 것, 불목은 이미 가족 간에도 와버렸음임인 것, 그 세상의 화목까지도 이미 깨뜨려져버렸으니, 하실 수 있으면 주여, 아직 이 계집께 태아의 피가 맺혀져 있지 않은 지금, 이 계집을 치소서! (167~168쪽)

선행텍스트로서의 창세기 서사를 아무런 회의적 시각을 개입시키지 않고 읽어간다면 인간의 타락이 초래한 결과의 비참함을 만나는 것으로 끝날 뿐이다. 창조주는 인간의 타락에 대해 육체적 죽음만은 선언함에서 머물지 않고, 인간과 인간 상호 간의 단절, 인간과 신과의 단절이라는 관계성의 문제에 접근하고 있다. 즉 "하나님이 그 사람을 쫓아내시고 에덴 동산 동편에 그룹들과 두루 도는 화염검을 두어 생명나무의 길을 지키게"(《창세기》제3장 제24절)함으로써 상호 관계성의 단절을 선언한 것이다. 그리고 죄인으로서의 아담과 하와는 그저 묵묵히 신의 선언에 순종함으로 에덴에서 멀어져가는 것이 선행텍스트가 보여주는 서사 층위이다. 그런데 박상륭은 [古記 1]에서와 마찬가지로 이 부분에 있어서도 현존재로서의 근원적 의문을 제기한다.

먼저 인용문 (1)은 아담의 입을 빌어 현실화된 모든 상황에 대한 강한 불만을 드러낸다. 신의 형상을 빌어 인간을 창조한 의도가 그저 이렇게 허무하게, 무참하게 버리기 위함이었는지, 이것이 당신의 즐거움을 위함인지, 그리고 간교한 뱀을 창조한 이도 창조주 당신이라면 그것이야말로 당신 스스로의 권위를 무너뜨리는 행위임을, 이 모든 것이 '시험'이라면 도대체가 무엇을 위한 시험인지에 대한 회의가 연속적으로 제기되고 있다. 즉 이는 인간의 창조 목적에 대한 근원적인 회의이자, 신의 섭리에 내재된 모순을 지적함이다. 그래서 아담은 "부디 떠나소서, 우리로부터 떠나소서!"라는 울분과 회의에 찬 선언을 고하게 되는 것이다. 한편 인용문 (2)의 하와의 경우, '어미'로서의 모성적 회한이 짙게 배어나온다. 아울러 어미로부터 태생적으로 죄의식과 한을 되물림받은 자식들의 뒤꿈치가 뱀의 대가리만이 아닌 심지어 창조주를 향하게 될 것을 두려워하고 있다. 즉 "신은 죽었다!"라고 선언하게 될 니체의 항변을 비롯한 수많은 회의론자, 무신론자들의 저주와 맞섬이 하와 자신에게서 비롯됨을 한스러워 하는 것이다. 또한 여자에게 가해진 형벌로서 남자의 종이 되라 명함은 결국 인간 역사 대대로 유전되어 남여 사이를 이간하고, 가족을 와해시키고, 결국에는 이 세상의 화목을 깨뜨릴 수밖에 없기에 하와는 "아직 이 계집께 태아의 피가 맺혀져 있지 않은 지금, 이 계집을 치소서!"라고 절규한다. 결과적으로 에덴에서의 추방에 즈음하여 아담과 하와는 다시 한번 창조주와 피조물 사이에 생겨난 심연의 부조리함과 내재된 모순성을 구체적으로 지적하면서 인간 역사의 비극에 근원적 의문을 던지고 있다.

4. 카인과 아벨 모티프와 실존적 자각

끝으로 내편內篇의 마지막 장인 [古記 3]은 창세기 제4장 제1절에서 제15절까지의 서사를 재구성한다. 특히 이 부분은 인류 최초의 살육이라는 비극적 사건을 담아내고 있다는 점에서 창세 설화 가운데서도 결코 가볍게 넘길 수 없는 서사이다.

> 카인, 아벨. (아비 아담과 어미 하와가 기거하는) 동굴로부터 조금 떨어진 들 가운데에 있는 종려나무 아래. 넓직한 반석 둘-제단祭壇. 이벨의 제단에서는, 잉걸불에 태워지는 양기름과, 고기 냄새가, 연기에 섞여, 들에 푸르게 퍼지고 있다. (稗官의 稗見에는, 이것이 저들의 첫 제사행위였던 것으로, 이방인들의 巫俗祭가 도입된 듯하다. '신약'에 이르러 그것이 극복된 듯하지만, 저것은 어째도 무속적이다) (171~172쪽)

〈창세기〉는 인류 최초의 살육, 더구나 혈육간의 상쟁相爭을 매우 담담하게 서술하고 있다. 실낙원 이후 창조주의 저주처럼 하와는 잉태와 출산의 고통을 겪으며 두 아들을 생산한다. 그리고 역시 창조주의 저주에 따라 남자로 태어난 두 아들은 땅에서 수고하는 고통의 삶을 묵묵히 수행하였다. 그리고 그 결실에 대한 감사의 제사까지 드리는 극진한 정성을 행하고 있음이 인용문에 나타난다. 그런데 창조주는 쉽게 납득하기 어려운 태도를 보임으로써 결국 인류 최초의 비극적 사건을 이끌어내고 말았다. 〈창세기〉의 기록에서는 구체적으로 무엇 때문에 카인의 제물을 신이 받아들이지 않았는지가 분명치 않다. 다만 어렴풋하게나마 단서를 짚어보자면 "네가 선을 행하면 어찌 낯을 들지 못하겠느냐 선을 행치 아니하면 죄가 문에 엎드리느니라"(〈창세기〉 제4장 제7절)고 하여 판단의 기준이 '선'善, 즉 의도의 순수성 여부에 있었음을 제시하고 있다. 그러나 이 역시 명쾌한 해석으로 납득되기는 어렵고, 창조주의 지극히 주관적인, 때문에 아직도 여러 논란을 야기하는 부분임에 틀림이 없다. 이처럼 납득하기 어려운 이유를 들고 있는 신의 의도는 무엇인가에 대한 인류의 궁금증을 패관稗官 박상륭은 카인의 입을 빌어 던지고 있다.

   (혼자 남게 되자, 자기 제단의 제물을 발길로 걷어차 사방에 흩뜨린다) 개미며, 지렁이, 굼벵이들은 와서 이 제물을 열납할지라! (그리고는 씩씩거리며, 제가 만든 제단 위에 털썩 주저앉고, 쏟아지는 눈물을 주먹으로 훔치며, 흘긴 눈으로 사방을 휩쓴다) 젠장, 내가 무슨 '선을 행하지' 안 했다는 말이냐? 어떤 것을 선이라고 이르고, 또 죄라고 이르느냐? 내가 과연, 선이 무엇이며, 아닌 것이 무엇이고, 죄도 또한 알고 있다는 말이냐? 양치기 대신, 땅을 갈기는 선행이 아니어서, 그 소산으로 제사하기는 죄인가? 아벨의 하나님이여, 그 업(농사)이, 아담 나의 아버지께 준 것이 아니었나이까? 카인은 지금, 당신은 공평하지 않다고, 계

부처럼 편애하고 있다고, 투덜대고 있사온대, 이것이 선하지 않다면, 무엇의 까닭으로써 이겠나이까? 선후는 어찌 되었든 상관할 바 없다 해도, 같은 씨앗이, 같은 배앓이를 통해서 태어난 우리 두 형제를, 차별하여, 하나는 교만함으로 가슴을 펴게 하고, 하나는 버림받은 참담하므로 움츠러들게 한 일은, 과연 정당한 선행이리까? …(중략)… 이 인간이, 한번도 생각이라도 해본 적 없는 죄를 범했다면, 그것은 당신의 길가에 서 있었다는 죄밖에 없을 것입니다. (보다 현학적으로 말한다면, 구레네 사람 시몬의 죄는, 예수가 십자가를 메고 가며 힘들어하는, 그 길가에 서 있었다는, 그 죄밖에는 없다는 얘기가 될 것이다) 이제 알겠삽는데, 당신이 만약, 양치는 아벨의 작은 하나님이라면, 농부인 카인과 당신의 길은 어긋나 있사오니, 아벨의 양들이 설사병에 걸리지 않게 돌봐주시고, 이리떼에게 찢김을 당하지 않게 지켜 주셔이다. 이제 카인에겐 카인이라는, 이 인간이 있을 뿐이외다. 인간이 신을 잃기는 비극이로되, 신의 편에서 그를 제척하고서야, 이 인간은 자기를 찾아낸 듯하오이다. 당신은 이 인간을 정당하지 않게 부정하였으나, 이 인간은 정당한 이유로, 당신을 부정하려 합니다. 나, 하나의 유약하고 어리석은 인간과, 당신, 전능하고 전지한 신과의 하직은, 이렇게 고해야겠소이다! (173~176쪽)

카인에 대한 신의 외면이 '선을 행하지 않음'이라는 다소 모호한 이유에 대해 박상륭은 의문을 제기한다. 도대체 진정한 선이란 무엇을 일컬음인지, 또한 카인의 죄가 무엇에 연유함인지에 대해 의심하지 않을 수 없다. 카인의 말처럼 "양치기 대신, 땅을 갈기는 선행이 아니어서, 그 소산으로 제사하기는 죄"인 것이라면 "당신은, 짐승을 죽여 태우는, 짐승의 기름과 살을 태운 제물을 기꺼하시니, 당신은 목축꾼의 신이리까?"(172쪽)라는 간교한 뱀의 독백이 오히려 귀에 솔깃하게 들릴 정도이다. 그리고 선후관계를 떠나서 신의 공평치 못함과 편애에 대해 항변하는 지금의 불경한 태도를 문제 삼는다 하더라도 한 형제를 차별함으로 그 마음에 불평을 갖게 한 창조주의 의도는 과연 '정당한 선행'인가를 되묻지 않을 수 없는 것이다. 카인의 입을 빌어 제기된 신의 의도가 지닌 순수성, 그 진정성에 대한 의문은 오늘날까지도 우리에게 풀리지 않은 수수께끼로 남아있음을 다시 한번 되새길 수 있는 대목이다.

결국 카인과 신의 대척이 인간의 힘으로 어찌할 수 없는 운명적인 굴레임을, 신에 대한 인간의 부정은 결과적으로 정당한 귀결임을, 그리고 이 비극적 사건이 비로소 인간의 실존적 자아를 찾게 한 의미 있는 사건이었음을 작가는 주목하고 있다. 카인 자신이 결코 "한번도 생각이라도 해본 적 없는 죄를 범했다면" 그것은 의도된 불순함이 아니었기에 단지 "당신의 길가에 서 있었다는 죄"일 수밖에 없는 것이다. 즉 신에 의해 섭리된 운명적 굴레에 인함이다. 비유적으로 구레네 시몬이 십자가를 짊어지고 골고다를 오르던 길옆에 있었던 것도, 가롯 유다가 예수를 은전 삼십에 유대 관원에게 넘기게 된 사건도 모두 신의 섭리에 의함이지 자아의 주체적 선택이 아니었다는 점을 인지시키고 있다. 따라서 그러한 신에 대한 인간의 부정은 정당하다는 논리가 성립한다. 따라서 "당신은 이 인간을 정당하지 않게 부정하였으나, 이 인간은 정당한 이유로, 당신을 부정"하려 한다는 카인의 당당함은 신의 의도보다도 오히려 그 진성성에 있어서 우월하다는 자신감에서 나오는 것이다. 그리고 이 순간 카인은 비로소 주체적 자아로서의 인간, 실존적 자아로서의 인간을 자각하게 된다. "이제 카인에겐 카인이라는, 이 인간이 있을 뿐이외다. 인간이 신을 잃기는 비극이로되, 신의 편에서 그를 제척하고서야, 이 인간은 자기를 찾아낸 듯하오이다"는 카인의 목소리는 상처받은 한 영혼의 울분에 찬 항변일 수도 있지만, 한편으로는 신 앞에 맞선 당당한 실존적 자아의 자기 선언이기도 하다. 이처럼 인류 최초의 비극에는 되짚어보아야 할 다수의 의문이, 기존의 보수적 신학이 제시한 신의 섭리를 넘어서는 또 다른 맥락이 내재되어 있음을 작가는 주목하고 있는 것이다.

이처럼 [古記 1]에서 [古記 3]에 이르기까지 박상륭은 창세 설화의 중요 사건을 비교적 충실하게 재맥락화하고 있다. 신과의 계율을 지키지 않음에서 시작된 실낙원의 비극과 인류 최초의 살인에 이르기까지의 서사 층위는 선행텍스트로서의 〈창세기〉를 충실히 따르면서도 각각의 사건마다에 작가의 개인적 의문을 개입시키면서 선행텍스트와의 차이를 유발한다. 그리고 그 차이에 해당하는 진술이 바로 패러디텍스트로서의 〈역증가〉를 통해서 보수적 신학에 의해 고착화된 정경正經의 권위에 도전하고자 함이었으며, 또한 '세계 내 존재'로서의 인간 실존의 문제에 대한 주체적 자각의 발현으로 이해될 수 있다.

5. 창세 모티프의 주체적 해석과 영지주의적 사유

박상륭의 〈역증가〉는 성서의 창세 모티프를 근간으로 삼으면서도 논리적 인과성과 시·공간을 넘나드는 여백을 특유의 상상력으로 메워가고 있다. 따라서 지금부터 살펴보고자 하는 서사는 창세 설화의 원전으로부터는 벗어난 것이며, 동시에 패관 박상륭의 상상력이 극대화된 부분이다. 〈창세기〉는 동생 아벨을 살인한 카인의 후일담에 대한 구체적 언급을 생략한 채 곧바로 홍수 이전 시대의 종족형성과 노아 시대의 역사로 넘어가고, 후반부는 이른바 '족장 내러티브'(patriarchal narratives)와 요셉의 생애로 마무리되고 있다. 이처럼 창세 설화의 전면에서 인류 최초의 살인이라는 문제적 상황을 일으킨 주인공이 갑자기 서사의 중심에서 사라져버린 것을 작가는 외편의 주석 형식을 빌어 되살려내고 있다. 그리고 창세 설화의 주체적 재해석을 통해 작가 특유의 기독교적 상상력, 이른바 다분히 위경적僞經的이며 영지주의적인 신학론神學論을 펼쳐나가고 있다.

[古記 外典]이라 명명한 외편의 서사는 구백스물아홉살에 이른 노령의 아담과 구백 세 가까운 나이의 아들 카인이 산기슭의 어둑스레한 동굴 속에서 눈물겨운 재회를 하는 장면에서 시작하고 있다. 그리고 이들은 구세기九世紀에 걸친 각자의 인생행로에서 새롭게 깨닫거나 회의한 것들에 대한 담론을 주고받는데, 그 내용은 신의 창조 섭리와 인간의 존재론적 실존에 대한 몇 가지 진지한 의문들이다. 따라서 아담과 카인의 대화 속에 오가는 몇몇 물음과 대답을 주의깊게 들여다보면 신 존재에 대해, 혹은 기독교의 신관神觀에 대해 의심스러웠던 근원적 질문들을 만나게 되고, 그것들에 대한 매우 독창적인 해석을 접하게 된다.

> 마는, 이제는 말이지만, 나는, '지혜의 열매' 맛을 알고 있었던 것이다. 그것이 문제였다. 나는, 짐승이 본능적으로 욕망하는 것 외에도, 훨씬 더 많은 것을 욕망하고, 그뿐만도 아니어서, 육신적 물질적 이외의 것을, 사실은 더 많이 꿈꾸고, 욕망하고, 생각하고 있던 것이다. 나는 그래서, '에덴'이라는 그 (곳+것)에로 돌아갈 수 있는다 해도, 에덴은 그리고 구태의연하다 해도, 아담은 이미 이전의 아담은 아니라는 것을, 그럼으로 에덴도 더 이상 이전의 에덴은 아닐 것이라는 것

을, 알아버린 것이다. 네 어미 길 떠나고 난 뒤, 갑자기 알아낸 것이 이것이지만, 에덴은 '곳(장소)'이 아니라 '것(상태)'이나 아니었던가 하고 생각한다. 그런즉 '우리'는, 한 발자국도 에덴으로부터 떠나본 적은 없는데, 지혜의 열매를 맛보기에 의해, 말하자면, 짐승의 새끼가 태어났을 땐 눈꺼풀에 덮여 장님이다가, 어느 날 눈을 뜨기처럼, 눈을 뜨자, 상황이 바뀌어 보인 것뿐인지도 모르겠다는 생각이다. 이것이 비극인지, 인간으로써의 한 성장인지, 그것은 나로써는 모르고 있을 뿐이다. 모르되, 나는 더 이상, 이전의 아담은 아니며, 어쩌면 이전의 아담이기를 원하고 있지 않은지도 모르겠을 뿐이다. 이것이, 불멸, 또는 영생을 지불하고 얻은 것이겠느냐? (183쪽)

피조물로서의 인간은 신이란 "내게 무엇인가, 무슨 의미인가, 또는 무슨 목적이며, 무슨 희망인가"(185쪽)에 대해서 끊임없이 묻고 회의한다. 그런데 이러한 회의의 출발은 신과의 약속을 파기함으로써 인간이 결국에 얻게 된 '인식'이라는 사고능력에 따른 것이다. 인간이 '지혜의 열매'를 따먹음으로써 얻게 된 '인식'이라는 사고 작용은 인간의 삶을 평화롭고 윤택하게 만들기보다는 오히려 '죽음'이라는 부조리 앞에서 고뇌하게 만들었다. 에덴에서의 아담과 하와가 그러했듯이, 영생이나 불멸에의 인식도 갖지 않았고, 따라서 필멸이나 죽음에 대한 인식조차도 갖지 않았을 때의 인간에게는 삶 자체가 의미이며, 목적이며, 삶이 그 전체일 수 있었다. 그러나 '짐승의 새끼가 처음 태어나 눈꺼풀에 덮여 장님이다가 어느 날 눈을 뜬 것'처럼 드디어 인식의 눈뜨임이 생겨날 때에 인간은 삶의 회의를 느끼게 되었고 절대적 신앙의 대상이었던 신의 존재에 대해서도 의심의 시선을 가지게 된 것이다. 인용문에서도 드러나고 있듯이 인간이 획득한 지혜는 기존의 세계관을 전반적으로 뒤흔들고 있는데 그것은 기독교적 이상향, 즉 '에덴'에 대한 새로운 해석이다. 그는 에덴을 '곳'이 아닌 '것'으로 인지하고 있다. 다시 말해서 구체적 공간으로서의 '장소'가 아니라, 추상적이며 관념적 지향으로서의 '상태'로 인식하고 있는 것이다. 이것은 성서 텍스트를 문자적 의미에 매달려 편협하게 해석하는 일부의 경향을 부정하고, 다분히 상징적 의미 체계를 내포하고 있는 열린 텍스트로 인지하고자 하는 작가의 의식을 반영하는 것이다. 그리고 열린 텍스트로서의 성서에 대한 인식은 보수적 신학론으로부터의 과감한 일탈, 즉 때로는 타종교와의 과도한 혼합 양상으로, 때로는 영지주의적 신학이 농후한 신관으로 덧칠되어 나타나는 박상륭식의 기독교적 상상력을 표상하는 것으로 이해할 수 있다.

이를테면 〈역증가〉에는 기독교적 상상력과 타종교와의 혼융 양상의 일례로 자이니즘적 인식론의 일면이 매우 심도있게 드러나 있다. 박상륭은 우주의 생성과정과 인류의 진화 단계를 일관유정一官有情인 에켄드리야(Ekendriya)에서 오관유정五官有情인 판켄드리야(Pānkēndriya)로의 진화 과정으로 설명하고 있다. 다시 말해서 아담과 하와로부터 시작되는 인류를 오관유정인 판켄드리야로 규정하고 이 판켄드리야의 오관유정이 에켄드리야의 일관유정에서부터 끊임없는 진화의 과정을 거쳐 도달한 것으로 해석하고 있는 것이다. 카인의 입을 통해 전개되고 있는 박상륭의 자이니즘적 사유는 기독교의 창조적 사유와는 정면으로 배치된다. 일반인들에게는 다소 생소한 자이이즘에 대해서 박상륭은 김윤식과의 좌담에서 상세한 해설을 덧붙여주고 있다.[5] 그의 설명에 따르면 인류는 수수억년의 끊임없는 진화의 과정 속에서 드디어 진화의 정점인 오관유정에 이르렀고, 그제야 비로소 신에 대한 인식을 하게 된 것으로 보고 있다. 따라서 "아담(인류)의 하나님은, 어쩌면, 아담이 판켄드리야를 성취하고, 그런 뒤 인식해낸 하나님일 수도 있다"(195쪽)는 카인의 논리는 태초로부터 존재했으며, 그에 의해 이 세계가 창조되었음을 부정함으로써 지금까지의 기독교적 세계관을 뿌리째 뒤흔들어 놓는다. 한걸음 더 나아가 자

---

5. 다음의 좌담 내용을 참고하면 '자이니즘'의 인식론에 대한 대강의 특징을 짐작할 수 있다. "제가 생각하기에는 인류가 이 땅에 있어온 지는 수수억만 년이 되었어요. 우리는 지금 호모사피엔스라고 하는데 어떻게 해서 수수억만 년 동안 인류는 오늘날 우리가 이룬 것 같은 문화나 문명을 이루지 못하고 지금부터 7천 년이나 8천 년 전부터 이런 갑작스런 문화를 이루었느냐? 그때 제가 해낼 수 있는 대답은, 그것이 지질학자들이나 고고학자들이나 과학자들이 대답해야 하는데, 그분들이 아직까지 대답을 못하고 있어요. 수수억만 년을 지구상에 있어오는 동안에 1관을 가진 존재부터 4관을 가진 존재까지…… 아마 진화의 과정상이 그렇지 싶어요. 자이나교에 의하면 1관을 가진 유정이 2관을 가지려면 몇억 년이 걸린다는 것이거든요. 그러니까 4관까지 진화를 해오기까지 수수억만 년이 걸렸을 거라는 거죠. …(중략)… 즉 7. 8천 년 전에, 그때부터 극적인 역동적인 발전이 있기 시작하는데, 그 5관을 갖추기 시작하면서부터 판켄드리야(Pankendriya)들이 자기의 안쪽을 들여다보기 시작했을 거라는 겁니다. 왜냐하면 그 수수억만 년 동안 밖을 내다보고 달이 지고 뜨고, 해가 뜨고 지고, 천체운행을 다 살폈을 것이지만 거기에서 어떤 신비함도 발견하지 못했는데 5관을 갖추면서 자기 밖에 있는 우주와 똑같은 우주를 자기 속에서 발견했을 거란 말이오. 이 5관을 가지 유정을 자이니즘에서는 판켄드리야라고 합니다. 이 판켄드리야들이 5관을 갖추면서 자기 안쪽을 들여다보자마자 이제까지 수억 년 동안 자기의 밖에 있어 왔던 똑같은 우주가 자기 안쪽에 있었다는 것을 알았겠죠. 그때 신비의 경험을 한 것입니다. 이러는 동안에 신까지도 판켄드리야로의 진화 과정상에 계속적으로 내재해 있었던 것입니다. 육신이 5관을 구비하면서 드디어 자기 속에 있는 초월적인 힘에 대해서 눈을 뜨고, 그것에 이름을 붙인 것이 타트다, 사트다, 도다, 또는 신이다, 여호와다, 이런 식으로 된 것입니다. 그렇다면 이 신은 죽일 수 있는 신이 아닙니다. 우리들 속에 내재해 왔던 것이 우리들의 진화와 함께 우리 속에서 하나의 초월적인 힘으로 발견된 것입니다. 그것은 우리가 발견한 우리 속의 어떤 것이고 외재적인 것이 아니기 때문에 죽일 수 없는 것입니다." 김윤식·박상륭·이문재 좌담, 「우리 소설을 지키는 프로메테우스」, 『문학동네』, 2003(가을), 380~381쪽.

이니즘적 세계관에 따라 '창조설'을 재해석하는 부분에 이르면 박상륭의 기독교적 상상력이 정통적 신론神論과의 극단의 대척점, 흡사 영지주의적 인식과 닮아가고 있음을 발견하게 된다.

우주도, 하나의 생체生體라고 이해하여, 생각을 진전시켜보기로 하면, 그것 또한 에켄드리야로부터, 태아기를 거쳐, 유아, 소년기, 그리고 생식기의 기능이 원활할 때까지 성장하고서야, 생명을 잉태할 것을, 당연지사가 아니겠습니까? 이렇게 가설을 세우고, 생각을 끌고 나가기로 하면, '땅이 혼돈하고 공허하며, 흑암이 깊음 위에 있'는 상태는, 아직 남자의 경험이 없는, 처자의 자궁 속의 상태가 아닐 것인가, 하는 추측을 가능케 합니다. 이런 자궁은, 아직 시간도 공간도 없어, 무엇이라고 일러야 할지 모르겠사온데, '혼돈하고 공허하며 흑암이 깊음 위에 있'다라고밖에, 달리 표현할 수가 없을 듯합니다. '음양론陰陽論'을 천지의 근원으로 삼는, 예의 저 도가道家에서는, 이것을 '곡신谷神'이라고도, '현빈玄牝'이라고도 하여, '현모한 암컷', 또는 '검은 암컷'이라고 이른다고 하더군요. '하나님의 신은 수면에 운행하시니라'에 이르러, 저 어두운 골짜기凹에 신凸이 임한 것을 드러내 보인 뒤, '하나님이 가라사대 빛이 있으라 하매 빛이 있었고…… 빛과 어둠을 나누사'라는 단계로 전이합니다. 추측을 계속하기로 하면, 다름 아닌, 어떤 '의지(로고스)'가, 저 자궁 속으로 뚫고 들어 있음을 보게 되네이다. 그것이 '첫째 날'이라고 하는데, 이 '빛'은 '말씀'이라고, 다른 방언으로는 '비자(Bija, 精子)'라거나, '빈두(Bindu, 點)'라고도, 또는 '아니마'라거나, '기氣'라고도 일려져온 것일 것입니다. 그것이 '첫째 날'이라고 이르는 것은, 저 자궁 속에, 드디어 시간이 시작되어 있다는 것으로 보입니다. '둘째 날'에는 '궁창'이 나뉘었다고 하는데, 이제 저 자궁 속에 '공간'이 설정된 의미로 이해되어집니다. 이 자궁 속에 양력陽力이 쏟겨든 얘기인뎁쇼, 이 양력이 (난자를 만나 결합하여) 자궁에 안착될 때, 그 생명을 에켄드리야라고 이를 수 있는 것이 아닌가, 하오이다. 그리고, '셋째 날'에, '풀과 씨 맺는 채소와 각기 종류

대로 씨 가진 열매 맺는 과목' 등이 나타났다고 하는데, 이는 드빈드리야의 출현으로 이해됩니다. 이 종교적, 신화적 '하루'를 어떻게 셈해야 될지는 모르겠으나, 그것이 뭐 그렇게 중요한 듯하지는 않으온데, '해와 달'들을 창조한 그날, '넷째 날'을 건너뛴 다음 날, 그러니까 '다섯째 날', '물고기와 새' 같은 생물들이 나타나는데, 이는 드빈드리야의 트린드리야에로의 진화의 결과로 이해됩니다. …(중략)… '여섯째 날'로부터, '육축과 기는 것과 땅의 짐승들이 그 종류대로' 드러났다 하는데, 그것인즉은 카투린드리야의 출현을 알리는 기사인 듯합니다. 그리고도 그날도 늦은 오후에, '사람(아담)'이 창조되었다 하는데, 드디어 판켄드리야가 나타난 것이었을 것입니다. (212~214쪽)

카인의 논리를 따르자면 인류의 진화는 물론이고 우주의 모든 창조마저도 에켄드리야에서 판켄드리야로의 진화 혹은 역진화를 거듭함에서 빚어진 결과임은 자명해지고 있다. 그렇다면 전지전능한 신의 창조사역은 어떻게 되는 것인가? 이 세상을 '말씀'으로 창조하셨다는 창조주의 전능함은 더 이상 신비함을 발휘할 수 없게 되었다. 다만 이 세상은 수수억년의 시간 속에서 오랜 진화의 연속으로 이루어진 것에 불과하기 때문이다. 이 경우 아담과 하와로 대표되는 인류의 신은 우리가 일반적으로 생각하는 절대적 권능의 창조주가 아닌 또 다른 의미로 해석되어야 한다. 바로 이 지점에서 우리는 박상륭의 기독교적 사유 체계가 서구 기독교 사상 가운데서 이단시되고 있는 영지주의靈智主義, 즉 그노시스 종파의 세계관과 맥이 닿고 있음에 주목하게 된다. 전통적인 기독교는 이 세계가 유일신의 위대한 창조물이라는 점에 한 치의 의문도 제기하지 않는다. 그러나 그노시스주의자들은 이 세계를 창조한 신은 유일신이 아니며 가장 강력하거나 전지전능한 신도 아니라는, 오히려 물질적 세계를 책임지고 있는 하등(下等)하고 무지한 신에 불과하다는 견해를 제시하고 있다. 따라서 일부의 영지주의자들은 최고의 신이란 이 물질적 세계로부터 완전히 분리되어, 물질적 측면이나 특성은 갖지 않는, 절대적으로 영적인 존재로 규정한다. 그리고 이 절대적 신에 의해 다수의 영적인 존재인 '에온(aeon)'이 창조되었고, 태초에는 하느님과 에온들이 사는 영역만 존재했었다고 인식하고 있다. 그러나 우주에 한 차례 재앙이 일어났고, 이때 에온들 가운데 하나가 신의 영역에서 추락하여 또 다른 하등 신들을 창조하게 되었는데 이렇게 만들어진 신들이 앞서 언급한 신의 영역 바깥에 존재하게 된 것이다. 결국 이러한 열등한 신들에 의해 우리 인간의 물질적 세계가 창조되었다고 보는 것이 그노시스주의자들의 일반적인 견해이다.

따라서 〈역중가〉에 드러난 작가의 기독교 인식은 신의 영역으로부터 분리된 '에온'이 창조한 다수의 신에 의해 이 세계는 조직되고, 운행되고 있다는 견해를 수용하고 있음이 분명해진다. 예를 들면 [古記 3]에서 아벨의 제사만을 흠향하고 카인의 제사를 물리친 여호와에게 "당신은, 짐승을 태워 죽이는, 짐승의 기름과 살을 태운 제물을 기꺼워하시니, 당신은 목축꾼의 신이리까?"(172쪽)라고 항변하는 뱀의 질문이 [古記 外典]에서 '짐승의 형상'에 의해 되물어지는데 이때 '사람의 형상'으로 나타난 여호와는 "아벨의 제물만을 열납한 일을 두고 자네는, 공평 불공평을 운위하려 드늤다? 농부 카인의 것은, 그것을 열납할 이가 따로 있었던 것도 모르느냐?"(243쪽)라고 답변하고 있다. 여기서도 작가는 신의 존재에 대한 유일성을 부정하는 관점을 드러내고 있는데, 바로 이러한 인식을 통해 박상륭의 기독교적 상상력이 그노시스주의에 바탕을 두고 있음을 재차 확인할 수 있는 것이다.

영지주의자들에게 있어서 인류의 구원은 그리스도를 믿음으로, 혹은 각종 선행을 행함으로 얻어지는 결과물이 아니다. 오직 진리를 알게 될 때에 구원에 도달할 수 있다. 즉 우리가 살고 있는 이 세계에 대한 지식, 진정한 하느님의 정체와 우리 인간의 정체 등에 대한 진리를 깨달을 때에 비로소 구원에 도달하게 되는 것이다. 우리가 어디에서 왔는지, 어떻게 이곳에 오게 되었는지, 그리고 어떻게 천국의 집(에덴)으로 돌아갈 수 있는 지에 대한 '지식'을 얻을 때에 구원은 이루어진다. 이런 맥락에서 볼 때에 작가 박상륭은 그노시스주의자이다. 그는 우리가 살고 있는 이 세계에 대해 끊임없이 탐구한다. 그리고 하느님의 정체에 대해, 우리 인간의 정체에 대해 다양한 종교적 사유를 접목하여 그 진리에 접근하고자 했다. 또한 우리가 어디에서 왔는지, 어떻게 이곳에 오게 되었는지에 대한 시원始原의 탐구와 함께, 어떻게 돌아갈 것인가에 대한 '갈마 역분열'의 답을 던져 놓고 있다. 아울러 박상륭은 '세계 내 존재'로서의 실존적 주체이다. 그는 끊임없이 회의한다. 그리고 쉼 없이 신과 대면하고, 신에게 다가선다. 삶을 방관하지 않는 자, 실존의 문제에 직면하여 자신을 아낌없이 던짐으로써 그는 삶을 자신의 내부로 견인히고 있는 것이다.

* * * * * * * * * *

본고는 박상륭의 〈역증가〉를 중심으로 작가의 기독교적 상상력의 일단을 살펴보는 것에 중점을 두었다. 박상륭이 보여주고 있는 종교적 사유가 단순히 기독교, 불교, 도교, 혹은 원시 샤머니즘적 사유 등으로 텍스트마다에 단편적으로 나타나는 것에 그치지 않고, 제사유諸思惟들이 엉킨 실타래처럼 하나의 텍스트 안에서도 복잡다기하게 형상화되고 있다는 점에서 연구의 의미를 부여할 수 있을 것이다. 이처럼 복잡하게 엉킨 실타래를 풀어나가기 위해서는 한꺼번에 모든 끈을 잡고 풀 수 없듯이, 박상륭의 종교적 사유를 풀어나가는 것도 매듭 하나하나를 끈기 있게 붙잡고 늘어지는 자세로 접근하는 것이 가장 지혜로운 방법이라 여겨진다.

〈역중가〉에는 창세 모티프를 선행텍스트로 삼고 그것을 특유의 기독교적 세계관에 입각하여 재해석하고 재맥락화하여 새로운 패러디텍스트로 창조해 놓은 작가의 노고가 담겨 있다. 기독교적 세계관에 대한 박상륭의 이와 같은 관심은 주지했다시피 그의 데뷔작인 〈아겔다마〉에서부터 지속된 것인데, 이후 다수의 노작勞作들 속에서도 '박상륭식으로 변용을 겪은 기독교적 사유', 즉 '문학적 형상화라는 과정을 통해 연금술적인 변환 과정을 겪은'[6] 기독교적 사유로 꾸준히 변모해 왔고, 드디어 최근작인 〈역중가〉에 이르러서는 더욱 독특한 면모를 드러내고 있는 것이다.

초기의 〈아겔다마〉에서 박상륭은 예수의 제자 '가롯 유다'를 초점 화자로 등장시켜 그동안 예수의 행적 중심에서 기술되었던 부활 사건을 재맥락화하고, 예수의 부활이 갖는 의미, 그리고 예수를 팔아넘긴 유다의 배반에 대한 재평가 등을 통해 보수적 정통 신학의 견해로부터 과감히 벗어나고자 한 작가의 의도를 명확

---

6. 김경수, 「구원과 중생(重生)을 향한 탐색」, 박상륭, 『아겔다마』, 문학과 지성사, 1998, 489쪽.

히 했었다. 그런데 이와 같은 영지주의에 바탕을 둔 기독교적 상상력은 세월의 흐름 속에서도 지속되어 〈역중가〉에 와서는 더욱 그 농도가 짙어진 것이다. 창조주의 유일성에 대한 의문에서부터 인류에게 행한 납득키 어려운 심판에 대한 회의는 기존의 영지주의적 사유에 그 바탕을 둔 것이며, 여기에 자이니즘이라는 또 다른 종교적 사유가 첨가되어 그 난해함과 아울러 인식의 깊이를 더하고 있다. 이처럼 박상륭은 자신만의 사유 체계를 지속함으로써, 그것이 다소 난해함으로 인해 일반 독자의 손길에서 제척당해 있을 지라도 쉼 없이 그 사유 체계를 갈고 다듬어감으로써 궁극적으로 '인간이란 무엇인가'에 대한 진지한 성찰을 연마하고 있다. 신 앞에 선 실존자로서의 '인간', 이 세계를 힘겹게 살아가는 존재로서의 '인간'을 찾아나가는 그 과정에 그의 종교적 사유는 빛을 발하는 것이다.

8장. 상실한 에덴과 신성을 향한 갈망
- 이승우의 〈태초에 유혹이 있었다〉

1. 신성을 탐하는 에리직톤의 글쓰기

흔히 한 세대로 일컬어지는 삼십 여년의 장구한 세월을 '소설'이라는 한 우물파기에 혼신의 힘을 쏟아온 작가가 있다면 그 자체만으로도 찬사를 받기에 모자람이 없을 것이다. 또한 그의 소설들이 우리 문학사에서 나름의 독자적 지위를 공고히 하고 있음에는 더욱 그러하다. 《에리직톤의 초상》(1981)으로 등단한 이후 최근의 창작집 《오래된 일기》(2008)에 이르기까지 이승우는 소설 창작의 길에서 크게 벗어난 적이 없다. 비록 현재는 강단에서 학생들을 가르치는 '선생'의 길로 접어들긴 했지만, 그렇다고 해서 창작에 대한 열의가 시들해진 것은 결코 아니다. 이처럼 소설에 대한 그의 애정이 여전함에는 해야 할 이야기들이 아직도 남아있기 때문일 것이며, 또한 이 시대가 품고 있는 문제들에 대해 대언해야 하는 '예언자'로서의 소명 의식에서 결코 자유로울 수 없는 운명적 한계를 지니고 있기 때문이다.

이승우는 소설가로서의 책무를 신의 뜻을 대언하는 예언자라는 운명의 굴레 안에서 규정하고, 따라서 소설 쓰기의 행위 자체에 예언적 계시라는 절대적 가치를 부여하고 있다. 이러한 의미 부여는 그의 소설 〈예언자론〉에서 이야기 속의 작가 '김석'에 의해 진술된 "가능하면 안 쓰고 싶소. 안 쓰고 살 수 있다면. 그러나 '주 여호와께서 말씀을 주신 즉 누가 예언하지 않을 수 있겠소?'"[1] 라는 고뇌에 찬 고백에서 그 일단을 엿볼 수 있다. 이처럼 이승우의 소설 행위는 피할 수 없는 운명적 굴레를 묵묵히 수행해야만 하는 예언자의 고행인 셈이다. 그런데 여기서 말하는 예언자란 '미리 말하는 자'로서의 의미에만 국한된 것이 아니라 '대신 말하는 자'로서의 의미까지 함유한 포괄적 개념으로 이해해야 한다. 따라서 소설가란 예언자이자 '대언자代言者'이기에 신으로부터 받은 계시에 대한 말하기를, 쓰기를 결코 중단할 수 없는 것이다. 그런데 이승우의 대언적 행위는 비단 신으로부터 부여받은 말씀에만 국한된 것이 아니라 자신의 목소리를 가장한 인간 보편의 문제에 대한 대언이라는 점을 간과해서는 안 된다. 즉 그가 대언하고자 하는 궁극의 '말씀'은 현실을 초월한 저편에 존재하는 것이 아닌, 자신을 포함한 현실 이편의 보편적 문제에 귀결되고 있다는 것이다. 이러한 점에서 이승우의 예언과 대언 행위는 그가 처한 위치와 환경이 어떻게 변화해왔건 간에 현재까지도 끊임없이 지속되고 있는 것이며, 이는 "허구라는 소설의 원죄, 혹은 소설가의 운명"[2]에 순응하는 구도자적 자세에 다름 아닌 숭고함을

---

1. 이승우, 《구평목 씨의 바퀴벌레》, 책세상, 2007, 186쪽.
2. 최성민, 「신 앞에 선 소설(가)의 운명-이승우론」, 『작가세계』 63, 세계사, 2004(겨울), 106쪽.

지니게 된다.

그렇다면 이승우에 의해 쉼 없이 대언되고 있는 계시의 본질에 대해 보다 조심스러운 탐색이 이루어져야 한다. 지금까지 이승우 소설의 특질에 대한 연구는 형이상학적 초월성에 대개의 초점이 맞추어져 왔다. 이를테면 성민엽은 이승우에 대해 "초월이라는 형이상학적 주제를 집요하게 천착하는 작가"로 규정하면서, "그 초월은 수직성 즉 신과의 수직 관계와 수평성 즉 인간들 사이의 수평 관계, 두 계기의 얽힘으로 파악되는 초월"[3]이라고 해석하고 있다. 또한 장수익도 "인간에 대한 인간의 지배 곧 권력의 문제를 비판적으로 다루면서 신적인 존재에 의거한 초월적 또는 수직적 가치관"[4]에 대한 탐구의 탁월성을 이승우의 문학적 특성으로 규정하고 있다. 이러한 공통된 평가는 당연히 등단작《에리직톤의 초상》으로부터《가시나무 그늘》(1990)과《생의 이면》(1992)에까지 이어지는 일련의 소설들이 "'신이란 무엇인가'라는 가장 관념적인 물음"[5]을 그 출발점으로 삼고 있기 때문이다. 또한 그의 기독교 계열 소설들에 전반적으로 나타나고 있는 기독교적인 구원의 문제가 당대에 대한 시대적 고민과 함께 이성적 사유로 표현하는 데서 발생하는 태도, 즉 "신앙의 자장 안에 들어 있지 않은 좌 혹은 우의 이성이란 몰가치한 것, 반대로 수평의 영역과 무관한 상

---

3. 성민엽,「불온한 문학, 그리고 진실」, 이승우,《미궁에 대한 추측》, 문학과 지성사, 1994, 283쪽.
4. 장수익,「인간의 존재 방식에 대한 두 가지 탐구-이승우의《목련공원》과 정찬의《세상의 저녁》」,『문학과 사회』44, 문학과 지성사, 1998(겨울), 1315쪽.
5. 김윤식,「이승우론(3)-소설적 허위와 신앙적 진실」,「작가와의 대화」, 문학동네, 1996, 185쪽.

층부의 성聖도 마찬가지"⁶⁾라는 작가적 태도와도 무관치 않다. 이처럼 이승우 소설의 큰 줄기는 신을 중심에 세워 둔 인간의 존재론적 문제와 신성과 이성의 결합에 궁극적 지향을 두고 전개되어 왔으며, 아울러 인간 세계의 권력이 갖고 있는 폭력성과 그 근저에 도사리고 있는 욕망이 갖는 문제인식에 대한 대언으로 일관되고 있다.

이승우의 문학세계를 조명하면서 《에리직톤의 초상》을 건너뛰고 시작할 수는 없다. 서울신학대학에 재학 중이던 그에게 『한국문학』 신인상을 안기며 작가로서의 명성을 얻게 해 준 작품으로서도 중요하지만, 이후 이승우 소설의 한 특성이라고 말할 수 있는 기독교적 세계관의 원형을 담고 있다는 점에서도 간과할 수 없는 작품이다. 다만 이 소설이 처음 발표될 당시의 제1부에 해당하는 서사가 "개체적이고 실존적인 사고와 신 중심의 세계 인식, 그리고 추상적이고 폐쇄된 신념 체계에 기울어진 한 젊은 신학도의 의식"⁷⁾만을 다루고 있다는 점은 다소 아쉬움으로 남는 부분이기도 하다. 이러한 인식의 편린은 신과 인간 사이에서 고심하던 젊은 신학도의 내면 의식을 정직하게 그려나가고 있다는 점에서 나름의 의미를 부여할 수는 있다. 그렇지만 세계를 전체적으로 소망함으로써 보다 현실성 있는 시야를 확보한다는 측면에서는 미흡한 결말이라는 한계를 극복할 수 없었다. 따라서 이승우는 등단작 《에리직톤의 초상》을 발표한 지 8년의 시간을 경과

---

6. 하응백, 「고향과 욕망」, 《목련공원》, 문이당, 1998, 314쪽.
7. 이승우, 「작가의 말-10년 동안 되물은 질문」, 《에리직톤의 초상》, 살림, 1990, 9~10쪽.

하면서 그가 스물두 살에 발견한 세계 인식의 창문이 한 쪽 방향만을 향해 열려 있었음을 반성적으로 고백했다. 따라서 "그 반대편 창문을 통해 인간의 구체적인 삶에 대한 관심과 역사적이고 사회적인 시야를 확보하게 되기"[8]를 바라는 간절한 의도에서 제2부에 해당하는 서사를 새롭게 덧붙이면서 비로소《에리직톤의 초상》이 균형 잡힌 틀을 갖추게 되었다. 즉 소설가로 등단한 이후 거의 십여 년을 "'에리직톤'과의 싸움, 더 정확하게 말해서 '에리직톤' 해석 작업으로 일관"[9]한 끈질긴 면모에서 신과 인간의 관계[10], 그리고 부조리한 인간의 삶에 대한 작가적 문제 인식의 깊이를 짐작할 수 있다.

본 연구는 이승우 문학의 본질, 즉 신성神性을 탐하는 에리직톤의 글쓰기가 또 다시 전면적으로 드러나고 있는《태초에 유혹이 있었다》를 중심으로 논의를 진행하고자 한다. 이전의 텍스트에서 이승우는 신성에 대한 근원적 물음들을 던지고 이에 회의하는 주체의 고뇌를 그려내는 데에 집중했었다. 그런데《태초에 유혹이 있었다》에 와서 그는 나름의 답을 내리고 있다. 그는 창세기의 행간을 조심스럽게 채워가면서 그 동안 신성에 대해 품었던 의문과 회의에 대해 신학적·문학적 상상력을 펼쳐나가고 있다. 그리

---

8. 위의 글, 10쪽.
9. 박덕규, 「수직과 수평, 또는 관념과 실제」, 『문학정신』, 문학정신사, 1990(10월), 157쪽.
10. 이승우는 고등학교 1학년이라는 다소 늦은 시기에 기독교를 접하는데, 그럼에도 불구하고 이후 신학교에 진학하기에 이른다. 신학교에서 이승우는 본회퍼, 하비 콕스, 폴 틸리히, 볼트만 등의 신학서를 즐겨 탐독했고, 사르트르와 에리히 프롬의 저작들에서 영감을 취함으로써 신과 인간의 관계에 대한 지적이고 관념적인, 그리고 기독교적 세계관을 근저에 둔 작품세계를 지속하는 정신적 자양분을 비축한 것으로 볼 수 있다.

고 이를 통해 창세의 신과 인간을 소통시키고, 유구한 세월의 오해를 풀어내려 한다.

이승우는 "나는 내 최초의 소설에서부터 창세기에 빚졌다"[11]라고 고백한다. 그래서 작가로서 무엇을 써야 할지 모르겠다는 절망감이 밀려올 무렵 〈창세기創世記〉의 행간 속으로 들어가 보고 싶다는 욕심으로 이 소설을 썼다고 밝히고 있다. 이러한 생각은 그에게 있어서 "저 태초의 까마득한 시간에 대한 그리움이었고, 신의 의중을 헤아려 보겠다는 오기에 찬 욕망"[12]의 또 다른 표현이었다. 그리고 이 그리움과 욕망이란 작가 자신의 '문학과 정신의 원형'을 조심스럽게 만져보고 싶은 갈망에서 비롯한 것이라는 점에서 중요성을 지닌다. 결국 아무리 돌고 돌아도 자신의 문학과 정신의 원형질, 즉 창작의 근간은 신으로부터의 자장에서 결코 벗어날 수 없다는 또 한 번의 고뇌에 찬 선언인 셈이다. 결과적으로 금기의 영역인 신성을 넘봄으로써 자신만의 문학적 독창성을 확고히 이룩한 이승우의 글쓰기는 에리직톤의 욕망, 그리고 에리직톤의 고뇌에 다름 아니다. 따라서 창세기의 행간을 자유자재로 넘나들며 또 다시 신성의 성역을 침노하고 있는 에리직톤의 욕망이 장편《태초에 유혹이 있었다》에서 어떻게 그려지고 있는가, 그리고 신과 인간의 관계라는 그 자신의 영원한 문학 주제가 이즈음에는 어떠한 단계로 접어들고 있는가에 대한 물음은 그 자체로 호기심을 자극하기에 충분하다. 아울러 창세기의 서사와 텍스트의 서사를 비교·분석함으로써 이 소설이 지닌 기독교적 세계

---

11. 이승우,「작가의 말」,《태초에 유혹이 있었다》, 문이당, 1998, 5쪽.
12. 위의 글, 5쪽.

관의 특성을 규명하고, 더불어 신과 인간의 관계 양상에 대한 작가의 인식적 독창성이 어떠한지에 대해서도 관심을 갖고자 한다.

다만 창세기의 모티프와 이승우의 소설을 비교함에 있어서 본 연구는 소설 텍스트의 제1부에 해당하는 서사, 즉 선악과의 금기 파기와 실낙원으로 이어지는 인류 최초의 타락만을 논의의 대상으로 삼는다. 《태초에 유혹이 있었다》는 전체 3부로 구성된 소설이다. 그 내용은 각각 제1부 〈태초에 유혹이 있었다〉, 제2부 〈카인의 세계〉, 그리고 제3부 〈우리가 하늘을 점령하리라〉로서 이는 창세기의 1장부터 11장까지의 모티프를 재맥락화한 것이다. 부언하자면 창세기의 원역사原歷史에 해당하는 모티프[13], 즉 설화적 공간을 이야기의 장으로 펼쳐 놓은 것이 이승우의 텍스트이다. 때문에 "나의 이 작업이 어쩌면 쓸데없는 덧칠에 불과할지 모른다는 것을. 원전의 아름다움과 고귀함이 나의 붓칠에 의해 훼손되고 희미해질지 모른다는 것을"[14]이라는 작가의 우려처럼 두 서사는 대동소이하다. 그러나 과연 작가의 수고가 쓸데없는 덧칠이었을 뿐인지, 오히려 원전의 고귀함과 아름다움을 훼손하는 데

---

13. 《태초에 유혹이 있었다》는 창세기 모티프를 근간으로 하고 있다. 전체 3부로 구성된 소설의 서사는 창세기의 초반부 서사를 순차적으로 되짚어가면서 신과 인간의 관계에서 파생된 갈등을 작가의 신학적 견해에 초점을 맞추어 전개하고 있다. 그런데 이승우가 모티프로 삼고 있는 창세기는 유대의 역사에서도 매우 긴 시간의 신화적 서사를 담고 있는 텍스트이다. 즉 그 기원을 정확히 짐작할 수 없는 천지 창조의 시간으로부터 아브라함 이후 4대에 걸친 가계의 역사를 연대기적으로 기술하고 있는 것이 창세기의 원형이다. 이러한 창세기의 서사는 크게 두 부분으로 나누어지는데, 천지창조로부터 바벨탑 사건에 이르는 '원역사'(primeval history)의 전반부 서사와 아브라함 이후의 그의 가족사를 다루고 있는 '족장 내러티브'(patriarchal narratives)의 후반부 서사이다. 이 가운데 이승우는 전반부에 해당하는 원역사를 소설의 주요 모티프로 삼았다.
14. 위의 글, 8쪽.

그쳐버린 그릇된 욕망에 불과한 행위였는지는 보다 신중히 평가되어야 한다. 그것은 이승우의 텍스트에는 창세기가 교묘히 숨겨놓은 질문과 의문들을 풀어 나가는 또 다른 인식론적 사유가 내포되어 있기 때문이다.

2. 문학 정신의 본령과 창세기의 의미

'신이란 무엇인가'라는 가장 관념적인 질문에서 시작된 이승우의 문학이 이후의 작품들에도 지속되면서 그에게는 '기독교적 세계관'의 작가라는 꼬리표가 붙기 시작했다. 그런데 작가는 이러한 '독자들의 규정'을 한때는 부담스럽게 느껴 이로부터 자유롭기 위해 부단한 노력을 기울이기도 했었다. 그는 "작가가 규정된다는 것은 경계해야 할 일입니다. 이 작가는 이러이러하다, 즉 공식처럼 말입니다. 하지만 전 독자들로부터 이미 규정되어 있는 듯합니다. 사변적이고 관념적이며 음울한 이미지를 쓰는 작가로 말입니다"[15]라고 언급하면서, 이러한 '독자들의 규정'을 '비신화화'하려는 몸부림을 지속해왔고, '문학의 굳어짐'을 경계하고 저항하려는 의식을 꾸준히 견지해 왔다.[16] 때문에 이러한 작가의 강박의식이 향후 그의 작품 세계에 일정의 변화를 가져온 것은 사실이다. 예를 들면 80년대라는 암울한 시대적 현실을 반영한 소설로부터 연애소설로 분류될 법한 몇몇 작품들, 그리고 추리적 기법의 소설에 이르기까지 이승우의 소설 지형은 외연의 확장이 꽤

---

15. 은미희, 「낯섦과 낯익음, 이승우의 세상 보기」, 『작가세계』 63, 세계사, 2004(겨울), 71쪽.

폭넓게 진행되었다.[17] 그러나 이승우는 신과 인간의 관계에서 결코 자유로울 수 없는 작가였다. 이제 좀 많이 벗어났는가 싶으면 어느새 또 다시 그 자리로 슬그머니 돌아와 있었고, 오히려 더 깊고 근원적인 문제로까지 사유를 확장하고 있음을 이후의 소설들에서 어렵잖게 발견하게 된다. 그것은 이 작가가 태생적으로 '최초의 상태', 즉 상실한 낙원을 꿈꾸는 자이기 때문이다. 따라서 작가는 자신을 향한 세계의 규정을 하나의 부담으로 인식하기보다는 자신만의 '개성'으로 받아들이는 자의식의 전환을 갖게 되었는데, 다음의 대담에서 그 사실을 확인할 수 있다.

---

16. 등단 이후부터 기독교적 세계관의 작가로 규정되는 현상에 심리적 부담을 느낀 작가의 내면 의식은 여러 편의 글과 대담 등에 드러나고 있다. 특히 《에리직톤의 초상》 1부와 2부를 묶어 한 권의 소설집으로 출간한 서문에서도 "나는 부러 《에리직톤의 초상》으로부터 거리를 유지하고 싶어 했다. 특정한 세계관의 작가로 규정되는 불상사를 피해보려는 욕심 때문이었다. 그때 나는 왜 그랬는지, 한 작가가 편애하는 특별한 관심을 그 작가의 독특한 개성으로 이해하는 대신 뛰어넘어야 할 한계쯤으로 받아들이고 있었다. 따라서 나는 나의 데뷔작이 거느리고 있는 개성의 굴레로부터 벗어나기를 원했다"라고 쓰면서, 이에 대한 고민의 흔적을 말하고 있다. 이승우, 「작가의 말-10년 동안 되물은 질문」, 《에리직톤의 초상》, 살림, 1990, 9~10쪽 참조.
17. 이승우의 소설 가운데 당대의 시대 상황을 직접적으로 반영한 작품이 그리 많은 것은 아니다. 그러나 1960년대를 전후로 태어난 작가들이 대부분이 그렇듯이 '80년대', 특히 광주에 대한 원죄의식은 이승우의 소설에서도 부분적으로 다루어졌다. 그 대표적 작품이 고 이한열 사건을 다룬 〈고산지대〉(1988)이다. 더불어 〈구평목씨의 바퀴벌레〉, 〈당신의 자리〉, 〈당신에게 가는 길〉, 〈Y의 경우〉 등의 소설에서도 갑자기 행방이 묘연해진 인물들을 통해 사라진 이들에 대한 '죄의식'을 담아내고 있다. 한편 〈따뜻한 비〉(1991), 〈사랑의 전설〉(1996), 〈식물들의 사생활〉(2000) 등에서는 연애소설적 특성을, 그리고 〈황금가면〉(1992)의 경우는 추리소설적 기법을 드러내면서 '문학의 굳어짐'을 경계하기 위한 부단한 시도를 보여 주었다. 이러한 시도들에서 특정한 세계관의 작가, 즉 기독교적 세계관의 작가로 규정되는 상황에 대한 작가 나름의 고심을 재차 확인할 수 있다. 최성민, 위의 글, 111~112쪽 참조.

처음엔 그 꼬리표가 부담스러웠던 것이 사실입니다. 보편성을 획득하지 못한 것으로 인식하는 듯한 인상 때문이었거든요. 아마도 그동안의 내 창작의 과정이 느리고 완만하게나마 보편을 획득해 가는 과정이었던 것은 그런 부담이 어느 정도는 작용한 때문이 아닐까 싶네요. 지금은 그 꼬리표를 한계가 아니라 개성으로 인식해야 한다는 확신이 생긴 상태입니다. 중요한 것은 기독교적이라는 수식어가 한계가 아니라 개성으로 인식될 수 있도록 그 수준을 획득하는 일이겠지요.[18]

초기에 자신을 향한 '기독교적'이라는 수식어에 대해서 보편성을 획득하지 못한 문학성의 결여로 부담스러워 했던 작가의 자의식이 한동안의 창작 경향을 보편성의 획득을 향한 느리고 완만한 과정으로 이끌었음을 자인한다. 그러나 이제와 생각하건대 그 수식어를 '한계'가 아닌 '개성'으로 재인식하고, 따라서 오히려 그 수준을 더욱 높일 수 있는 방향으로의 창작에 도달해야 할 것이라는 인식의 전환은 최근의 소설에 이르러 다시금 그 빛을 발하고 있다. 때문에 이러한 이승우의 글쓰기에 대해 "궁극적으로 소설 쓰는 행위가 종교적 삶을 실천하는 한 방법이지 않느냐. 소설을 통해 구원을 이루려는 게 아니냐"[19]라는 지적은 그의 문학 정신의 본령이 어디에 놓여 있는가를 적절히 드러내는 표현이다. 이는 이승우의 창작 행위가 종교적 구원의 한 방편이기 때문에 가능한 해석이다. 결과적으로 그가 그토록 부담스러워 했던 수식

---

18. 이 내용은 월간 창조문예의 「이달의 작가 인터뷰-사유하는 소설가 이승우」(2003년 1월)에 수록된 대담을 인용한 것이다. 출처-http//www.changmun.com
19. 은미희, 위의 글, 66쪽.

어는 이제 극복해야 할 한계가 아니라, 오히려 이승우 문학 정신의 본령이라는 측면에서 그 독창성과 가치가 존중되는 것이 마땅할 것이다.

이렇듯 작가 자신에게 주어진 독자들의 규정이 부담으로 느껴지지 않게 된 즈음에 이승우는 본격적으로 창세기의 행간을 누비기 시작한다. 그는 자신의 문학과 정신의 원형을 우주의 기원과 본질에 대한 탐구, 그리고 감히 범접키 어려운 신성에 대한 추구에서 찾아나가고 있다. 아울러 그러한 기원과 본질에 대한 인류의 뛰어난 성찰이 바로 창세기라는 책 속에 들어있다며 흥분을 감추지 않는다. 때문에 창세기의 행간들을 넘나들며 그 채워지지 않은 틈새를 비집고 들어가 상상력을 펼치는 본인의 글쓰기를 '최초의 상태에 대한 그리움'[20]으로 의미를 부여하면서 이러한 글쓰기의 행복함을 고백한다.

> 나는 창세기에서 죄와 벌, 지식과 생명, 타락과 구원, 사랑과 죽음, 폭력과 죄의식과 구조악과 심판과 언어들의 혼잡을 본다. 사람과 소설의 관심이 어떻게 이것들을 뛰어넘을 수 있겠는가? 이 뛰어난 문서는 이야기를 통해 그런 주제들을 전한다. 이야기, 그 익숙한 형식. 그런데 그 이야기들은 대체로 성글고 틈새가 많이 비어 있다. 그것이 소설가에게는 다행이다. 원문의 내용과 의미를 해치지 않는 범위 안에서 그 틈새로 비집고 들어가 보자는 의욕이 가능해지기 때문이다.[21]

작가는 창세기라는 익숙한 형식의 문서에서 우리 인류의 다양

---

20. 이승우, 「작가의 말」, 《태초에 유혹이 있었다》, 문이당, 1998, 9쪽.
21. 위의 글, 6~7쪽.

한 삶과 문제들을 고스란히 발견해 내고 있다. 즉 이승우에게 창세 신화는 한낱 지나간 과거의 허무맹랑한 이야기가 아닌, 인류의 성찰이 살아 숨 쉬고 있는 보고寶庫다. 과거가 현재와 끊임없이 소통하고, 새롭게 다가 올 미래를 견인하고 있다. 따라서 "신화는 그 신화가 만들어진 시대, 그 시대의 정신과 세계관을 반영하지만, 그러나 결코 한 시대에 갇히는 법"[22]없이 영속적이고 보편적 가치와 의미로 읽히는 텍스트이기에 마치 자석에 끌리듯 창세기의 행간을 유영遊泳하면서 문학적 주제를 탐색하고 있는 것이다.

우주의 본질과 기원에 대한 이승우의 관심은 인류의 보편적 관심사이기도 하다. 인류는 역사 속에서 자아의 정체성(identity)을 확립하기 위해 근원에 대한 탐구를 게을리 하지 않았다. 이러한 관심은 개인적 가족사의 범위를 넘어 국가와 민족의 근원에 대한 탐색으로 이어졌고, 심지어는 신화적 요소까지도 망라하여 기원을 쫓고 있다. 이러한 맥락 가운데서 주류 기독교의 신봉자들은 대체적으로 창세기의 서사 속에서 인간뿐 아니라 우주와 땅, 그리고 그에 속한 뭇 생명체의 일반적 기원에 대한 해답을 얻으려 한다.[23] 더 나아가 '인류는 어떻게 시작되었으며, 우리는 누구

---

22. 위의 글, 6쪽.
23. 〈창세기〉에 대한 이러한 의미부여와 인식은 초기 전승에서 텍스트에 이름을 붙이는 과정에서도 중요하게 여겨졌다. 히브리 전승에 의하면 이 책은 첫 번째 어구인 '베레쉬트'(bereshit, 태초에)에서 이름을 따온 것이다. 즉 오늘날의 〈창세기(Genesis)〉라는 이름은 '기원'(origins)을 뜻하는 헬라어에서 파생된 것으로 이 텍스트가 인간을 비롯한 만유의 기원과 태초의 상태를 설명하고 있다고 인식되었기 때문이다. Tremper Longman Ⅲ, 전의우 역, 『어떻게 창세기를 읽을 것인가?』, 한국기독학생회출판부, 2006, 13쪽 참조.

인가?'라는 근본적인 질문에서부터, '우리와 이 세계는 어떤 관계인가?', 그리고 '과연 영적인 존재는 있는가? 있다면 어떤 분이며, 우리와의 관계는 어떠한가?'에 대한 질문에 대한 해결의 실마리를 찾으려 한다. 따라서 "왜 창세기를 읽는가? 우리의 기원을 알기 위해서다. 우리가 누구이며, 우리의 삶이 어떤 의미가 있는지를 알기 위해서다. 세상에서 우리의 자리를 알고, 우리와 다른 피조물의 관계와 우리와 다른 사람들의 관계와 우리와 하나님의 관계를 알기 위해서다. 예수 그리스도의 사역에서 절정에 이르는 구속사의 나머지 부분의 의미를 깨닫기 위해서다"[24]라는 주류 기독교의 창세기에 대한 의미부여는 작가 이승우가 창세기에 주목한 까닭과 하등의 차이가 없다.

그런데 이승우는 인류의 기원에 대한 궁금증을 궁구함에 그치지 않고 여기에서 한 걸음 더 나아간 인식의 확장을 보여준다. 그의 표현대로 하자면, '죄와 벌, 지식과 생명, 타락과 구원, 사랑과 죽음, 폭력과 죄의식과 구조악과 심판과 언어들의 혼잡'이 엉킨 실타래처럼 우리의 관심을 촉발하고 있으며, 이것들이 '성글고 틈새가 비어 있'음으로 해서 오히려 더 '그 틈새로 비집고 들어가 보자는 의욕'을 자극하는 책이 창세기인 것이다. 따라서 "우리들 사람 사는 세상에 있는 것이 그 이야기 속에 모두 들어 있다"[25]는 창세기에 대한 의미부여는 독자들이 이승우의 텍스트를 해석함에 대한 궁극의 화두가 되어야 한다. 단순히 작가의 '덧칠'이나 주석을 이해함에 그칠 것이 아니라, 진정 그 행간에 내재된 사람

---

24. 위의 책, 15~16쪽.
25. 이승우, 「작가의 말」, 《태초에 유혹이 있었다》, 문이당, 1998, 7쪽.

사는 세상의 이야기가 무엇인가에 대해 스스로가 질문하고 그 답을 구하는 태도가 필요하다. 더불어 신이 인간에게 세운 금령의 법인 '선악을 알게 하는 나무'(이하 '선악과')의 의미와 금지규범의 함의含意를, 또한 신의 형상을 닮은 인간이 행한 최초의 선택에 결부된 자유의지와 욕망에 대해 진지한 성찰이 이루어진다면 창세기는 여전히 의미 있는 텍스트로 자리매김하게 될 것이다. 이러한 의미의 발견과 확인 과정이 이승우의 텍스트가 단순한 창세기의 주석에 머물지 않고 문학적 가치를 얻게 되는 접점이 되고, 또한 창세기에 담긴 여러 근원적 질문들에 대한 의미 있는 해석일 수 있게 된다.

3. 선악과의 인식론적 의미와 욕망의 본성

창세기의 전승을 읽을 때마다 신앙의 유무를 떠나 갖게 되는 의문 가운데 하나가 왜 신은 선악과를 만들어 두셨는가, 그리고 왜 하필이면 뱀과 같은 유혹자를 그들에게 보냈는가에 대한 궁금함이다. 신이 굳이 선악과와 같은 유혹을 거기에 설정해 두지 않았더라면, 아울러 간교한 뱀을 창조하지 않았더라면 인류의 타락은 원초적으로 피할 수 있었기 때문이나. 이에 대해 주류 기독교에서는 타락의 원인을 신적 존재의 탓으로 몰아가기 보다는 인간의 불완전함으로 해명하는 데에 주력한다. 반면 일부의 신학자들은 하나님이 악의 조성자라는 측면에서 신 존재의 전선성全善性을 부정하기도 하고, 한편으로는 창조의 불완전성을 그 이유로 제기하기도 한다. 이를테면 이 세계는 애초에 불완전하게 창조되었기 때문에 근원적 결함을 지닐 수밖에 없다고 보는 영지주의자들의 주장이 대표적이다. 그들이 불완전한 창조의 한 원인으로 제기하는 것이 창조신의 불완전성이다.

> 영지주의자들의 하느님은 창조된 세계 너머에 있는, 어떤 점에서는 창조된 세계와 완전히 동떨어져 있는 궁극의 실재이다. 카발리스트(Kabbalist; 유대 신비주의자)들과 전 세계 대부분의 秘敎 신봉자들처럼, 영지주의자들도 창조라는 관념 대신 신성한 존재로부터의 방출(emanation)이라는 개념을 사용했다. 초월적 하느님은 창조에 참여하지 않는다. 신적 본질이 방출되어 나아감에 따라 드러나지 않던 것이 드러나고, 그 과정이 더 진행되면서 훨씬 더 구체적인 창조가 이루어진다. 근본 하느님은 시종 제일원인으로 남아 있으며, 그 대신 다른 존재들이 창조의 부차적인 혹은 이차적인 원인이 된다.[26]

영지주의자들의 신론神論에 따르면 그들은 세계를 창조한 신을 주류 기독교가 주창하는 유일신, 혹은 전지전능한 신으로 간주하지 않는다. 그들은 궁극적인 존재로서의 신을 창조된 세계와는 완전히 분리된 실재로 인식한다. 따라서 궁극의 신(초월적 하느님)은 창조된 세상 너머에 존재하며 이 불완전한 세계의 창조에 직접적으로 관여하지 않았다는 것이 영지주의자들의 관점이다. 그렇다면 이 세계는 어떻게 창조된 것인가? 이 물음에 대해 그들은 신적 본질의 '방출'(emanation)이라는 새로운 원리를 끌어오고 있다. 즉 궁극의 존재자인 근본 하느님은 창조에 관여하지 않은 채 그대로이지만 또 다른 신적 존재인 '에온'(aeon)으로부터 방출되어 나간 불완전한 능력에 의해 이 세계는 창조되었다는 것이다.[27]

---

26. Stephan A. Hoeller, 이재길 역, 『이것이 영지주의다』, 샨티, 2006, 36쪽.

때문에 이 세계의 타락은 불완전한 인간에 의함이 아니라 애초에 이 세계가 불완전한 방법에 의해 창조되었기 때문이라는 논증이 성립된다.

그럼에도 불구하고 주류 기독교의 창세 설화에서 선악과의 존재는 쉽게 풀리지 않는 의문으로 남는다. 창조된 세계를 불완전한 하등의 신적 존재에 의해 만들어진 세계라고 몰아가기에는 영지주의의 논리가 여전히 빈약할 따름이다. 그렇다면 주류 기독교의 전능·전선한 신적 존재를 의심 없이 받아들인 채, 그러한 신이 왜 이러한 화근을 인간에게 유혹으로 던져두었는가에 대해 그 의미를 궁리해 봄이 마땅하다. 이에 대해 "선악과는 창조주 하나님과 피조물 인간 사이의 구분을 유지하는 매우 중요한 인식론적 기능"[28]을 담당하고 있다는 것이 정통 신학의 공통된 관점이다.

> 선악과나무를 볼 때마다 하나님 말씀을 상기케 하는 선악과나무는 아담에게 있어서 매우 중요한 인식론적 기능을 한다. 의, 거룩, 지

---

27. 영지주의 신학은 유일신 사상을 부정한다. 따라서 이 세계는 궁극의 존재인 신과 함께 그로부터 방출된 열등하고 무지한 신적 존재인 '에온'들로 구분된다고 인식한다. 태초에는 하느님과 에온들이 사는 영역만이 존재했지만, 우주에 한 차례의 재앙이 일어났고 이 때 에온들 가운데 히니기 신의 영역에서 추락하여 다른 신들을 창조하게 되었는데 이렇게 만들어진 신들이 바로 우리가 살아가는 물질 세계를 창조해 낸 하등의 신이라는 것이 영지주의자들의 독특한 우주관이다. 따라서 이러한 신화를 따르면 인간이 살아가는 세계를 창조한 신, 즉 구약의 창조신은 이류의 열등한 신에 불과한 존재이며, 때문에 우리 모두가 숭배해야 할 대상이 아닌 허상이라는 것이 영지주의 세계관의 한 특징이다. 바트 D. 에이먼, 「정통 그리스도교에 대한 도전: 유다복음이 제시하는 또 다른 관점」, 『예수와 유다의 밀약 유다복음』, 로돌프 카세르·마빈 마이어·그레고르 부르스트, 김환영 역, 네셔널 지오그라픽, 2006, 72~74쪽 참조.
28. 강웅산, 「창세기 3:1-7에 대한 인식론적 해석과 그 적용」, 『신학지남』, 신학지남사, 2008, 315쪽.

식에 있어서 완벽한 아담이 하나님을 망각할 리 없겠지만, 아담에게 있어서 선악과나무는 하나님을 기억나게 하는 장치였다. 즉 선악과를 볼 때마다, 아담은 자신을 만드신 창조주를 기억할 수 있었다. 즉 하나님은 아담이 하나님을 대리하여 뭐든지 자유롭게 할 수 있지만, 그에게 경계와 한계를 그어 주셨다. 선악과는 그가 하나님이 아니라는 분명한 경계와 한계였다. 그리고 그에게는 그를 만든 하나님이 있음을 기억할 수 있는 장치였던 것이다. 그런 의미에서 인식론적 의미의 중요성을 담보하는 선악과는 아담이 창조주와 피조물의 구분(Creator-creature distinction)을 망각하지 않도록 하는 하나님의 선하신 배려인 것이다.[29]

선악과는 '유혹'이 아니라 '배려'라는 것이 정통 신학의 관점이다. 신은 인간을 죄로 유혹하기 위해서, 그 타락의 결과 인간에게 죽음과도 같은 실패를 경험시키기 위해 짓궂게 만들어 놓은 덫이 아니다. 오히려 창조주와 피조물 사이의 '구분'을 망각하지 않도록 경계와 한계로서 배려한 선물이라는 의미를 부여한다. 이러한 논리에 대해 이승우는 한 걸음 더 나아간 인식론적 의미를 부여하고 있다. 그 역시 선악과를 신과 인간의 경계를 구분하는 지표로 의미부여 하면서 '은총'이라는 신의 배려를 더욱 확장시켜 놓았다. 이승우가 해석하는 신과 인간의 관계는 역설적 의미를 지니고 있다. 즉 '금지함으로써 허락'하기 위한 상징으로 하나의 법이 세워졌으며, 그 법의 금지를 통해서 관계의 형성이 이루어지고 있다. 이를 위해서 신은 에덴의 중앙에 금령의 나무를 세움으로써 표징을 삼은 것이다. 따라서 "정원의 법, 금지함으로써 허락

---

29. 위의 글, 316~317쪽.

하는, 허락하기 위해서 금지하는 신의 놀라운 법"[30]은 논리를 넘어선 역설의 은총으로 이해되어야 한다는 것이 선악과에 대한 이승우의 의미부여다.

> 처음에 법이 있었다. 법은 신과 함께 있었고, 신은 사람과 함께 있었다. 신과 사람 사이에 법이 있었다. 법은 관계를 만들고 관계는 법을 요청했다. 신은 법을 제정했고, 법을 통해 사람에게로 왔다. 사람은 법을 받아들였고, 법을 통해 신에게로 갔다. 법은 신과 사람 사이를 이어주는 끈이었다. 법이 사라지면 신도 사람도 사라진다. 그들 사이에 관계가 깨지기 때문이다. (13쪽)

창세기의 전승에서 "동산 각종 나무의 실과는 네가 임의로 먹되 선악을 알게 하는 나무의 실과는 먹지 말라"(창세기3:16-17)는 금지규범의 수립은 인간에게 신의 사랑을 의심케 만들기도 한다. 그러나 이승우는 신의 목소리를 빌어 말하기를, "사랑한다. 사랑하기 때문이다. 그대는 그 나무를 통해 나의 사랑을 읽을 수 있을 것이다.…(중략)…그대 실존의 한복판에 그 나무가 서 있다. 그대에 대한 나의 사랑의 표시로. 그리고 나에 대한 그대의 한계의 징표로, 그렇게 서 있다"(19쪽)고 인간에 대한 신의 사랑을 확인시킨다. 또한 금령으로 인해 발생할 수 있는 부자유함에 대해서도 "자유롭다. 자유롭기 때문에 저 나무가 있는 것이다. 자유롭기 때문에 금지의 법이 그대에게 주어진 것이다. 금지의 법이 있음으로

---

30. 이승우,《태초에 유혹이 있었다》, 35쪽. 본고에서 인용하는《태초에 유혹이 있었다》는 다음의 출처에 따른 것임을 밝혀둔다. 이승우,《태초에 유혹이 있었다》, 문이당, 1998.

해서 비로소 자유로운 것이다.…(중략)…자유로운 자에게만 법이 필요하고, 자유로운 자만이 금기를 가진다. 그런 뜻에서 법은 선물이고 은총인 것이다"(19쪽)라고 전혀 새로운 역설의 논리를 내세우고 있다. 이처럼 신이 세운 법은 인간에 대한 미움과 부자유한 제재로서의 금령이라기보다는 '신과 사람 사이를 이어주는 끈'으로서, 즉 그 법을 통해 사람에게로 오기 위한, 관계를 형성하기 위한 신의 적극적인 사랑과 은총의 징표로서 기능한다는 점에 특별한 의미를 부여하고 있다.

이처럼 '법을 통한 관계의 형성'이라는 주체와 타자간의 소통에 이승우는 주목하고 있다. 오늘날 창조주로서의 주체와 피조물로서의 타자 사이에 현대의 기독교는 심각한 단절을 경험하고 있다. 비단 기독교뿐만 아니라 세계 내 존재로서의 실존적 자아 역시 잃어버린 신으로 인해 불안과 죽음을 경험하고 있다. 이 모든 현상의 근원적 이유는 경계가 허물어짐으로써 관계가 단절되었기 때문이다. 따라서 단절된 관계의 회복, 허물어진 경계의 다시 세우기, 즉 잃어버린 신과의 근본적 만남은 선악과의 인식론적 의미를 깨달음에서 출발해야 한다. 바로 여기에 오래도록 창세기에 빚진 이승우의 문제인식이 출발하고 있는 것인데, 흥미로운 사실은 금령으로서의 '선악과'에 대한 작가의 관심이 이미 전작前作인 《생의 이면》으로 거슬러 올라가 확인할 수 있다는 점이다.

  모든 금령이 신성한 것은, 그것들이 징벌의 공포로 포장되어 있기 때문이다. 두려움을 유발하지 않는 법은 신성으로부터 멀다. 신성은 어디 있는가. 두려움 속에 있다. 아니, 두려움에 대한 예감 속에 있다. 그런데 그것은 왜 두려운가. 금지된 것은 사람을 끈다. 그것이 이유이다. 금령은 권고가 아니라 유혹이다. 사람들이 범죄를 저지르기 때문에 금령이 생긴 것이 아니다. 사람들은 금령이 있기 때문에 범죄를 저지른다. 사람이 에덴의 선악과를 따먹었기 때문에 야훼가 금령을 준 것이 아니다. 야훼가 금령을 주었기 때문에 사람은 그것을 따먹었다. 금령이 없으면 범함도 없다.[31]

《생의 이면》에서 박부길은 유년 시절 집 뒤란의 탐스러운 '감나무'를 큰아버지로부터의 금령으로 부여 받았다. 본질은 감나무가 아닌 '차꼬를 찬 남자'임이 분명하지만 감추어진 본질을 읽어낼 수 없는 유년의 박부길에게는 감나무 자체가 엄연한 하나의 '선악과'로 기능하고 있었다. 따라서 "감을 따먹지 마라. 감꽃을 줍지 마라. 감나무를 만지지도 마라. 감나무가 있는 곳에는 가지도 마라."(《생의 이면》, 32쪽)는 큰아버지의 금령은 "그 나무가 서 있는 정원 한가운데로 들어갈 때는 조심해야 한다. 아니, 정원의 한복판으로는 아예 가지도 말아라."(《생의 이면》, 24쪽)고 경계하는 신의 금령과 자연스럽게 겹쳐진다. 그러나 인용문에 제시된 것처럼 '금령'은 '유혹'을 동반한다. '야훼가 금령을 주었기 때문에 사람은 그것을 따먹었다'는 상황 인식은 필연적으로 야훼의 선악과가 연약한 의지의 인간에게는 유혹일 수밖에 없었다는 오해를 또 다시 불러일으킨다. 하지만 선악과에 대한 인식론적 해석이 이승우의 경우에 있어서는 유혹이 아니라 인간을 향한 역설의 은총이라는 사실은 이미 앞에서 확인되었다. 즉 유혹이 아닌 배려로서의 선악과에 대한 인식을 누누이 강조함으로써 창조주와 피조물 사이

---

31. 이승우,《생의 이면》, 문이당, 2007, 32~33쪽.

의 구분(Creator-creature distinction)을 망각하지 않도록 하는 신의 배려를 부각하고 있다. 이는 잃어버린 신과의 만남을 통해 관계의 회복을 꾀하려는 작가의 상황 인식이 선악과의 인식론적 해석에도 투영된 결과이다.

다음으로 유혹자로서의 '뱀'의 출현과 그에 따른 인간의 타락에 관계된 해석상의 독창성을 살펴보자. 성서에서 뱀은 사탄의 또 다른 모습으로 상징되고 있다. 사탄의 형상인 뱀은 그 출현과 더불어 하와를 유혹하기 시작했다. 창세기의 기록에 뱀은 여자에게 "하나님이 참으로 너희더러 동산 모든 나무의 실과를 먹지 말라 하시더냐"(창3:1)라고 질문을 던졌고, 이에 여자는 "동산 나무의 실과를 우리가 먹을 수 있으나 동산 중앙에 있는 나무의 실과는 하나님의 말씀에 너희는 먹지도 말고 만지지도 말라 너희가 죽을까 하노라 하셨느니라"(창3:2-3)라고 대답하고 있다. 여기서 우리는 최초에 신이 사람에게 내린 금령이 이 둘 사이의 대화 속에서 왜곡되고 있는 사실을 발견하게 된다. 즉 신은 분명 "동산 각종 나무의 실과는 네가 임의로 먹되 선악을 알게 하는 나무의 실과는 먹지 말라 네가 먹는 날에는 정녕 죽으리라"(창3:16-17)라고 명령했을 뿐이다. 그런데 이러한 신의 명령에 대한 뱀과 여자의 표현은 일견 사소한 듯 보일 수도 있지만 결과적으로는 엄청난 문제를 내포하고 있다.

> (1) 신이 그대들에게 이 정원의 모든 나무에서 아무것도 따먹지 말라고 하였소? 나에게도 당신네 신이 했던 말을 해주시오. 신이 그렇게 말했다는 게 사실이오? (42쪽)

(2) 그렇지 않아. 우리는 이 정원에 있는 모든 나무들의 열매들을 자유롭게 따먹을 수 있어. 단 하나의 나무, 정원의 한가운데 있는 나무에 대해서만 신은 금지의 명령을 내렸어. 죽지 않으려면 그 나무의 열매를 따먹지 말고 손도 대지 말라고 했어. (44쪽)

인용문 (1)에 제시된 유혹자 뱀의 질문이 담고 있는 의도는 "수긍하기 위한 질문이 아니라 부정하기 위한 질문"(43쪽)이며, "여자로 하여금 신의 말, 신의 법 배후로 돌아가보라고 유혹"(43쪽)하는 왜곡된 질문이었다. 즉 애초에 신의 언명에 담겨 있던 선악을 알게 하는 단 하나의 나무를 '이 정원의 모든 나무'로 대체하여 "하나의 나무가 금지됨으로써 모든 나무들이 금지된 것이라는 생각을 주입"(43쪽)하는 교묘한 뒤집기를 시도해 놓은 것이다. 이에 여자는 "'모든 나무'에 대한 뱀의 공격을 막아내는 데만 신경을 쓰느라고 '하나의 나무'에 대한 금지를 지나치게 강조"(44쪽)하여 과장된 화법을 구사하는데, 인용문 (2)의 표현처럼 '손도 대지 말라'는 식의 방어가 그것이다. 이렇게 유혹자의 논리적 간계에 넘어간 여자의 비논리적 대응은 계속되는 뱀의 공격을 이겨내지 못하고 결국에 신과 동등해지려는 유혹에 넘어가 버린다. 따라서 "그 나무의 열매를 따먹으시오. 그리하여 그대들도 신처럼 되시오. 신처럼 선악을 아는 자가 되시오. 신처럼 지식을 소유한 자가 되시오. 신처럼 힘을 가진 자가 되시오. 신처럼 영원해지시오"(51쪽)라는 유혹자의 몰아침은 사람의 내부 깊숙한 곳에 이미 자리 잡고 있던 '욕망의 들쑤심'에 다름 아닌 것이라고 작가는 진단하고 있는 것이다.

사람에게 신처럼 되고 싶은 욕망이 있었던가. 어쩌면…… 어쩌면 있었을지 모른다. 겉으로 드러나지 않았지만, 그 욕망은 그의 영혼의 습지 어딘가에 몸을 숨기고 있었을 수 있다. 그렇다면 그 욕망이 제3의 행위자에 의해 주입된 것이라고 주석하는 것은 정직하지 못할 것이다. 문제의 핵심은 유혹자가 그들 앞에 모습을 나타내기 전에 그들 안에 그와 같은 욕망이 있었느냐 없었느냐 하는 것이다. 만일 유혹자가 나타나기 전에 욕망이 먼저 있었다고 한다면, 유혹자의 역할은 '욕망의 주입'이 아니라 '욕망의 들쑤심'이 될 것이다. 유혹자는 그들의 내부 깊숙한 곳에서 잠자고 있던 신처럼 되고 싶다는 욕망을 부추기고 자극하고 불러일으킨 것에 불과하다. (68~69쪽)

이승우는 인간의 타락을 결코 유혹자의 간계로만 인식하지 않는다. 물론 신과 인간의 관계를 파탄내기 위해 유혹자는 교묘한 언사를 능수능란하게 구사한 것은 사실이다. 사람이 스스로 말의 함정에 빠져 들도록 논리적인 화법을 현란하게 구사함과 동시에 말의 꼬리를 악착같이 물고 늘어짐으로써 관계를 파탄내기에 성공한 것은 분명 유혹자인 뱀의 탓이다. 그러나 더욱 본질적인 파탄의 원인은 유혹자의 역할이라기보다는 인간 내면에 잠재된 '욕망'이라는 데에 이승우의 문제인식이 닿아 있다. '신처럼 되고 싶은 욕망', 바로 이것이 신과 인간의 관계를 파국으로 몰아간 궁극의 원인일 뿐, 유혹자인 뱀은 오직 '욕망을 부추기고 자극하고 불러일으킨 것에 불과'했다는 것이다. 그렇다면 가장 근본적인 문제는 인간 자신이다. '영혼의 습지 어딘가에 몸을 숨기고 있'던 욕망이 유혹자의 들쑤심에 의해 현실로 나타난 것이 문제가 아니라, 인간의 내면에 잠재된 욕망 그 자체가 문제다. 아울러 "욕망은 누군가가, 또는 무엇인가가 들쑤시지 않는 한 불꽃을 일으키지 않는다"(69쪽)고 할 때, "그 누구, 또는 그 무엇이 자신의 다른 얼굴이지 말란 법"(69쪽)이 없다는 자각에 도달할 때에 모든 문제는 결국 인간 그 자신으로 회귀하고 만다. 이승우는 모든 문제의 시종始終을 인간의 본성, 즉 욕망이라는 주체할 수 없는 본성에서 그 원인을 찾고 있는 것이다.

4. 잃어버린 신에 대한 관심과 소통

오늘날 '현대성'이라는 단어가 던져주는 어감語感이 희망적이고 참신하게 와 닿기보다 오히려 삭막함과 고독함으로 절감하게 되는 데에는 현실에 대한 부정적 인식과 미래에 대한 불안감이 더 크기 때문일 것이다. 아울러 지난 온 과거의 어느 한 때, 비록 풍요롭고 화려하지는 않았더라도 삭막하거나 고독하지 않았던 어느 한 시절에 대한 향수가 짙게 남아있기 때문이다. 때문에 현실의 불안한 자아를 되돌아볼 때마다, 그리고 미래의 불확정성에 내던져진 자아를 연민할 때마다 어김없이 그 과거의 순간으로 미련스러운 고갯짓을 멈출 수 없게 된다. 여기에 바로 창세기의 서사로 회귀하는 현재적 의미가 놓여 있다. 그것이 비단 현실성·개연성 없는 신화적 공간의 황당무계한 사건일지라도 그 자체가 전달해 주는 낭만성과 희망이 합리적이고 이성적 사고를 절대시하는 현대사회에서도 창세기의 서사에 빠져들게 하는 매력이다.

그러나 보다 근본적인 이유는 또 다른 것에서 찾아야 한다. "왜 창세기를 읽는가?"라는 질문에 "우리와 다른 피조물의 관계와 우리와 다른 사람들의 관계와 우리와 하나님의 관계를 알기 위해서"[32]라고 현대의 신학은 답하고 있다는 것은 이미 앞에서 언급한 사실이다. 더불어 작가 이승우도《태초에 유혹이 있었다》에서 "죄와 법, 지식과 생명, 타락과 구원, 사랑과 죽음, 폭력과 죄의식과 구조악과 심판과 언어들의 혼잡을 본다.…(중략)…우리들 사람 사는 세상에 있는 것이 그 이야기 속에 모두 들어 있다"[33]면서 창세기의 의미를 인간과 인간의 관계, 더 나아가 신과 인간의 관계를 담고 있기 때문으로 의미를 부여한 사실을 본 연구를 통해 구체적으로 살펴보고자 했다. 바로 이것이 창세기의 서사를 되새겨 보아야 할 현대적인 의미 가운데 중요한 하나의 이유이다. 현대의 인간들이 살아가는 삶의 다양한 이면을 창세의 공간을 살았던 태초의 인간에게서도 낱낱이 확인할 수 있다. 거기에는 인간의 죄악과 그것을 통제하는 법이 있다. 삶의 파국을 가져 올 지식의 무모함과 함께 생명에 대한 절실함이 있다. 또한 무지한 인간의 타락과 신의 구원이라는 비밀이 있으며, 폭력의 파괴성과 근원적 죄의식이 우리를 자극하기도 한다. 그리고 관계의 단절, 소통의 부재라는 현대성의 병폐를 진단하고, 그 결과의 위험성을 직시하게 만드는 요소요소가 창세기의 서사에 담겨있다. 더불어 인간이 신과의 단절을 경험하는 데서 모든 비극이 시작되었다는 사실을 웅변하고 있는 창세기의 신학적 주제를 받아들인다면 그 절박함은 더욱 극대화될 수밖에 없다. 이런 이유들로 하여 이승우는 신과 인간의 관계와 소통의 회복에 그 누구보다 절박함을 느끼고 있는 것이다.

---

32. Tremper Longman Ⅲ, 전의우 역, 위의 책, 16쪽.
33. 이승우, 「작가의 말」,《태초에 유혹이 있었다》, 문이당, 1998, 6~7쪽.

결론적으로 이승우의 글쓰기는 잃어버린 신에 대한 관심과 소통을 통해 삶의 회복을 추구하는 것에 문학적 사명감이 놓여 있다. 이는 "세상은 신을 잃었고, 문학은 주제를 잃었습니다.…(중략)…잃어버린 신(주제)에 대한 관심을 늘 놓지 않겠습니다. 우리의 삶은 신성한 것입니다."[34]라는 절실한 목소리를 통해 감지할 수 있다. 이것이 바로 이 작가가 글쓰기의 시작부터 삼십여 년이 넘는 문학 활동의 지속 가운데 여전히 이 문제에 집착하고 있고, 앞으로도 오랫동안 이 문제에서 벗어나지 못하게 될 까닭이다. 따라서 그는 애초의 《에리직톤의 초상》에서 시작된 창세기에 대한 문학적 상상력을 《생의 이면》에서 이어받고 있었으며, 거기서도 해갈을 얻지 못한 문학적 갈증이 《태초에 유혹이 있었다》에 이르러 더욱 본격적으로 다루어지게 된 것이다.

---

34. 위의 글, 5쪽.

한국 기독교소설
작가작품론

제4부
인간적 삶에 대한
기독교적 문제 인식

9. 불의한 삶에 대한 신정론적 회의
10. 인간의 정의 실현을 위한 신과의 대면

9장. 불의한 삶에 대한 신정론적 회의
- 최인훈의 〈라울전〉

1. 현실에 대한 본질적 저항과 방법적 자각

최인훈은 전쟁과 분단 상황의 고착화, 그리고 자유당 정권의 부패로 이어지는 일련의 절망적 현실 앞에서 지식인의 좌절의식을 드러내 보인 〈GREY 구락부 전말기〉를 통해 문단에 등단했다. 이후 그의 소설은 반사실적 관념성의 추구로 일관되면서 한국 문학사에서 독자적 영역을 확고히 해 오고 있다. 최인훈의 소설이 관념적 성향을 두드러지게 노출하고 있다는 사실은 등단작에 대한 "현실에서 고립되어 내부로의 정신적 망명을 시도하는 전후 젊은이들의 치기어린 유희와 그 좌절을 그리는 작품"[1]이라는 언급에서도 분명히 드러난다. 그리고 '내부로의 정신적 망명'을 통한 지적 유희와 좌절은 이후 《광장》의 '이명준'과 《서유기》의 '독고 준', 그리고 〈구운몽〉의 '독고 민'을 비롯한 여타의 소설들에서도 어렵지 않게 발견할 수 있다는 점에서 최인훈 소설의

---

1. 김영찬, 「근대의 불안과 모더니즘」, 소명출판, 2007, 281쪽.

고유성으로 규정할 수 있다.[2]

그러나 최인훈의 소설적 경향을 관념적 비사실성의 추구로만 한정하는 것이 정당한가에 대해서는 좀 더 조심스러운 접근이 필요하다. 비록 다른 작가들에 비해 관념성을 과도하게 드러낸다 하더라도 문학과 현실, 혹은 문학과 정치의 상관성이라는 관점에서 최인훈의 문학을 조명한다면 그 역시 리얼리스트로서의 기질을 내 보이고 있기 때문이다.[3] 즉 부조리하고 부패한 당대 현실에 대한 비판의 신랄함이 그 어떤 리얼리즘을 표방하는 작가들에 비

---

2. 최인훈은 초기작 〈GREY 구락부 전말기〉나 〈구월의 다알리아〉, 〈우상의 집〉 등의 어떤 분위기들이 《광장》과 충분한 연속성을 지니고 있음을 전제하면서도 "문단 등장에서 《광장》 이전까지의 작품들과 《광장》 사이에는 분명한 어떤 비약"이 존재함을 주장한다. 그리고 이러한 비약의 원인을 4·19라는 역사적 사실에서 찾고 있다. 그는 "4·19가 없었더라면 《가면고》의 선을 따라서 현실의 역사와는 상대적으로 무관한 인간의 내면의 역사를 탐구하는 계열의 작품들을 써나가지 않았을까"라고 말하고 있는데, 이 말은 역으로 《광장》 이전의 초기작들이 현실 역사와는 다소 동떨어진 '인간의 내면'을 다루는 데에 치중되어 있었음을 시인하는 것이기도 하다. 최인훈, 「나에게 있어 《광장》 이전과 이후」, 『문학과 사회』 35호, 1996, 1362쪽.
3. 최인훈 소설에 나타나는 리얼리티(현실 비판의식)의 형성은 작가 개인사적 측면에서 다음의 두 가지를 그 원인으로 제시할 수 있다. 첫째는 이데올로기·성·가족 등에 의해 형성된 것으로 보이는 월남 이전의 '소외 의식'이다. 최인훈은 공산주의 이데올로기가 지배하는 북한에서 〈플란더즈의 개〉와 같은 책을 읽으며 그의 어린 시절을 보냈다고 회고한다. 이는 억압된 외부 상황과 독서에 의해 형성된 내면세계 사이의 커다란 괴리에서 발생한 소외 의식에 따른 현실 비판적 태도의 형성이라 할 수 있다. 둘째는 광복 이후 해군 함정(LST)을 타고 월남한 후 발생한 '피난민 의식'으로서, 정치적 여건에 의해 강제적으로 발생한 원인이라는 점에서 현실 비판의식 형성에 보다 직접적 영향을 준 것으로 볼 수 있다. 특히 최인훈은 그의 '피난민 의식'을 일종의 '문화충격' 내지는 '정치적으로 타율에 의해' 형성된 '변경인'으로 표현한다. 따라서 이것이 그의 문학에 있어서 가장 집착하는 문제이며, 앞으로의 문학에 있어서도 지속적으로 추구하는 문제가 될 것임을 짐작할 수 있다. 김경윤, 「최인훈 소설 연구-작가의식의 내면화 문제를 중심으로」, 경북대 석사학위논문, 1984, 21~30쪽. 최인훈, 『꿈의 거울』, 우신사, 1990, 206쪽.

견해도 결코 뒤쳐지지 않고 있음을 텍스트의 내밀한 분석을 통해 밝혀낼 수 있다. 이는 최인훈 소설의 전반적 특성에 대해 공종구가 내린 평가 속에서 그 일단을 확인할 수 있다.

공종구는 최인훈의 소설에 대해 "한국전쟁과 그로 인한 분단 상황 및 1960년대 이후 본격적으로 진행된 한국사회의 자본주의 근대화 과정에 대한 성찰적 자의식"의 표출과 "현실세계의 그림자인 언어와 서사양식을 매개로 하는 소설의 정체성에 대한 미학적 자의식"의 표출이라는 두 축으로 나누어 설명한다.[4] 여기서 전자의 '성찰적 자의식'은 "미시적으로는 부조리하고 모순된 존재로서의 인간의 존재론적 본질에 대한 성찰과 탐색을 반추하는, 거시적으로는 분단 상황과 근대화 과정이 지니는 의미를 세계사적 맥락에서 총체적으로 조망하는 문제의식"[5]을 통해 그 깊이와 넓이가 상당히 입체적이고도 중층적으로 전개되고 있다. 따라서 미시적, 혹은 거시적 차원에서의 성찰적 자의식이란 부조리한 당대 현실에 대한 작가의 비판적 문제인식에서 비롯된 것이라는 측면에서 관념성을 넘어선 사실성의 추구로 그 의미를 부여할 수 있다. 한편 후자의 '미학적 자의식'의 표출은 "환타지나 패러디 기법의 적극적 차용, 사건의 유기적 구성보다는 존재와 세계에 대한 철학적 단상이나 방대한 역사적 사실에 대한 해석적 전유 등이 서사를 추동하는 에세이적 경향 등 다양한 형식실험과 미학적 변주를 시도하는 과정에서 이야기 구조를 축으로 하는 전통적인 소설 문법

---

4. 공종구, 「최인훈의 단편소설」, 『현대소설연구』 34호, 한국현대소설학회, 2007, 92쪽.
5. 위의 글, 92쪽.

의 해체를 통한 새로운 소설문법의 모색을 줄기차게 시도"[6]한 작품들 속에서 발견할 수 있다. 그리고 이 역시 형식적 실험을 통한 현실 비판의 추구라는 점에서 관념성 너머의 문학적 성취로 평가할 수 있다. 특히 미학적 자의식에 따른 현실 비판적 인식은 '방법적 자각'이라는 작가의 문학관에 의해 더욱 두드러진다.

> 참여란 말에 사로잡혀 그것을 어떤 풍속화한 실체에 몰입하는 이미지로 생각할 것이 아니라 참여를 방법정신으로 이해하고 그것은 다름 아닌 끊임없이 자기를 넘어서며 인간의 자연적, 사회적 삶의 방식의 방법적 자각이라고 생각해야 할 것이다. 이런 방법을 적용한 결과, 만일에 정치가 잘못되었기 때문에 문학의 가장 두드러진 비판이 정치에 쏠리게 된다면 그것은 할 수 없는 일이다. 그것은 방법의 책임이 아니라 풍속의 책임이기 때문이며, 방법은 대상에 대해 가림이 없기 때문이다.[7]

최인훈은 문학의 현실 참여에 대해서 사물의 실체에 대한 '몰입', 즉 눈에 보이는 대로의 현상적 비판에만 국한해서 생각하지 않는다. 오히려 '방법적 자각'을 통한 참여라는 보다 확장된 인식을 보여준다. 이는 현실 비판의 대상이 인간적 삶의 방식이든 심지어는 자연물이든 그 대상에 구애됨이 없는 폭넓은 현실 비판적 문학관이다. 때문에 비판적 평자들의 시각으로는 과도한 노출로 평가될 수밖에 없는 반사실적 관념성마저도 최인훈 자신에게는 문학의 참여정신을 실현하기 위해 채택한 미학적 방편인 셈이다.

---

6. 위의 글, 92~93쪽.
7. 최인훈, 『꿈의 거울』, 우신사, 1990, 206쪽.

또한 생경한 사실주의에 대한 강한 거부감과 방법적 자각을 통한 현실의 참여에 대해서 작가 본인은 타인의 육체적 저항에 버금가는 '본질적 저항'을 하고 있는 것으로 주장하는 논리도 흥미롭다.[8] 즉 그에게 있어서 반사실적·관념적 성향의 소설 창작이란 현실에 대한 나약한 지식인의 도피 행각이 아니라 보다 강렬한 현실 저항의 방편으로 선택한 문학적 전략이라는 것이다.

2. 신의 공의에 대한 신정론적 입장과 문학적 수용

한국의 현대소설은 나약한 실존으로서의 문제적 인간이 최후의 어느 순간, 신과 정면으로 맞서 대결하는 장면을 묘파하고 있는 소설을 몇몇 지니고 있다. 합리적 이성으로는 도저히 용납할 수 없는 삶의 부조리함에 직면하여 결국 실존적 인간은 헐벗은 몸으로 신이라는 절대적 존재와 최후의 일전을 감행하는 것이다. 최인훈의 〈라울전〉이 그러하다. 이 소설은 현실에 개입한 신이 과연 얼마나 공의公義로운가에 대해 회의한다. 또한 그것이 정녕 공의로운 신의 뜻이라면 그것에 내재된 신의 섭리攝理는 무엇인가에

---

8. 최인훈은 오랜 침묵을 깨고 90년대 들어 새롭게 발표한 장편소설 《화두》에서 사실주의에 대한 입장을 다음과 같이 피력하고 있다. "현실에 대해서 사실주의적으로 그려낸다는 것은 사실감으로부터 도피하기 쉽고 밤을 흰물감으로 묘사하려는 태도처럼 느꼈다. 사실주의를 거부하는 것이 예술가로서는 이 세계에 육체적 저항에 맞먹는 본질적 저항처럼 느꼈다. 예술의 마지막 메시지는 형식이다." (최인훈, 《화두》1, 민음사, 1994, 339~340쪽.) 이 말 속에는 항간의 부정적 평가들, 즉 그의 소설이 갖는 반사실적 성향에 대한 비판적 견해에 대해 나름의 변론이 담겨 있다. 그는 자신이 선택한 반사실적 창작기법은 부조리한 현실에 육체적으로 맞서는 것과 진배없는 '본질적 저항'이라고 강변한다.

대해 질문하고 있다. 이러한 질문은 결국 현대신학에서의 신정론 神正論(theodicy)에 입각한 보다 근본적인 성찰에 다름 아니다.

신의 공의와 섭리에 대해 그 정당성을 회의하는 한국의 현대소설에 대한 연구, 즉 신정론에 대한 이해를 바탕으로 작품과 작가의식의 분석에 대한 시도는 이미 최재선의 연구에서 선행적으로 나타나고 있다.[9] 그는 이청준의 〈벌레 이야기〉와 송우혜의 〈고양이는 부르지 않을 때 온다〉라는 두 편의 소설을 신정론이라는 신학적 관점에서 분석을 시도하면서, 이 두 편의 소설이 "피해자가 입은 상처를 치유하기 위해 '화해와 용서'가 얼마나 힘든 일인지 보여주며, 용서를 말하는 기독교의 초월성에 회의적 입장을 표한다"[10]라는 결론에 도달했다. 본 연구는 최재선의 연구를 좀 더 확장하여 현대소설에 나타난 신의 공의로움과 그것에 내재된 기독교적 섭리의 정당성에 대한 보다 심층적 접근을 시도하고자 함이다.

전통신학에서의 신정론이란 '하나님은 의로우신가?', 혹은 하나님은 정당하신가?'에 대한 신학적 질문이다. 우리가 살아가는 세계에 산재한 고통과 불의, 그리고 '악'의 근원에 대해 꾸준히 제기되는 신의 '전지全知', '전능全能', '전선全善'에 대한 회의는 전통신학

---

9. 최재선은 「한국현대소설에 나타난 신정론 연구」에서 신정론(神正論, theodicy)에 대해 다음과 같이 설명하고 있다. "문자적으로는 '하나님의 의'(justification of God)라는 뜻으로, 하나님의 정당성에 대한 논의를 의미한다. 신정론은 현실에서 직면하는 고통과 악에 대한 물음에서 출발한다. "만약 하나님이 선하시고 공의롭다면, 왜 악한 사람이 잘 되고 착한 사람이 고통을 당해야 하는가? 왜 세상에 악이 승하고, 착한 사람에게 고통을 허용하는가?"에 대해 묻는다."라고 규정하고 있다. 최재선, 「한국현대소설에 나타난 신정론 연구」, 『문학과 종교』 제13권 2호, 한국 문학과 종교학회, 2008, 1~22쪽.
10. 위의 글, 18쪽.

의 입장에서는 확고부동한 입장을 견지한다. 즉 "악의 존재의 명확성과 신의 존재의 불명확성이라는 이중적 난관에 직면하여, 신의 존재와 악의 존재가 양립 가능한 것임을 변증하는 시도"로서 "명백한 악의 존재에도 불구하고 하나님이 또한 존재한다는 것을 옹호"[11]함이 신정론의 관점이다. 따라서 인간이 경험하는 고통과 악은 신에게서 그 원인을 찾을 것이 아니라, "인간의 타락을 통해 죄가 세상에 들어오고 그 대가로서 인간은 고통을 겪게 되었다"[12]는 점에서 접근해 들어가야 할 문제인 셈이다. 그러나 대다수의 인간은 자신이 당하는 고통이 '죄의 대가'라는 신정론적 사유에 대해서 한편으로는 수긍하면서도 근원에서부터 인정하지는 않는다. 그러기에는 현실의 부조리함이 더 크게 느껴져서이다.

한편 악의 문제에 대한 인간적 고뇌는 유신론적 사유체계 자체에 심각한 혼란을 초래할 개연성을 내포하고 있다. 이를테면 다음에 인용한 흄(David Hume)의 연속되는 도전적 질문이 그것이다.

> 에피쿠루스(Epicurus)의 오랜 질문들은 아직 대답되지 않았다. 신은 악을 막고자 하였으나, 그렇게 할 힘이 없었는가? 그렇다면 신은 무능력하다. 그렇게 할 수 있었지만, 그러지 않았는가? 그렇다면 신은 사악하다. 신은 그렇게 할 수 있었고, 그렇게 하고자 원했는가? 그렇다면 악은 도대체 어디에서 오는 것인가?[13]

---

11. 손호현, 『하나님, 왜 세상에 악이 존재합니까?-화이트헤드의 신정론』, 열린서원, 2005, 25쪽.
12. 최재선, 위의 글, 3쪽.

만약에 흄의 첫 번째 질문이 난관에 봉착하면 결과적으로 신의 '전능성全能性'에 대한 불경이 범해진다. 또한 두 번째 질문으로 옮겨가면 역시 신의 '전선성全善性'이 침해당하고, 마지막 질문에 이르면 결국 악의 근원에 대한 '불가지론不可知論'에 빠져든다. 이처럼 현실 세계에 팽배한 악의 문제에 직면하여 과연 '하나님은 의로우신가?, 혹은 하나님은 정당하신가?'에 대해 의심하게 될 때에 지금까지의 유신론적 신앙의 일관된 체계는 위기에 직면할 수밖에 없다. 이러한 현상에 대해 화이트헤드(A.N. Whitehead)는 "종교적 교리의 모든 단순화 작업들은 악의 문제라는 암초에 걸려 난파되었다"14)라며 고전적 의미의 유신론적 사유체계가 악의 문제에 직면하여 난파한 배처럼 침몰하고 있다고 비유하고 있다. 그러나 신의 '공의'와 '섭리'에 대한 회의와 세계에 존재하는 악의 근원에 대한 신의 책임에 대해서 신정론은 한 치의 물러섬이 없다. 인용문에 나타난 흄과 같은 부류의 도전적 질문들에 대해서도 신정론은 신의 정당성이란 결코 훼손될 수 없는 지고지순의 가치라고 옹호한다. 그러나 실존적 인간은, 그리고 소설가는 이 문제에 있어서 역시 쉽게 물러서지 않으며, 인류의 오랜 역사가 지속되고 있는 지금까지도 이 엉켜버린 실타래의 끝을 고통스럽게 부여잡고 있다.

---

13. David Hume, Dialogues Concerning Natural Religion, in Principal Writings on Religion including Dialogues Concerning Natural Religion and The Natural History of Religion, ed. J. C. A. Gaskin (Oxford and New York: Oxford University Press, 1993), 100(10부). 손호현, 위의 책, 26쪽.
14. A. N. Whitehead, Religion in the Making (New York: Macmillan Company, 1926), p.77. 위의 책, 27쪽.

3. 개인적 삶을 속박하는 불의와 절망적 시대인식

최인훈의 〈라울전〉은 "기독교를 소재로 신학적인 주제를 전개시켜본, 순전히 공상적인 작품"[15]이라는 점에서 최인훈 소설의 전반적 특성과는 일정 부분 변별점을 지닌 작품으로 주목된다. 이런 점에서 〈라울전〉의 창작 의도를 신학적 주제, 즉 신의 공의와 섭리에 대한 신정론적 견해에서 접근하는 본 연구의 의미는 충분하리라 여겨진다.

〈라울전〉은 주인공인 랍비 '라울'이 그의 어릴 때부터 친구인 숙적 '사울'과의 경쟁 속에서 운명적으로 패배하는 지식인의 좌절을 그리고 있는 소설로서, 최인훈의 소설 가운데서는 특이하게도 "나사렛 예수가 활동했던 시대를 배경으로 인간 이성과 신의 섭리의 어긋남이라는 기독교적 주제"[16]를 빼어나게 다루고 있는 작품으로 평가된다. 랍비인 라울에게 있어서 신은 공평치 못한 주권자로 여겨진다. 집안 "대대로 제사장을 지낸 집안에서 태어나고, 석학 가마리엘 문하에 성전을 공부하고, 똑같이 신의 교법사된 코흘리개 친구"[17] 사이로 자란 라울과 사울은, 그러나 뚜렷한 대조를 보이는 성장 과정을 지녔다. "팔팔하고 조급"한 성격의 사울이 장군이 되지 않고 제사장이 된 것은, "다만 장군이란 로마인이 아니고는 될 수 없는 그의 민족의 처지와, 집안이 제사장직을 하여왔다는 것뿐"(48쪽)이었다. 반면 라울은 선택받은 자로서의

---

15. 최인훈, 「나에게 있어 《광장》 이전과 이후」, 『문학과 사회』 35호, 1996, 1361쪽.
16. 김영찬, 앞의 책, 282쪽.
17. 최인훈, 〈라울전〉, 48쪽. 본고에서 인용하는 〈라울전〉은 다음의 출처에 따른 것임을 밝혀둔다. 최인훈, 〈라울전〉, 《우상의 집》, 문학과 지성사, 1995.

사명감을 깊이 깨달은 독실한 신앙인의 표본으로서 '가림받은 자'의 자부심을 지니고 있다. 이처럼 태생에서부터 성장의 과정들을 엄밀히 비교하자면 단연 신의 은총과 선택은 사울이 아닌 라울 자신에게 내려짐이 마땅하지만, 그럼에도 불구하고 라울은 지금껏 사울과의 경쟁에서 번번이 패배하는 '운명적인 열등감'을 지니고 살아왔다. 결코 어떠한 경쟁에서도 사울을 이겨보지 못했으며, 그 이유가 자신의 능력이나 나태함과는 전혀 상관없는 숙명적 '무엇'이라는 점에서 라울의 고뇌는 깊어진다. 더구나 당시 예루살렘 일대를 시끄럽게 하는 나사렛 사람 예수에 대해서 "열왕기의 가계보를 낱낱이 살핀 끝에 그자의 핏줄이 다윗왕의 가지에 이어짐을 알고"(47쪽) 친구인 사울에게 먼저 그(예수)의 존재를 알렸던 라울이었지만 결국에 '신의 사랑'은 라울 자신이 아닌 사울에게로 향해 버렸음에 그는 더욱 좌절하고 만다.

  신은, 왜 골라서, 사울 같은 불성실한 그리고 전혀 엉뚱한 저에게 나타났느냐? 이 물음을 뒤집어놓으면, 신은 왜 나에게, 주를 스스로의 힘으로 적어도 절반은 인식했던! 나에게, 나타나지를 아니하였는가? 하는 문제였다.
  그 나머지 절반, 신이 라울에게 모습을 나타내 보인다는 나머지 절반으로써, 라울의 믿음은 이루어졌을 것이 아닌가?
  애를 쓰지도 않은 사울에게 그처럼 큰 은혜를 내린 것은, 무엇 때문인가? 성전聖典의 예언자들은 모두 신의 사랑을 받을 만한 값있는 바른 사람들이 아니었던가? (70쪽)

라울의 입장에서 신의 처사는 공평치 못했다. '불성실'하고 '애를 쓰지도 않은' 사울에게 내려진 신의 은총은 부당하게 느껴진다. 매사에 성실함으로 임했던 자신보다는 요행과 운수로 신의 택함을 받는 사울과의 경쟁 속에서 '주를 스스로의 힘으로 적어도 절반은 인식했던' 라울의 고뇌는 깊어만 간다. 그리고 지금껏 사울과의 경쟁에서 번번이 밀려나면서도 "무엇이 어찌 되었건, 자기는 삶에 있어서 마지막 것을 쥐고 있다는 자신"(72쪽) 속에서 애써 억눌러왔던 그의 번민은 표출되기에 이른다. 여기서 라울이 기대고 있는 '마지막 것'이란 여호와께서 결국에는 자신과 함께 할 것이라는 순수한 신앙적 확신과 기대감, 혹은 우연과 요행으로 점철된 사울과는 달리 자신의 성실함에 의한 지적 자신감에 따른 것임은 틀림없는 사실이다.[18] 그러나 신의 선택은 그의 기대를 무참히 벗어나고 말았다. 이 순간 라울에게 있어서 '신은 과연 공의로운 존재인가'라는 근원적 회의가 일어남은 너무나 당연하다. 만약에 신의 처사가 공의로운 것이라면 '과연 그것에 내재된 신의 섭리란 무엇인가'에 대한 고민은 라울에게, 그리고 이 소설을 읽는 독자들에게 여전히 의문으로 남을 수밖에 없다. 우리의 삶 가운데는 이러한 부당함이 너무나 비일비재하게 일어나고 있기 때문이다.

---

18. 라울이 최후의 보루처럼 마음에 지니고 있는 이 '마지막 것'에 대한 해석을 필자가 애초에 제기한 '여호와께서 결국에는 자신과 함께 할 것이라는 순수한 신앙적 확신과 기대'로 해석하는 것과 달리, 라울 자신의 "지적인 우위, 즉 사울이 맞이하는 우연과 요행을 넘어서는 자신의 성실함에 대한 자신감, 지적 자신감"으로 보는 견해도 제기되었다. 이러한 견해는 이 논문이 발표된 〈한국문학과 종교학회〉 여름 학술대회(2009년 7월 2일, 숭실대학교)에서 최재선 교수(한국산업기술대학교)의 토론을 통해 제기되었다. 날카로운 지적에 감사드리며 이 견해를 수용함을 밝혀둔다. 최재선, 「〈한국 현대소설에 형상화된 신의 공의와 섭리〉에 대한 토론문」, 『2009년 한국문학과 종교학회 여름학술대회 자료집』, 한국문학과 종교학회, 2009, 18쪽.

전혀 인적이 없는 멀리 뻗친 길 위에 한 점 형상이 있다.

먼 길을 달려온 것이리라. 거의 형체를 남기지 않은 옷을 걸치나 마나 한, 알몸에 가까운 사나이가, 두 손을 모두어 무릎에 얹고, 턱은 높이 쳐들어 열심히 앞을 보려는 뜻을 나타내고, 그 머리를 그대로 허리째 굽혀서, 모두운 두 손바닥에 턱이 닿을 만큼 내리고 있었다.

그 얼굴은 웃는 것같이도 보였으나, 어찌 보면 우는 것 같기도 했다. 숨은 이미 넘어간 그의, 뒤집혀진 눈알의 흰자위는 무엇인가를 노려보는 마음이 굳어버린 두 개의 구슬 같았다. (72~73쪽)

〈라울전〉의 결말은 매우 비극적이면서 아울러 충격적이다. 신념을 상실한 실존은 나약하기 그지없다. 또한 평생의 신념에 배신당한 자의 심리적 충격은 '뒤집혀진 눈알의 흰자위는 무엇인가를 노려보는 마음이 굳어버린 두 개의 구슬'로 형상화되어 좌절과 배신감의 크기를 짐작하게 한다. 그러나 신의 부당함에 대한 인간의 항변은 의외로 그 심각성을 인정받지 못한다. 구약의 선지자 하박국이 간악과 패역한 세대 앞에서 침묵하는 신에게 고뇌에 찬 항변을 쏟아냈을 때[19]도 그러했듯이 라울에 대한 인간적 억울함도 바울(사울이 회심한 이후 '바울'로 개명함)에 의해 "옹기가 옹기쟁이

---

19. 〈하박국〉의 기록에 따르면 선지자 하박국은 "여호와여 내가 부르짖어도 주께서 듣지 아니하시니 어느 때까지리이까 내가 강포(强暴)를 인하여 외쳐도 주께서 구원치 아니하시나이다 어찌하여 나로 간악을 보게 하시며 패역을 목도하게 하시나이까 대저 겁탈과 강탈이 내 앞에 있고 변론과 분쟁이 일어났나이다 이러므로 율법이 해이하고 공의가 아주 시행되지 못하오니 이는 악인이 의인을 에워쌌으므로 공의가 굽게 행함이니이다"(1:2~4), "주께서는 눈이 정결하시므로 악을 참아 보지 못하시며 패역을 참아 보지 못하시거늘 어찌하여 궤휼한 자들을 방관하시며 악인이 자기보다 의로운 사람을 삼키되 잠잠하시나이까"(1:13)라고 공의가 사라진 시대 앞에서 침묵하는 신을 향해 항변하고 있다. 이에 대해 여호와는 "의인은 그 믿음으로 말미암아 살리라"(2:4)고 답변하고 있다.

더러 나는 왜 이렇게 못나게 빚었느냐고 불평을 한들 무슨 소용이 있으랴. 옹기쟁이는 자기가 좋아서 못생긴 옹기도 만들고 잘생긴 옹기도 빚는 것이니"(73쪽)라는 식으로 넘겨져 버린다. 그렇다. 모든 것은 신의 뜻, 즉 신의 섭리일 뿐, 그것에 대해 피조물인 인간이 무어라 할 말이 없는 것이다. 그리고 이러한 논리에는 신정론적 사유에 입각한 신의 전지, 전능, 전선함이 전제되어 있다.

인간의 삶에 개입된 신의 의지가 공의롭지 못할 수도 있다는 문제의식에서 출발한 〈라울전〉의 서사가 바울의 '옹기쟁이 비유'처럼 신정론적 입장에 순응적인 결론에 머물고 마는데, 이 때문에 "더 이상의 것은 신학의 영역으로 남겨둘 수밖에 없다는 늘 동일한 순환론적 결론"[20]에 이르고 마는 한계를 보일 수도 있다. 그러나 최인훈은 〈라울전〉의 서사에서 이 한계를 뛰어넘는 보다 적극적인 신학적 관점을 전개시키지는 못하고 있다. 아마도 〈라울전〉이 작가의 초기작이라는 점에서, 또한 그의 작품 세계에서 '기독교를 소재로 신학적인 주제를 전개'시킨 작품이 〈라울전〉 외에 거의 나타나지 않고 있다는 점에서 신정론적 견해를 넘어서

---

20. 최재선은 이러한 한계를 극복하기 위해 "신의 섭리의 영역을 떠나 텍스트 자체에 나타난 라울과 사울(바울)의 인물에 대한 분석을 성격, 기질의 드러남, 행위의 변화 등을 통해 살펴보는 것도 필요"하다고 지적하면서, "자유의지의 차원에서 라울은 자신의 신념을 확증하고 행동하는 면이 부족한 우유부단한 성품과 스스로 자신을 바르다고 여기는 교만이 인간적인 이해와 사랑의 부족"으로 나타남에 비해, 반면 "사울은 자신의 신념에 따라 과감하게 행동하고 노예에게도 사랑을 베푸는 인간에 대한 이해와 사랑을 지닌 인물"로 대조됨에 착안하여 "인간의 영역에서 신의 뜻에 부합하는 자세를 갖고, 그를 위해 분투하는 인간의 모습을 통해 신의 사랑과 선택을 받는" 인간적인 측면에서의 분석을 제시했다. 이러한 분석이 시도되어야만 종국에 모든 것을 '신의 섭리'로만 귀결시키는 순환론적 결론에서 벗어날 수 있다는 토론자의 의견에 동의하면서, 그가 제시한 해석의 틀을 제시한다. 최재선, 앞의 글, 18~19쪽.

는 작가의 도전적 작가의식은 미완으로 남게 된다.

그렇다면 최인훈은 '기독교를 소재로 신학적인 주제를 전재시 켜보려는' 지극히 신학적인 의도만으로 이 소설을 창작했겠는가 가 마지막 의문으로 남는다. 과연 이 세계에 벌어지고 있는 이해 불가능한 모든 일들에 있어서 공의로 판단하는 정의로운 신적 존 재에 대한 추구에만 창작 의도가 집중되었을까? 이러한 질문에 대해 작가는 김현과의 대담에서 "개인의 의지와는 관계없는 역사 의 움직임이라고 할까, 그런 것에 절망하는 지식인의 모습"[21)]에 자신의 모습을 투사하고자 했다는 의도를 피력했다. 즉 최인훈은 한국전쟁 이후로부터 4·19에 이르는 한국의 역사적·정치적 현실 속에서 좌절과 고뇌를 거듭할 수밖에 없었던 당대 지식인의 절망 감을 랍비 라울을 통해 일종의 알레고리로 그려낸 것으로 유추할 수 있다.

이 소설에서 라울은 작가 최인훈의 자의식을 투사하고 있으며, 이성에 의지해 보편적 진리를 추구함으로써 궁극적인 자아실현 을 소망하는 당대 지식인의 전형으로 표상되어 있다. 그들은 시 대적 현실을 성실히 탐색하고 그 진의를 궁구하기에 결코 게으르 지 않았으며, 이성의 힘에 근거하여 현실의 부조리를 극복할 수 있을 것이라는 낙관적 기대를 포기하지 않았다. 그러나 세계는 합리적 이성의 범주를 벗어나서 진행되며, 그 어떤 기대도 좌절 시키는 부조리로 다가왔을 뿐이다. 이것이 당대 한국의 지식인들 이 공통적으로 처한 정신적 충격의 실체였던 것이다. 따라서 〈라

---

21. 김현·최인훈,「변동하는 시대의 예술가의 탐구」, 최인훈,『길에 관한 명상』, 청하, 1980, 57쪽.

울전〉에 대해서 "스스로 믿었던 이성의 힘이 운명의 벽 앞에 무너지는 것을 경험하는 한 지식인의 회의와 좌절의 역사를 탐구"한 작품으로, "전쟁과 전후의 현실을 겪으면서 압도적인 현실의 파괴성 앞에서 자기 삶의 준거로 작용했던 이성의 무력함을 경험한 전후사회 지식인의 존재조건에 알레고리"[22]라는 평가는 매우 적확한 해석으로 여겨진다.

* * * * * * * * * *

우리는 일상의 모든 것들이 이해의 범주 안에서 이루어지고, 또한 예측 가능한 일이기를 소망한다. 그러나 인생은 그러지 못함에서 인간에게 부조리함으로 인식될 수밖에 없으며, 따라서 원망과 저주에 찬 시선으로 보이지 않는 신을 응시하게 한다. 여기서 다시금 신의 전지성, 전능성, 전선성에 대해 심각한 회의가 발생하며, 더 나아가 신의 존재를 부정하기에 이르기도 한다. 한국의 현대소설에서도 이러한 문제의식에서 출발한 다수의 수준 높은 작품을 발견할 수 있다. 인간이 당하는 고난과 시련이 진정 당사자의 '악'에 기인한 것이라면 전혀 논란의 여지가 없겠지만 불행히도 근원을 알 수 없는 신의 책망으로 인해 급기야 그 존재자의 당위성에 대한 엄중한 의심이 발생하고, 때로는 불경한 언사를 서슴지 않는 극한에까지 치닫기도 한다. 이유는 간단하다. 그 순간 인간은 신의 공의로움에 대해 수긍할 수 없기 때문이며, 만에 하나 그 정당함에 동의한다 하더라도 도대체 절대자의 섭리를

---

22. 김영찬, 앞의 책, 284쪽.

간파해 낼 능력이 우리에게는 없기 때문이다. 따라서 끝없이 회의하고 때로는 무모하게 저항할 뿐이다.

최인훈은 〈라울전〉에서 시대적 현실에 절망한 한 나약한 지식인의 고뇌를 신 앞에 선 실존적 주체의 형상으로 그려내고 있다. 랍비 '라울'이 직면한 현실은 본인의 의지, 본인의 열정과는 다른 방향으로만 치닫는 불가해한 현실이며, 결국 본인의 어떠한 노력으로도 극복할 수 없는 절망적 현실이라는 점에서 전후의 지식인이 가질 수밖에 없었던 한계와 만나게 된다. 유한한 인생을 부여받은 인간은 그 자체 나약한 존재의 한계를 벗어날 수 없다. 그러나 어느 한 순간도 신의 행위를 눈감고 있을 수는 없다. 이는 유한한 존재자의 비극이기도 하다. 그리고 그 유한자의 중심에 작가들은 외롭고도 힘겹게 그 사명을 부여잡고 서 있다.

10장. 인간의 정의 실현을 위한 신과의 대면
- 이문열의 《사람의 아들》

1. 이문열과 시대의 불화, 그리고 《사람의 아들》

이문열李文烈은 1977년 『대구매일신문』 신춘문예에 단편 〈나자레를 아십니까〉로 입선된 이후 1979년 중편 〈새하곡〉이 『동아일보』 신춘문예에 당선되면서 문단에 등단했다. 이후 한국 현대 문학사에서 비중 있게 회자되는 다수의 작품들을 지속적으로 발표하고 있으며, 현재도 한국 문단을 대표하는 작가로서의 중추적 지위를 차지하고 있다는 점에 대체적으로 의견의 일치를 보인다.

당시의 분위기로 보자면 늦깎이로 문단에 데뷔한 이문열은 그의 작품들이 관념적 보수주의 성향을 짙게 드러내며, 아울러 허무주의적 낭만주의에 함몰되어 있다는 특징 등으로 인하여 한국 문학사에서 보수주의 이념을 대변하는 작가로 규정되고 있다. 때문에 민족·민중문학을 지향하던 80년대의 시대적 분위기 속에서 그의 소설들은 수많은 비판적 논란을 불러일으켰으며, 그러한 논란은 작가의 보수적 정치 성향으로 인하여 최근까지도 지속되고 있는 실정이다. 이문열에 대한 민족·민중 계열의 냉소적 시각은 김명인의 「한 허무주의자의 길 찾기」에서 단적으로 읽을 수 있다.[1] 김명인은 장편과 중단편에 이르기까지 수많은 문제작을 쏟아내고 있는 이문열에 대하여 그의 "다산성 자체가 '소설의 빈곤' '산문의 위기' 운운하던 1980년대에 대한 일반적인 비평적 진단을 비웃는 것이지만 그의 소설들은 민중 항쟁의 피비린내와 함께 열려 이 땅의 지배 세력과 피지배 세력 간의 적나라한 대립으로 일관했던 지난 10년여의 시간 동안 그 안타까움과 간절함, 희망과 좌절의 열기에 용케도 '감염'되지 않고 일관되게 냉소적 거리를 유지하면서 일종의 '반문화'로 구축되어 왔다"[2]고 비판적으로 인식하고 있다. 달리 표현하자면 당대의 많은 작가들이 우리 사회를 지배하고 있는 '물질적인 힘'[3]에 대하여 문제인식을 공유하

---

1. 이 글에서 김명인은 이문열에 대한 비평을 한다는 자체가 당대로서는 어떤 힐난이나 최소한 걱정의 시선을 의식하지 않을 수 없는 일임을 고백하고 있는데, 이것은 이문열에 대한 '민족 민중 문학 진영'의 반감이 어느 정도로 심각했는가를 짐작할 수 있는 대목이다. 김명인은 대략 세 가지 차원에서 이문열에 대한 당대의 분위기를 정리하고 있다. 첫 번째는 "보수반동적 세계관에다 상업주의적 기량을 적당히 갖춘 천박한 이야기꾼일 뿐인 그를 민족 문학 비평의 대상으로 다루는 것은 일고의 가치도 없는 일일뿐더러 공연히 대중의 관심만 유발시켜 책이나 더 잘 팔리게 해준다"는 상당히 혐오적인 태도이다. 두 번째는 "이문열 문학의 대중에 대한 역기능과 그 비판 작업의 중요성을 부인하지 않지만 그보다 더 중요하고 시급한 작업들이 산적한 상태에서 이문열론을 붙드는 것은 비평 역량의 분산과 희석화를 가져오지 않겠느냐"는 현실론적이면서도 여전히 반감을 숨기지 않는 태도이다. 마지막 세 번째는 "민족 민중 문학 진영의 자족성을 비판하면서 보수 반동 문학에 대한 적극적 공세를 취하고 대중에게 그 해독적 본질을 폭로하는 일의 중요성을 강조하는 가운데서 이문열 비판을 그 중요한 고리로 파악"하려는 적극적 견해가 나머지 한 부류를 차지하고 있다. 이 세 가지 경향 중에서 어느 것을 따르든지 간에 이문열의 작가 의식에 대한 냉소와 부정이 매우 극단적인 형태로 표출되고 있었음을 짐작할 수 있다. 김명인, 「한 허무주의자의 길 찾기」, 류철균 편, 『이문열』, 살림, 1993, 205쪽.
2. 위의 글, 206쪽.

고 대립각을 세우던 시기에 이문열은 물질적인 힘이 아닌 '이념', 즉 물질적 힘의 지배 이념이 아닌 오히려 이것에 대항하는 민족·민중 세력의 이념을 적대적으로 대항하고 있다는 점에서 비판적으로 인식되고 있다. 또한 역사인식이 결여된 허무주의와 탈현실의 세대에 이문열의 문학은 "대책 없는 순응주의와 허무주의의 세계로 가는 건널목"[4]이 될 수 있다는 측면에서 상당한 문제점을 내포하고 있는 것으로 지적받고 있다.

때문에 이문열은 당대의 이러한 논란들에 대해 상당히 곤혹스러워 하면서 당대적 상황에서 자신이 지녀왔던 역사인식이 그 시대의 흐름과 맞지 않음으로 인해 생겨났고, 앞으로도 생겨날지 모르는 격렬한 시비에 대해 다음과 같이 소회를 밝히고 있다.

> 나는 작가가 아닌 사람으로 서른두 해를 살았고 작가로서 열세 해를 살았다. 그러나 가장 격렬한 시비, 가장 끔찍한 싸움은 바로 그 작가로서의 열세 해 동안에 다 경험했다. 앞날에 기다리고 있을지도 모르는 또 다른 시비, 또 다른 싸움을 예상하면 당시에는 그저 고통스럽고 쓸쓸하기만 했던 그 전의 서른두 해가 그립게 떠오를 때까지 있다.

---

3. 여기서 말하는 '물실석인 힘'이란 80년대를 지배하고 있던 힘, 이를테면 고도 산업화 사회가 파생한 지배 메커니즘, 신식민지 국가 독점 자본과 그 정치적 표현으로서의 군부 파시즘, 자본주의적 착취 관계와 소외 메커니즘 등을 의미한다. 따라서 당대의 많은 작가들은 이러한 물질적인 힘에 대항하는 글쓰기, 즉 "군부 독재의 기만과 탄압에 대하여, 상대적 빈곤의 절대적 심화에 대하여, 외세의 음험한 지배 메커니즘에 대하여, 분단에 대하여, 잘못 전개된 역사에 대하여, 인간을 비인간화하고 비참하게 만드는 자본주의적 소유 관계와 무정부적 생산의 가공할 악마성에 대하여" 긴장 관계에 서서 글을 쓰고자 노력해 왔으나 이문열의 경우는 이것과 상당히 벗어나 있음으로 인하여 비판의 중심에 서게 되었다. 위의 글, 207쪽 참조.
4. 위의 글, 208쪽.

나의 길은 불행하게도 요란한 80년대와 출발을 같이했다. 80년대의 성격을 한마디로 규정하기는 어렵다.
그러나 내 쪽에서 보면 전혀 불가능하지는 않은데 그중에 하나가 정치과잉이다.[5]

문단에 이름을 올린 이후 80년대라는 정치 과잉의 시대 속에서 그는 격렬한 시비와 끔찍한 싸움의 열세 해를 보내면서 그 전의 평범했던 일상인으로서의 서른두 해를 그리워할 정도였다는 고백이다. 그리고 앞날에 기다리고 있을지도 모르겠다는 또 다른 시비와 싸움에 대한 예상은 불행하게도 적중되어 오늘에까지 지속되고 있다. 물론 이러한 현상은 이문열의 소설을 비판적으로 평가하는 부류의 잘못으로만 돌릴 일은 아니다. "소설은 기본적으로 사람들의 이야기이고, 사람의 이야기를 하는 한 정치에서 벗어나기는 힘들다. 특히 우리처럼 정치가 거의 무제한으로 사람의 삶에 개입하는 상황에서는 어떤 방식으로든 정치를 이야기하지 않을 수 없게 되어 있는데 그게 내게는 불행이었다. 내가 기른 믿음, 내가 지닌 안목이 시대의 흐름과 맞지 않았기 때문이었다"[6]는 작가의 말처럼 정치와 이념이 삶의 상황을 지배적으로 주도하는 한국의 특수성, 그리고 그 가운데서도 80년대라는 시대상의 특수성을 감안할 때 이문열이 지닌 정치적 믿음과 안목은 분명 그 흐름과 궤를 같이할 수 없는 '시대와의 불화'였음은 작가가 평생에 걸쳐 짊어지고 나가야 할 멍에임에 틀림없다.

---

5. 이문열,「나의 길」,『시대와의 불화』, 자유문학사, 1993, 53~54쪽.
6. 위의 글, 54쪽.

이문열과 '시대와의 불화'는 도저히 건널 수 없는 심연으로 가로막혀 있는 것일까. 만약 그렇다면 그가 기른 믿음과 그가 지닌 안목이 그토록 시대와의 화해를 이룰 수 없었던 근저는 무엇에 기인한 것일까. 아니면 작가는 이미 시대와의 불화를 교묘히 건너뛰어 우리 독자들이 쉽게 눈치 채지 못한 어떤 방식으로 시대와의 대화를 시도한 것은 아닐까. 즉 유신독재의 암울한 시대상과 한편으로는 대대적인 산업화의 물결 속에서 '민중 의식'이라는 기치가 휘날리던 7·80년대 한국사의 시대적 분위기에 편승하지 않고 나름의 방식으로 시대와의 조응을 이루어 낸 것은 아닌가라는 의문을 가져볼 수 있다.

본 장에서는 이문열의 대표작 《사람의 아들》에 나타난 성서 모티프의 분석을 통해서 이러한 의문들에 대한 해답을 규명해 가고자 한다. 이남호는 「신의 은총과 인간의 정의」에서 "《사람의 아들》은 종교문제를 다룬 듯한 소설이면서도 실제로는 사회문제에 궁극적 관심을 두고 있는 소설로서, 그에 합당한 독법을 요구하고 있는 것으로 보인다. 이는 이 작품이 구원보다는 정의를, 그리고 신의 논리보다는 인간의 논리를 계속 추구하고 있음을 상기할 때 더욱 그러하다"[7]라고 말하고 있는데, 이는 다분히 관념적 성향이 농후한 작품세계를 통해서도 관념적 보수주의에만 머무른 것이 아니라 시대와의 조응을 남다르게 구현해 나감에 성공한 것으로 이해될 수 있다. 따라서 "《사람의 아들》은 아무도 정의의 실현에 관심을 두지 못하는 상황 속에서, 신에게까지 도전하며 인간

---

7. 이남호, 「신의 은총과 인간의 정의」, 이문열, 《사람의 아들》, 민음사, 1996, 321~322쪽.

의 정의를 실현하고자 함으로써 우리 시대의 삶에 근본적인 의문을 제기한 소설"[8]이라는 평가는 민족·민중적 시각에서 이문열의 소설에 대해 가해오던 비판을 나름대로 불식시키는 요소로 평가할 수 있다.

본 연구는 《사람의 아들》의 서사 가운데서도 내화를 형성하고 있는 아하스 페르츠의 일대기에 초점을 맞추어 분석하고자 한다. 작가는 추리소설의 기법에 착안하여 독자들로 하여금 시종일관 긴장감과 박진감을 놓치지 않도록 서사를 적절히 조율하고 있다. 그리고 그 사이 사이에 아하스 페르츠라는 가공의 인물을 중심으로 기독교적 세계관에 바탕을 둔 서사를 교차시켜 놓았다. 여기서 아하스 페르츠는 예수와 동시대를 살아간 '사람의 아들'로서 작가 이문열이 이상적으로 지향하는 기독교의 본질, 바람직한 종교상을 고뇌하는 실존적 주체로서 기능하고 있다. 따라서 아하스 페르츠의 순례 과정에서 벌어지는 다양한 제종교들과의 갈등과 교섭, 그리고 예수와의 대면 과정에서 벌어지는 논쟁들 속에서 종교와 현실의 양립 가능성, 즉 역사의 현장에서 능동적으로 기능하는 바람직한 신의 형상을 갈망하는 지극히 현세 지향적인 역사의식을 추론해 낼 수 있다. 또한 아하스 페르츠가 담론하는 기독교의 창조주에 대한 이해를 통해서 본 연구가 궁극적으로 도달하고자 하는 한국 현대 기독교소설의 영지주의적 사유의 수용 양상의 새로운 일면을 확인할 수 있을 것이다.

《사람의 아들》에 대한 기독교적 해석은 이보영과 이상설, 그리고 이동하 등의 논문에서 일부 다루어져 왔다. 이보영은 이문열

---

8. 위의 글, 336쪽.

의 《사람의 아들》이 주로 "도스토예프스키의 《카라마조프의 형제》의 유명한 〈대심문관의 전설〉의 내용과 니이체의 기존 도덕관념의 부정 및 가가와도요히꼬賀川豊彦의 삼부작 《사선을 넘어서》와 김동리의 《사반의 십자가》의 영향을 많이 받은 것"[9]이라는 전제 아래, 이들 작품들과의 비교 속에서 텍스트를 분석하고 있다. 그 결과 《사람의 아들》은 종교적 상상력은 비교적 활발하지만, 작가의 주제의식은 신뢰할 수 없다는 부정적 평가를 내린다. 이는 "'사람의 아들'이나 인간성이나 예수의 전체상에 대한 파악이 허술함의 탓"[10]이면서, 아울러 "근본적으로는 작자에게 지적 성실성이 부족하고, 종교의식 혹은 기독교 의식이 진지하지 못한데서 기인"[11]한 것으로 설명하고 있다. 또한 "상식적인 기독교 용어나 성서의 등장인물에 대하여 주注를 붙여 놓은 것이 작가의 현학적 오만과 함께 한국 기독교 소설의 전통이 얕다는 것을 증명"[12]하는 것이라고 비판하고 있다.

한편 이상설은 『한국 기독교 소설사』에서 《사람의 아들》을 '기독교 교리에 대한 회의와 갈등'을 드러내고 있는 작품으로 평가하고 있다. 그는 아하스 페르츠의 인생관이 인본주의와 현세주의에 바탕을 두고 있다는 전제 아래, 바로 거기에 기초하여 기독교에 대한 비판적 인식을 보여주고 있음을 시적했다. 그러나 그 역시 이보영과 같은 맥락에서 이 소설이 지닌 한계를 지적하면서도 "이제까지 한국 현대소설에서 다루지 않았던 신의 존재와 본질,

---

9. 이보영, 「기독교문학의 가능성」, 『한국소설의 가능성』, 청예원, 1999, 39쪽.
10. 위의 글, 44쪽.
11. 위의 글, 44~45쪽.
12. 위의 글, 45쪽.

그리고 인간의 근원에 천착하여 보다 본질적인 기독교의 문제를 다루고 있다"[13]는 점에서 나름의 의의를 찾고 있다.

이동하 역시 「한국 현대소설에 나타난 기독교 비판」이라는 글에서 기독교에 대한 날카로운 비판 혹은 심각한 회의를 다루는 네 편의 소설을 분석하면서 《사람의 아들》을 거론하고 있다. 그런데 그 역시 이보영의 평가에 동의하면서 이문열이 예수의 상을 조형함에 있어서 "성서의 기록을 문자 그대로 받아들이는 입장을 취했고, 20세기에 들어와 엄청난 발전을 보인 비판적 해석학의 성과를 전혀 고려하지 않았다"[14]는 점에서 한계를 지적하고 있다. 한편 이동하는 「예수 부활 문제에 대한 소설적 접근의 몇 가지 유형」이라는 또 다른 글에서는 원작본과 개작본을 비교 검토하면서 "'지적인 호기심으로 가득 찬 딜레탕트의 입장에서' '산뜻한 지적 유희라는 인상을 주게끔' 쓰여진 소설의 유형에 드는 작품들 가운데서는 비교적 수작으로 꼽힐 만한 존재"[15]라는 긍정적 평가를 내리고 있다. 그런데 이동하의 두 논문은 동일 텍스트에 대한 다소 상반된 평가를 내리고 있음에도 불구하고 그 근거가 명쾌하게 밝혀지지 않고 있다는 점에서 의문을 갖게 만든다.

이들의 논의들을 종합해 보면, 《사람의 아들》에 대한 논자들의 공통된 견해는 작가의 종교적 상상력이 활발히 전개되어 지금까지 한국소설에서 진지하게 다루어지지 않았던 본질적인 기독교의 문제를 다룬 소설이라는 점에 그 의의를 두면서도, 작가의 현

---

13. 이상설, 『한국 기독교 소설사』, 양문각, 1999, 342쪽.
14. 이동하, 「한국 현대소설에 나타난 기독교비판」, 『한국 소설과 기독교』, 국학자료원, 2003, 266쪽.
15. 이동하, 「예수 부활 문제에 대한 소설적 접근의 몇 가지 유형」, 위의 책, 106쪽.

학적 오만 혹은 성서에 대한 비판적 해석의 부족 등을 문제점으로 지적하고 있다. 그러나 필자는 이러한 지적들에 대해 좀더 정치한 텍스트 해석을 바탕으로 작가의 기독교 인식에 대해 재평가를 내리고자 한다. 왜냐하면《사람의 아들》에는 지금까지 소홀히 넘겨버린 기독교 문학의 방향성, 즉 이전까지는 성서 모티프를 소재로 다루면서도 그 깊이를 갖지 못했던 한국의 현대소설이 나아갈 방향성을 제시하고 있다는 점에서 또 다른 의의를 찾을 수 있기 때문이다. 즉 이문열은 성서의 모티프를 단순히 서사의 표층구조로만 차용함에 그치지 않고 그것을 나름의 신학적·철학적 견해로 재해석하고 있다. 필자는 이것을 영지주의적 신관과 실존주의적 사유의 관점에서 해석하려고 한다. 기독교적 세계관을 형상화한 기존의 소설들이 단순히 성서의 모티프 일부를 재해석하는 수준에 그쳤음에 비해 이문열의 경우는 정통 신학의 시각을 과감히 벗어던짐으로써 문학적 상상력을 극대화시키고 있고, 자신의 의지와는 상관없이 부조리하고 광활한 우주에 던져진 실존적 인간의 문제를 직접적으로 그려나가고 있다는 점에서 기독교적 세계관의 지평을 확장시켜 놓았다는 의미를 지닌다.

2.《사람의 아들》에 구현된 성서 모티프의 수용과 변주

《사람의 아들》은 민요섭의 살해범을 추적해가는 남경사의 수사 과정이 진행되는 외화外話와 민요섭에 의해 소설 형식으로 창작된 내화內話로 구성되어 있다. 외화의 의미망을 따라가면 민요섭과 조동팔을 중심으로 발현되는 작가 이문열의 기독교적 세계관의 일단을 엿볼 수 있다. 비록 비극적 죽음으로 인생의 종지부를 찍게 되지만 두 인물은 현세에서의 천국을 실현시키기 위해 젊음을 치열하게 살다간 인생들이다. 눈에 보이지 않는 하늘나라에서의 구원이 아니라 우리가 발붙이고 살아가는 현실 세계에서의 구원을 성취함에 그 목적을 둔 현세적 가치의 기독교적 인식을 보여주고 있다. 그러나 보다 근본적인 기독교적 세계관의 구현은 내화로 구성된 아하스 페르츠의 행적에서 찾아야 할 것이다. 이는 성서 모티프를 자유자재로 짜깁기하면서 정경으로 인식되고 있는 기독교 경전에 대한 재해석, 기독교에 대한 비판적 인식, 기독교의 현실에 대한 책무 등을 상징적으로 담고 있기 때문이다.

이동하는 《사람의 아들》의 원작본과 개작본을 비교 검토하는 연구에서 이문열이 비교적 복음서의 서사를 크게 뒤흔들지 않고, 기존의 서사를 기본적으로 충실히 유지하면서도 복음서의 '특정한 일부'에 초점을 맞추어 새로운 이야기를 첨가하든가 독특한 해석을 끌어내는 작업을 적극적으로 보여주었다고 평가한다.[16] 이동하의 지적처럼 《사람의 아들》은 복음서의 특정한 일부를 선행텍스트로 하여 작가 나름의 패러디 의도를 성공적으로 형상화하였다. 때문에 독자들은 어떠한 이야기가 첨가되었고, 또 어떠한 독특한 해석을 덧붙이고 있는가를 보다 분명히 논증하기 위해서 텍스트 상호 간의 반복과 차이를 꼼꼼히 따져가는 독서행위가 필요할 것이다. 이를 위해 우선 내화의 서사층위를 다음과 같이 요약해보자.

---

16. 이동하, 위의 글, 94쪽.

[내화 1] 예수와 아하스 페르츠의 출생 및 성장 대비
    (1) 예수 탄생 과정에 대한 비판적 해석
    (2) 아하스 페르츠의 출생과 거짓 메시아 테도스와의 만남
    (3) 아하스 페르츠의 신앙적 회의의 출발

[내화 2] 순례를 통한 다신多神과의 만남
    (1) 은수사隱修士와의 만남 - 유대 조상신에 대한 회의와 이집트행 결심
    (2) 헬리오폴리스에서 이시스교의 체험
    (3) 가나안의 '바알'과 北시리아 헤테족의 신 체험
    (4) 바벨론에서 마르두크 광신 체험

[내화 3] 배화교拜火敎와 이원론적 세계관
    (1) 조로아스터의 생애와 배화교에 대한 탐구
    (2) 배화교의 사화승事火僧 체험

[내화 4] 아하스페르츠의 유대 귀향 후 행적(예수와의 대면)
    (1) 광야(쿠아란타리아)에서 '위대한 영'과 예수와의 대면
    (2) 광야 이후 예수와의 다섯 차례 대면과 예수의 죽음

[내화 5] 〈쿠아란타리아書〉를 통해 나타난 '아하스 페르츠'의 신학

《사람의 아들》은 전체 다섯 부분의 내화로 구성되어 있다. 이는 예수와 아하스 페르츠의 출생담으로부터 시작하여 예수의 부활 사건으로 결말을 맺는 일대기적 구성을 보여주며, 이 서사층위 가운데 일부는 선행텍스트의 모티프를 원형대로 유지하면서 '특정한 일부'에 초점을 맞춘 재해석이 드러난다. 그런데 또 다른

서사층위에서는 성서 모티프의 원형에서 상당히 거리를 두고 작가의 창조적 해석이 드러남으로써 독자의 상상력을 자극하고 있다. 이와 같은 넘나듦은 독자로 하여금 긴장을 늦추지 않게 하는 장점을 발휘한다. 즉 선행텍스트의 모티프를 충실히 따르기만 할 때 발생할 수 있는 긴장감의 이완이 전혀 예상하지 못했던 서사의 돌출로 하여 해소될 수 있기 때문이다. 좀 더 구체적으로 내화의 서사를 분석해보면 [내화 1]에서 [내화 4]까지의 내용은 아하스 페르츠를 중심인물로 전개되는 일대기적 서사로 구성되어 있으며, [내화 5]는 아하스 페르츠의 신학론이 집약된 경전 형태의 서사로 이루어져 있다. 그리고 [내화 1]과 [내화 4]의 서사에서는 역시 아하스 페르츠의 관점을 중심으로 예수의 삶에 대한 재평가이 이루어짐으로써 성서 모티프의 기본틀과 지속적인 관계성을 유지하고 있다. 이러한 서사적 층위는 독자들로 하여금 선행텍스트인 성서와의 서사적 유사성을 지속함과 아울러 끊임없이 변주를 가함으로써 패러디텍스트로서의 특성을 극대화시키는 장점을 갖게 되는 것이다.

서사층위를 도식화함에서 뚜렷이 나타났듯이 《사람의 아들》은 예수의 탄생과 이적 및 수난이라는 기본적 틀에 아하스 페르츠라는 새로운 인물의 출생과 신앙적 방황 및 예수와의 대면 등 작가의 창조적 서사가 교직되면서 새로운 이야기를 형성하고 있다. 그리고 예수를 중심으로 형상화하고 있는 기본적 틀에 있어서도 작가는 나름의 신학적, 혹은 정치적 견해를 덧붙임으로 기존의 고정된 틀에서 벗어나려는 의도를 지속하고 있음을 발견할 수 있다. 따라서 텍스트를 통하여 작가가 의도한 바가 무엇인지를 놓치지 않기 위해서는 기본적 틀의 유지 속에서 일어난 변주, 그리고 기본적 틀과는 상관없이 전혀 새롭게 고안해 낸 이야기로 나누어 살펴보는 것이 좋은 방편이라 여겨진다.

이문열은 예수의 탄생 모티프를 차용함에 있어서 소위 동방박사라 일컬어지는 세 목양자에 대한 비난과 복음서 기자와 이후 사려 깊지 못한 행동을 보여준 여러 역사상의 인물들에 대한 조롱으로 시작하고 있다. 작가는 오늘 날의 기독교인들에게 현자로 칭송받는 동방박사가 과연 "'하늘의 영광'과 '땅 위의 평화'를 더 하는 데 합당한 일을 했는지 지극히 의심스럽다"[17]는 견해를 시작으로 예수 탄생의 신성함 그 자체를 회의하며, 결국에는 이 모든 것에 신중치 못했던 야훼의 행위 자체를 탓하기에 이른다.

> 림보(작가 註:이교도의 영혼이나 세례를 받지 못하고 죽은 어린 영혼들이 사후에 가게 된다는 곳)가 헤롯의 병정들에게 짓밟힌 유대의 어린 영혼들로 갑작스레 비좁게 되었을 때는 그 얼마나 성가셨을 것이며 또한 뒷날까지도 아들의 출생이 수많은 죄없는 목숨들의 희생 위에 이루어졌다는 비난이 남게 되었을 때는 그 모든 원인된 그들이 얼마나 한스러우셨으랴.
> 그것도 모르고 그들 세 사람에 은근한 감탄과 찬사를 보내고 있는 여러 福音의 저자들은 그 단순함으로 축복받으라. (48쪽)

기독교 초기로부터 지금까지도 예수의 신성을 부정하는 일부 반기독론자들은 마리아의 처녀 잉태에 대한 의심을 서슴없이 드러내고 있다. 이문열도 "마리아가 남의 아내될 여인이었음으로

---

17. 이문열, 《사람의 아들》, 47쪽. 본고에서 인용하는 《사람의 아들》은 다음의 출처에 따른 것임을 밝혀둔다. 이문열, 《사람의 아들》, 민음사, 1996.

하여 뒷날 그 아들을 '자기가 세운 금단의 문을 스스로 허물고' '샛길로 온' 신이라는 빈정거림을 받게 되었"(47쪽)고, 때문에 "이 사야의 무책임한 예언-동정녀가 잉태하여 아들을 낳으리니, 다윗의 자손 중에 그리스도가 나니라 등의-은 무시하는 게 나았다"(48쪽)라고까지 조롱조로 표현하고 있다. 예수의 동정녀 탄생은 복음서 가운데서도 〈마태복음〉(1장 18절~25절)과 〈누가복음〉(1장 26절~38절, 2장 1절~20절)에서 비교적 상세하게 다루어져 있다. 이 두 복음서의 기록은 공통적으로 예수의 모친 될 마리아가 이미 요셉이라는 사람과 정혼하고 동거하기 전에 성령으로 잉태되었음과, 유대 땅 베들레헴의 마구간에서 목자들의 경배를 받았음을 전하고 있다. 그러나 이점이 결국 예수 탄생 자체의 신성함을 스스로 저해하는 요인이 되고 있으며, 윤리적 타당성마저도 의심받게 하는 치명적 결함을 지니고 있다는 점에서 작가는 역사적 타자의 입을 빌려 은근히 조롱하고 있는 것이다. 또한 인용문에서는 야훼의 신중치 못함에 대한 비난이 좀 더 거센 언사로 표현되고 있다. 즉 예수의 탄생으로 말미암아 죄 없는 무고한 목숨이 얼마나 희생되고 말았는가, 그리고 그 가슴 아픈 역사의 참상도 아랑곳하지 않고 그저 맹목적으로 예수의 탄생을 기뻐하고 축복한 목자들에게 감탄과 찬사를 아끼지 않는 복음서의 저자들은 또 얼마나 무지한 존재인가에 대한 작가의 비난을 감지할 수 있다. 그래서 작가는 말한다. "Santa simplitas(神聖한 단순)!(작가 註: 종교개혁가 후스Hus가 처형당할 때 자기를 화형시키기 위해 장작더미를 날라오는 농민들을 보고 한 말)"(49쪽)이라고.

이문열은 인류의 구원이라는 큰 사명을 품고 이 땅에 온 구세주로서의 예수가 과연 진정한 구세주인가를 그 출생의 근원에서부터 회의하고 있다. 위대한 사명을 띤 자는 우선 도덕성에서 타당성을 인정받을 수 있어야 한다. 그 행위가 아무리 위대했을 지라도 그 바탕이 도덕적 흠결을 지니고 있는 것이라면 반대자들로부터 꾸준히 비난받고, 거센 도전을 받게 된다는 사실은 우리 역사의 현장에서 누누이 경험한 바이다. 그런데 예수는 바로 그 근거의 타당성에서 가장 현격한 문제점을 지니고 태어남으로써 반대자들로부터는 쉼 없는 비난의 빌미를, 그리고 추종자들로부터도 간혹 의심의 눈초리를 지울 수 없게 만들고 있다. 또한 인류 구원자의 출생이 수많은 희생을 바탕으로 이루어졌다는 사실에서도 치명적 오류를 지니고 있다. 희생을 담보한 구원이 진정한 구원일 수 있는가. 그가 진정한 구원자였다면 그렇게 수많은 희생, 그것도 태어난 지 불과 2년도 넘기지 않은 가장 흠 없고 순결한 생명을 희생으로 삼아야 했다는 점에서 예수의 탄생은 치명적 오류를 지니고 있다는 작가의 심각한 회의는 시작되고 있는 것이다. 그리고 예수에 대한 구원자로서의 진정성에 대한 회의는 결과적으로 야훼의 유일성과 전지전능함에 대한 도전적 해석으로까지 이어짐으로써 창조, 대속, 구원이라는 기독교의 절대적 가치체계를 뒤흔드는 인식, 즉 영지주의적 사유라는 새로운 해석의 가능성에 도달하게 되었다.

3. 아하스 페르츠의 이교 체험과 영지주의적 사유의 태동

이문열은 성서의 서사와는 달리 '아하스 페르츠'라는 새로운 인물을 서사의 전면에 등장시키고, 그의 일생을 중심으로 기독교의 실체에 대한 반성을 견인한다. 이문열은 예수의 대척점에 새로운 가상의 인물을 내세운 것이다. 예수와 동시대에 태어나 비슷한 역사적, 문화적 환경을 경험하면서도 예수와는 전혀 다른 사상과 행동을 보여주는 아하스 페르츠는 결과적으로 작가의 기독교적 사유를 표상하는 대변자로 이해될 수 있다.

> 흔히 占星家들에게 재앙의 별이라고 불리게 되는 모든 별들의 속성을 모조리 갖춘 크고 검붉은 별이었다.
> 자기들이 지난 몇 달간 공들여 따라온 별과는 너무도 대조적인 그 별을 보고 처음 그저 막연한 호기심으로 갈 길을 멈추었던 그들은 이어 원인 모를 공포와 전율에 사로잡혔다. 그들이 아는 바 점성술이나 다른 어떤 동방의 秘術이 심어준 선입견보다는 그 별이 뿜어내고 있는 야릇한 빛 때문이었다. 수천 수만의 검은 화살이 그들의 심장을 향해 쏟아지는 것 같다가도 금세 무슨 다사로운 축복처럼 영혼을 어루만져오곤 하는, 불길하면서도 음험한 유혹의 빛이었다. …(중략)…
> 그것을 오직 재앙의 별로만 받아들인 것은 그들 세 동방인의 맹목이나 다름없는 편견과 무지였을 뿐, 그 별에게는 또 하나 비추어야 할 위대한 섭리가 있었으니-그 시각 벧엘 부근의 한 샴마이(작가 註:바리새파의 한 학파. 엄격한 율법해석으로 힐렐 학파와 대립) 학파 律法士 집에서는 진정한 사람의 아들 아하스 페르츠가 태어나고 있었던 것이다.
> (49~50쪽)

'진정한 사람의 아들'로서의 아하스 페르츠의 탄생은 예수의 탄생과 일견 비슷하면서도 전혀 다른 일면을 보인다. 그리고 그의 어린시절 경험도 예수와 궤를 같이하면서도 전혀 상반된 체험으로 인생의 방향을 달리하고 있다. 아하스 페르츠는 '크고 검붉은 별'의 예언 속에서 출생했다. 예수의 별이 '밝고 빛난 별'이었다면 아하스 페르츠는 무언가 모를 '불길하면서도 음험한 유혹'을 상기하게 만드는, 그래서 동방인들로 하여금 '재앙의 별'로 인지할 수밖에 없었던 불길한 출생이었다. 그러나 아하스 페르츠의 어린 시절은 예수의 그것에 비하자면 유복한 편이었다. "아하스 페르츠는 작지만 아담한 부친의 저택에서 평화로운 어린 시절을 보낼 수 있었"(51쪽)는데 그 이유는 예수의 아버지가 가난한 목수였음에 비해 율법사라는 존경받는 직업을 지닌 아버지를 두었기 때문이다. 또한 그는 열 살 안팎의 나이에 토라를 암송할 정도의 남다른 자질을 보여줌으로써 아버지로 하여금 유대에서 제일가는 랍비로 키울 것이라는 원대한 포부를 지니게 만든다. 그러나 아하스 페르츠에게 섭리된 삶은 아버지의 꿈과 같은 랍비의 삶이 아니었다. 그 엇나간 섭리의 조짐이 아하스 페르츠 열두 살에 최초로 나타나게 되는데, 이 역시 예수의 생애에서 유일한 유년기의 기록이라 할 수 있는 열두 살의 예루살렘 유월절 사건과 일치함을 볼 수 있다. 〈누가복음〉의 기록을 따르면 예수는 열두 살 나이에 부모를 따라 유월절을 지키기 위해 예루살렘으로 순례를 떠난다. 그리고 유월절을 지낸 부모는 고향으로 돌아오던 중 하룻길을 지나서야 예수가 동행중에 보이지 않음을 알고 다시 예루살렘으로 찾아 올라간다. 그리고 사흘이 지난 후에 예루살렘 성전에서 선생들과 문답을 주고받고 있는 예수를 발견하는데, 복음서의 기록자는 이 전승을 통하여 예수의 비범함과 아울러 신성의 암시를 보여주려 했다.[18]

---

18. 이 내용은 〈누가복음〉 2장 41절-51절 사이에 기록되고 있다. 그 가운데 "어찌하여 나를 찾으셨나이까 내가 내 아버지 집에 있어야 될 줄을 알지 못하셨나이까"(49절)에서 예수는 자신의 하나님의 아들임을 선언하고 있다.

아하스 페르츠는 유월절 순례의 과정에서 테도스라는 기인과 운명적 만남을 갖게 된다. 테도스와의 짧은 만남이 이후 아하스 페르츠의 삶에 변화의 계기로 작용했음은 당연한 귀결이다. 물론 전폭적으로 가시적인 삶의 전회를 일으키진 않았지만 그의 의식은 서서히 변화를 맞이한다. 테도스와의 만남에 이어 아하스 페르츠는 또 한번의 충격적인 체험을 거침으로 신앙에 대한 보다 근원적인 회의를 품게 된다. 열여덟의 아하스 페르츠는 아삽의 젊은 아내인 사라와의 격정적 사랑 속에서 인간적 욕정과 신앙적 양심 사이의 갈등을 경험한다. 그리고 그녀의 지극히 인간적인 열정 속에서 "죄와 사망의 우중충함이 아니라 아름다움과 생명으로 충만된"(69쪽) 빛을 느끼게 되었고, 그때까지 스승들이 있는 성전이나 회당은 물론, 양피지 냄새나는 부친의 서재와 말씀의 세계에서는 결코 찾을 수 없었던 인간성의 일면을 응시하게 된다. 따라서 테도스와의 만남에서 촉발된 신앙적 각성은 사라와의 금지된 사랑의 경험, 이후 길거리에서 돌팔매를 맞으며 처참히 죽어가는 사라의 죽음을 목격함에 이르면서 그 자신의 삶을 뿌리째 뒤흔들어 놓는 계기를 맞게 된 것이다.

이러한 과정을 거치면서 드디어 아하스 페르츠의 이교 체험이 본격화된다. 아하스 페르츠의 이교 체험은 단순한 지적 유람에 그치지 않고 결국에는 영지주의적 사유의 태동으로 이어지고 있다는 점에 주목해야 한다. 그 첫 번째 계기는 유대 땅을 떠돌면서 만났던 어떤 은수사와의 대화에서 촉발되고 있다. 은수사는 아브라함의 야훼와 모세의 야훼가 각기 다른 신이었다는 유대적 신앙을 뒤엎는 사설邪說로 아하스 페르츠의 마음을 뒤흔든다. "엘 사타이의 목양신과 호렙의 군신을 뒤섞어 하나를 만들었으니 앞뒤가 안 맞는 게 어디 그뿐이겠나?"(104쪽)라고 시작하는 은수사의 궤변은 이후 아하스 페르츠로 하여금 이집트와 여러 이방을 떠돌며 그 땅에 있는 신들과의 만남을 견인하는 것이다. 은수사는 모세를 이스라엘 자손이 아닌 이집트 출신이었음을 확언한다. 그 이유는 그가 할례를 행치 않았다는 점, 그가 이스라엘 백성을 이끌고 광야를 행하던 중 불과 40일을 떠나있는 동안 이스라엘 민족이 금송아지를 숭배하는 등에서 근본적으로 모세를 신뢰하지 않았다는 점, 그리고 그가 말더듬이었다는 기록도 실제 말을 더듬은 것이 아니라 이집트인이었기에 이스라엘 방언에 서툴렀다는 점, 그리하여 모세의 형인 아론은 실제 형이 아니라 통역자였다는 등의 근거를 들고 있다. 이러한 은수사의 궤변이 당시의 아하스 페르츠에게 절대적 공감을 얻지는 못했지만 이후 오랜 신앙적 방황과 여러 이방신들과의 교감 속에서 서서히 인식 체계를 뒤집는 하나의 계기가 되었음을 부인할 수 없다.

유대를 떠난 아하스 페르츠가 이집트에서 만난 신은 '이시스'였다. 이시스는 모성의 신이라는 점에서 그가 지금까지 믿어왔던 종족의 신이 지닌 부성의 신과 대조를 보였다. 부성의 신은 인간과의 관계에서 엄격한 말씀의 저울로 선과 악을 저울질하고 그 결과 징벌과 보상으로 대응하는 신이다. 그러나 이시스는 "자신의 선악과는 무관하게 졸라대고 투정하고 응석부릴 수 있는 모성의 존재"(116쪽)란 점에서 인간에게 큰 위로와 격려가 되는 신이라는 점에서 매혹을 느낀다. 또한 이시스는 신의 수육 또는 육화라는 점에서 영원의 신과 대조된다. "죽는 신, 인간으로 태어나서 악에 고통받으며 무력으로 죽어간다-이 얼마나 가슴 저린 신의 모습인가. 인간의 고통과 슬픔, 나약함과 결핍을 속속들이 맛

본 뒤에 죽고 다시 부활하여 우리를 심판한다-이 얼마나 가깝고 도 따뜻한 신성인가"(117쪽)라고 아하스 페르츠는 감격을 나타내는데, 그의 의식 속에 인간 중심적이고 현세 중심적인 신에 대한 갈망이 나타나기 시작했음을 드러낸 것이다.

> 원래 야훼는 엘 사타이山에 은거하던 牧羊者의 신에 불과했다. 거기에 모세의 광기가 접한 호렙山의 靈이 더해져 야훼는 곧 가나안 쟁취를 위한 무자비한 軍神으로 변질되었다. 그 뒤 엘리야와 호세아는 그에게 農耕神의 권능을 부여했고, 아모스와 이사야를 통해 민족의 신에서 우주의 절대유일자로 확대되었다. 그리고 바벨론에서 바빌로니아인들의 창조론과 우주론을 표절하는 한편 페르샤인들의 사탄과 종말론을 도입함으로써 우리의 야훼는 완성되었다. 결국 야훼가 우리를 만든 것이 아니라 우리가 야훼를 만들었을 뿐이다. (196쪽)

인용문은 [내화 3]에서 아하스 페르츠가 조로아스터교(배화교)의 승려로 얼마간의 체험 끝에 페르샤의 고도를 떠나면서 중얼거린 독설이다. 시간적으로는 은수사와의 만남 이후 고향 유대를 떠난 지 무려 7년이 지난 어느 날의 사건인데, 즉 7년이라는 세월은 아하스 페르츠로 하여금 은수사와의 만남에서 들었던 충격적 궤변의 낯설음이 스스로의 체험 가운데서 사실로 각인되는 결과를 가져온 것이다. 이제 더 이상 존경받는 율법사의 아들로서 토라를 암송하고 장차 제일가는 랍비가 될 것이라는 징후는 찾아볼 수 없다. 조상들의 신 야훼에 대한 불경스러운 독설로 가득 찬 아하스 페르츠의 신관은 신실한 신앙인의 그것을 넘어선, 매우 이교도적이며 반신앙적이다. 즉 야훼 중심의 유대적 신앙이 결국에는 인간 중심의 신앙으로 변질되는 결과에 도달한 것이며, 이것이 예수와의 대결로까지 치닫는 단초임을 짐작할 수 있다. 결과적으로 아하스 페르츠의 이교 체험은 신 앞에 선 나약한 존재로서의 인간을 부인하게 만들었고, 신과의 적극적인 대결을 통해 세상을 변화시키려는 현세 지향적 가치로의 전환을 가져왔다는 점에서 영지주의적 사유의 태동을 발견할 수 있다.

아하스 페르츠는 이제 서서히 전통적인 신앙의 울타리에서 스스로를 해방시킨다. 그는 고통받는 사람들의 비참과 불행에 대한 소박한 인식, 즉 인간의 비참과 불행은 그저 '죄의 대가'로만 파악하려던 전통적인 견해에서 벗어나서 그 당시로는 매우 위험한 사상의 발로를 드러낸다. 기나 긴 이교적 체험의 순례에서 돌아 온 아하스 페르츠는 아버지와 매우 극단적인 신학적 논쟁을 벌이기에 이른다. 그 하나는 카인의 범죄에 대한 논쟁이다. 그는 야훼를 교사자敎唆者로 카인을 하수인下手人으로 규정하면서 그 하수인의 감정과 의지가 모두 절대적인 교사자의 지배 아래 있거나, 혹은 교사자로부터 저항할 수 없는 힘으로 강요받은 경우에 해당한다는 전제를 피력한다. 따라서 카인은 단지 가련한 하수인에 불과했다는 논리로 카인의 살육을 옹호한다. 또한 '피조물의 의지'와 '창조주의 의지'라는 논리의 전개 속에서 영지주의적 관점을 드러내기에 이른다.

「아버지, 아버지께서는 피조물의 의지가 창조주의 의지를 뛰어넘을 수 있다고 생각하십니까?」

「물론 아니다. 우리 몸의 터럭 하나 숨결 한 갈래도 그 분께서 주시지 않은 게 없는 것처럼 우리의 정신도 모두 야훼 하느님의 의지 안에 있다」

「그럼 카인의 殺意는 누구에게서 왔습니까?」

「갑작스럽지만…… 그 분-모든 것의 출발이신 야훼께서 주셨겠지. 그러나 禁止規範과 함께였다」

「그렇다면 그 금지를 어기고 감히 살인으로 나아간 의지는 어떻게 됩니까?」

「까다로운 경전 해석이군. 하지만 그리 중요하지 않은 것으로 여겨 깊이 생각해 본 적이 없다」

…(중략)…

「별로 깊이 생각하실 것도 없습니다. 결국은 두 가지 경우뿐일 테니까요. 그 첫째는 하늘에 계신 그 분에게서 오지 않았다는 답이 나올 수 있습니다. 그런 경우 우리는 저 페르샤인들처럼 그 분의 지배를 벗어나는 인간성의 일면이 있다는 것과 함께 그 부분을 지배하는 다른 어떤 강력한 존재를 인정하지 않을 수 없습니다. 그리고 그분의 말씀이나 여러 계율은 越權이거나 自己過信 또는 인간성에 대한 오해를 표현한 것이 되고 맙니다. 하지만 그 분 야훼의 全知全能·絶對完全·唯一無二를 믿고 받드시는 아버님께서는 그걸 인정할 수 없을 겁니다」

「당연하다. 그 다음은?」

「인간성의 모든 면이 야훼께로부터 온 것이란 결론입니다. 사탄이란 방패를 만들어 보아도 결과는 마찬가지-이 경우 카인에게는 결코 죄를 물을 수가 없습니다. 그는 야훼께로부터 받은 도구로 야훼의 예정을 실천한 것에 지나지 않습니다. 全知의 그 분께서 아벨이 눈앞에서 맞아 죽는 걸 그대로 보아 넘긴 것은 카인의 살인을 용서한 것 이상의 뜻이 있습니다. 어떤 목적을 위해 카인의 살인을 교사했다고도 할 수 있지요. 이를테면 카인을 통해 살인이란 범죄의 유형과 惡性을 보여주고, 그 처벌을 통하여 잠재적인 범인이라고 할 수도 있는 모든 인간들에게 심리적인 강제나 威嚇를 준다든가 하는.

따라서 그 일을 모범적으로 수행한 카인은 처벌받기보다는 포상을 받았어야 했습니다. 그리고 토라에서 은근히 내비치는 것도 카인에 대한 야훼의 은근한 호의입니다. 비록 카인의 호소가 있었다고는 하지만 야훼께서는 그를 박해하는 자에 대해 그 일곱 배의 보복을 약속하셨습니다. 그런데도 우리들 인간에 이르러서는 한결같이 카인을 몹쓸 죄인으로만 단정하는 것은 도대체 무슨 까닭입니까?」(75~76쪽)

아하스 페르츠의 궤변이 의미하는 바는 무엇일까? 아버지가 지적한 바처럼 그는 금지규범과 명령규범의 본질을 고의로 혼동시켜서 논리를 비약하고 있는 것이다. 아버지는 인간성 속에 숨어 있는 악성과 아울러 선한 의지도 있음을 일깨운다. 그리고 그 두 의지 가운데 어느 하나를 행동의 동기로 정하는 것은 전적으로 우리 인간들의 자유의지이기에 카인의 범죄는 정당성을 인정받을 수 없다고 논박한다. 그러나 아하스 페르츠는 이 자유의지마저도 야훼의 무책임한 방임일 뿐이라며, "만약 우리의 신이 그토록 자비롭고 사랑에 넘친 분이었다면 애초에 그런 애매한 자유를 우리에게 주지 않아야 했습니다. 그랬으면 아담은 감히 선악과를 따지 않았을 것이며, 우리는 원죄의 굴레를 쓰지 않을 수 있었습니다. 또 그 자유가 꼭 주어져야 했다면, 금지규범을 만들지 않아야 했지요. 그랬다면 아담이 선악과를 땄더라도 죄가 되지 않았을 것입니다"(79쪽)라고 항변한다. 이 한 치의 물러섬 없는 논박 속에서 우리는 아하스 페르츠의 신학적 견해가 이제는 상당히 위험한 수준에 도달하였다는 사실을 직감하게 된다. 이러한 신학적 견해는 [내화 5]의 〈쿠아란타리아書〉를 통해 나타난 '아하스 페르츠'의 신학에서 더욱 과감하게 설파되고 있다.

太初에 커다란 존재가 있었으니 우주의 모든 것은 그 속에서 하나였다. 온갖 사물의 形象과 質料가 그 속에서 하나였으며, 그것들을 둘러싼 일체의 관념과 원리가 또한 그 속에서 하나였다. 하지만 그 존재가 바로 너희 인간의 신화들이 즐겨 출발하는 저 원초적 혼돈은 아니었다. 너희 짧은 안목이 어찌 까마득한 그날에 이를 수 있으며, 너희 작은 말言語이 어찌 그 큰 것을 다 담을 수 있으랴.…(중략)…네가 아브라함의 자손이니 이제 너희 족속의 신화와 그 신의 이름을 빌려 말하리라. 야훼의 善과 나의 지혜는 저 태초의 존재를 얽고 있던 씨經와 날緯이었다. 처음 그 존재 유일의 自覺者로 출발한 우리는 이윽고 새롭게 창조될 우주의 최고정신으로 스스로 가다듬어 갔다. 너희에게 이르러서는 오랜 세월의 갈고 닦음이 있은 뒤에야 정의와 자유란 이름으로 부분적으로나마 모습을 드러내게 될 두 정신이었다. (279~280쪽)

여기서 우리는 아하스 페르츠의 입을 통해 주장되고 있는 독특한 신학적 견해가 다름 아닌 작가 이문열의 신학적 관점과 매우 닮아있다는 점에 주목해야 하겠다. 즉 이문열의 기독교적 사유체계가 서구 기독교 사상 가운데서 이단시되고 있는 영지주의, 즉 그노시스 종파의 세계관과 맥이 닿고 있음에 주목해야 한다.[19] 그노시스주의자들은 정통 그리스도교의 세계관과는 상당히 이질적인 면모를 보인다. 전통적인 그리스도교는 우리가 살고 있는 이 세계가 진정한 유일신의 위대한 창조물이라고 가르친다. 그러나

---

19. 그노시스주의는 그리스어 '그노시스'(gnosis)에서 유래한 용어로써 지식(인식)을 의미한다. 따라서 그노시스주의자란 '알고 있는 자'라는 뜻으로 인간이 그리스도를 믿거나 각종 선행을 행함으로써 구원에 이르는 것이 아니라, 우리가 알고 있는 세계, 진정한 하느님의 정체, 특히 우리 인간의 정체에 대한 진리를 깨달음으로써 구원에 도달한다는 관점을 보여준다. 이와 같은 그노시스종파는 그 체계 안에서도 다양한 분파를 보여주고 있으며, 정통 기독교적 세계관에서는 이단시되고 있는 관점이다. 이에 대해서는 바트 D. 에어먼의 「정통 그리스도교에 대한 도전: 유다복음이 제시하는 또 다른 관점」(로돌프 카세르, 마빈 마이어, 그레고르 부르스트 공역, 『예수와 유다의 밀약: 유다복음』(네셔널 지오그래픽〈한국판〉, 2006, 65~106쪽)과 마빈 마이어의 「유다와 영지주의의 관계」(같은 책, 122~157쪽)를 참고하기 바란다.

그노시스주의자들은 이 세계를 창조한 신은 유일신이 아니며 가장 강력하거나 전지전능한 신도 아니라는 점에 대부분 의견의 일치를 보이고 있다. 즉 그들은 이 세계를 창조한 신은 훨씬 낮고 열등하며 무지한 신에 의한 결과물이라고 단언한다. 따라서 일부의 그노시스파 사상가들은 복잡한 창조 신화를 통해 이 사악한 물질 세계를 설명하고 있으며, 최고의 신은 이 물질적 세계로부터 완전히 분리되어, 물질적 측면이나 특성은 갖지 않는, 절대적으로 영적인 존재로 규정한다. 그리고 이 신은 '에온(aeon)'이라는 다수의 영적인 존재들을 만들어 냈는데, 태초에는 하느님과 에온들이 사는 영역만 존재했었다고 보았다. 그러나 우주에 한 차례 재앙이 일어났고, 이때 에온들 가운데 하나가 신의 영역에서 추락하여 다른 신들을 창조하게 되었는데 이렇게 만들어진 신들이 앞서 언급한 신의 영역 바깥에 존재하게 되었다. 그리고 이 열등한 신들이 우리 인간의 물질적 세계를 창조했다고 보는 것이 그노시스주의자들의 견해이다.[20] 따라서 인용문에 나타난 〈쿠아란타리아書〉의 주장을 따라가 보면 그 논리적 근거가 그노시스적 체계에 경도되어 있음을 느낄 수 있게 되는데, 이것은 곧 작가의 기독교적 사유체계가 그것과 맥을 같이하고 있음을 논증하는 것이다.

4. 종교와 현실의 양립 가능성과 실존적 자각

이문열의 문학관이 실존주의 철학과 매우 밀접한 영향 관계에

---

20. 바트 D. 에어먼, 위의 책, 72~73쪽 참조.

놓여있음은 주지의 사실이다. 그는 열일곱이라는 어린 나이에 사르트르의 저서를 읽기 시작하면서 이후 프리드리히 니체, 키에르케고르, 하이데거, 알베르 까뮈 등의 수많은 실존주의 철학자들의 작품이나 저술을 탐독하여 갔다. 그 중에서도 "나는 아직도 이 옛 스승에게서 많은 것을 빚을 지고 있다"[21]고 말할 정도로 사르트르의 사상에서 많은 영향을 받았음을 고백한다. 따라서 이문열의 소설을 실존주의적 사유와 비교·분석하는 것은 피할 수 없는 통과의례가 된다. 더구나 《사람의 아들》경우는 여타의 작품들보다도 더 큰 상관성을 보여주고 있다.

일반적으로 실존주의란 인간을 자기 의지와는 상관없이 이 세계 내에 던져진 존재被投性, 즉 비극적 존재로 인식함에서 출발한다. 하이데거의 표현을 빌리자면 '죽음을 향한 존재'이다. 또한 실존주의는 비극적인 세계를 살아감에 있어 외부세계가 부여한 일체의 규범과 제약으로부터 벗어나 주체의 선택과 책임을 강조하는데, 사르트르는 이를 '대자적 존재'로 규정하고 있다. 또한 하이데거와 사르트르 같은 무신론적 실존주의자들은 개별적 인간을 떠나 있는 어떠한 초월적 존재(신)나 초자연적 존재도 거부한다. 그들은 인간이 던져져 있는 고독과 소외의 세계를 주체적 선택의 대자적 존재로서 대처하면서 초월적 존재에 대한 의탁이 아닌 인간의 자유 의지를 통해 삶을 개척해 간다.[22] 따라서 《사람의 아들》에서도 이와 같은 작가의 실존주의적 사유가 곳곳에 베어 있는데, 특히 아하스 페르츠의 신앙적 방황과 현실 인식에서 이러

---

21. 이문열, 「나는 펜을 검처럼 생각해 왔다」, 『시대와의 불화』, 자유문학사, 1993, 60쪽.

한 면모를 확인할 수 있다.

유월절 순례에서 아하스 페르츠는 또래의 아이들에게 놀림을 당하고 있는 '테도스'라는 메시아 가칭자假稱者와 만나게 되고, 그에게 이끌려 성 변두리에 있는 빈민가, 노예들의 작업장, 지하감옥, 십자가 언덕, 문둥이의 계곡 등을 목격하게 된다. 같은 시각 "야훼의 아들이 성전에서 이름난 제관들이며 율법사들과 야훼의 말씀을 다루고 있었다는 점을 상기"(59쪽)한다면 이것은 확실히 어떤 '섭리의 게재'임에 틀림이 없을 것이다. 그가 테도스에게 이끌려 가게 된 곳은 당대 사회로부터 소외된 자들의 삶의 현장이다. "누더기도 걸치지 못해 벌거벗은 채 배고파 울고 있는 아이들 곁에서 한 덩이 빵 때문에 아낙네들이 쌍스런 욕설과 함께 서로 머리채를 휘어잡고 뒹구는 광경"(58쪽)의 변두리 빈민가, "어떤 사납고 표독한 짐승도 자기의 동종에게는 씌운 적이 없는 잔인한 굴레를 인간이 인간에게 씌워 채찍으로 부리고"(58쪽) 있는 노예들의 작업장, 실제로는 "대개는 그들에게 책임이 없는 시대와 제도"(58쪽)탓에 온갖 죄를 짓고 들어와 있는 감옥의 죄수들, 유대 민족에게는 원수일 수밖에 없는 "로마인 백인대장과 징세관을 살해한 일"(59쪽)로 처형당하면서도 야훼와 엘리야를 부르짖고 있는

---

22. 무신론적 실존주의자들은 인간 이외의 어떤 초자연적 존재나 초월적 존재도 받아들이지 않는다. 그들은 모든 초월적 존재는 인간에게 아무런 힘을 행사할 수 없으며, 신이 여전히 살아있다 할지라도 인간과는 무관함을 강조한다. 그리고 신이 더 이상 아무런 의미가 없는 상황에서는 인간의 자유와 책임이 가장 중요한 과제로 부각된다. 이에 대해 카뮈는 신에 의존하는 모습을 아름다운 현세에 대한 '모욕'이며 더 나아가서는 그 삶에 대한 '죄악'으로까지 비판하고 있다. 이러한 점에서 이문열의 《사람의 아들》도 신과 인간, 자유와 책임에 대해서 사르트르나 카뮈, 하이데거와 같은 무신론적 실존주의와 인식을 같이하고 있다고 볼 수 있다.

십가가 언덕의 처형장, 그리고 "죄라면 그같이 모진 병에 걸릴 수 있는 육신을 입은 죄밖에 없"으면서도 "짐승의 우리보다 못한 토굴에서 일그러진 얼굴과 떨어져 나간 손발로도 하늘을 향해 무언가를 빌고 또 비는"(59쪽) 문둥이의 계곡에서 아하스 페르츠는 장차 자신에게 섭리된 인생, 다시 말하자면 세상으로 던져진 '대자적 존재'로서의 실존적 자각에 이르게 된다.

> 잘 들어라. 나는 지금 무엇인가 때가 이르고 있음을 느낀다. 누군가 지금 오고 있다. 그러나 그는 결코 말씀의 단순한 육화여서는 아니 된다. 오는 그는 무엇이건 우리가 원하는 것을 다 줄 수 있어야 한다.
> 그걸 위해서 오는 그는 반드시 세 개의 열쇠를 가지고 와야 한다. 첫째는 우리의 가엾은 육신을 주림에서 구해 줄 빵이며, 둘째는 우리의 나약한 정신을 죄악에서 지켜줄 기적이며, 셋째는 맹목과 역사에 義와 사랑의 질서를 강요할 수 있는 지상의 권세다. 이 셋 중 어느 하나도 빠지면 그는 결코 우리들의 메시아일 수가 없다. (60~61쪽)

인용문에 나타난 테도스의 기독관基督觀은 이후 아하스 페르츠의 기독관으로 중첩된다. 따라서 이 기독관이 기존의 기독관, 즉 예수의 사상과 어떻게 불일치하고 있는 가를 주목해야 한다. 예수는 자신을 단순한 육신의 아들이 아닌 '말씀의 육화'임을 선언하고 있다. 〈요한복음〉은 "태초에 말씀이 계시니라 이 말씀이 하나님과 함께 계셨으니 이 말씀은 곧 하나님이시라"(〈요한복음〉 제1장 1절)고 기록하고 있다. 여기서 말씀, 즉 로고스(logos)는 예수의 또 다른 지칭이다. 따라서 예수는 태초부터 하나님과 함께 하고 있으며, 그는 곧 하나님과 동일임을 증언하는 것이다. 그러나 테도스는 바로 이 점을 논박하면서 이 시대가 원하는 메시아는 '무엇이건 우리가 원하는 것을 다 줄 수' 있는, 단순한 말씀의 육화를 넘어서는 존재여야 함을 주장하는 것이다.

테도스는 이 시대가 요구하는 메시아란 '빵'과 '기적'과 '권세'의 열쇠를 지녀야 함을 역설한다. 즉 이 시대의 제관들과 율법사들의 말씀은 "주린 자를 채우지도 못했고 헐벗은 자를 입히지도 못했다. 사람을 죄와 질병에서 보호하지도 못했으며 거기서 온 비참과 불행에는 더욱 무력했"(60쪽)기에 이 순간에도 수많은 사람들은 말씀의 미신에 젖은 채 고통 속에서 헛되이 죽어가고 있다고 현세와 동떨어진 종교를 힐난하는 것이다. 따라서 테도스가 이야기하는 세 가지는 예수의 주장처럼 천상적이고 관념적인 지향이 아니라 직접적으로 육신을 구할 수 있는 현세적 가치를 의미하는 것이다. 결과적으로 이문열의 기독교적 세계관이 지향하는 바가 현실을 도외시한 이상적, 관념적 신앙을 벗어나서 이 땅의, 지금 여기에 있는 민중들에게 진정한 복음으로 작용할 수 있는 실존적 자각에 다가서 있음에 주목해야 하는데, 《사람의 아들》은 테도스, 아하스 페르츠 같은 인물의 형상화를 통해서 이러한 작가적 인식을 성공적으로 표현하고 있다.

* * * * * * * * * *

《사람의 아들》이 내포하고 있는 의미의 자장磁場은 텍스트를 바라보는 관점의 다양함만큼이나 넓다. 마찬가지로 이 소설에 대해 작가 스스로가 부여하고 있는 의미도 남다르다는 것을 우리는 이해할 수 있다. 초기 중편으로 창작된 작품을 장편으로 개작하는 과정은 물론이고 그 후로도 몇 번이나 내용을 다듬어 가는 수고를 거듭했다는 점은 이 텍스트에 담고자 한 작가의 의도가 결코 가볍지 않은 것임을 반증하는 것이다. 그러한 개작 과정 중에서도 초판 텍스트에서 비교적 가벼운 플롯으로 처리했거나 아예 빼버렸던 내용들을 보다 구체적으로 서술하고 새롭게 첨가한 부분들에 우리는 주목해야 한다. 즉 초판에서 미미하게 다루어졌던 아하스 페르츠의 순례기가 장편으로 거듭나는 과정에서 보다 구체적으로 전개되고 있으며, 초판에서는 다루지 않았던 〈쿠아란타리아書〉가 새로운 플롯으로 설정되어 있다는 점에서 작가가 전달하고자 한 주제의식이 무엇인가에 관심을 기울여야 할 것이다. 그것은 바로 기독교적 세계관에 대한 작가 나름의 사유를 더욱 분명히 형상화하고자 함일 것이다.

본고는 이문열의 기독교적 세계관이 구체적으로 피력되어 있는 내화에 초점을 맞추었다. 내화는 성서 모티프를 근간으로 작가의 문학적 상상력이 자유롭게 펼쳐진 공간이다. 거기에는 아하스 페르츠라는 가공의 인물을 통하여 신 존재에 대한 근원적 회의는 물론이고 종교와 현실 사이의 방향성이 제기되고 있다. 바꾸어 말해서 맹목적 신앙의 대상으로 군림하고 있는 죽은 신이 아니라 이 땅의 부조리한 현실에 통감하는 신을 갈망하고 있다. 또한 현실과 유리되어 이상적 사유로 박제된 종교가 아니라 현실의 문제에 참여하고 그 변동의 주체가 될 수 있는 생동감 있는 종교상을 제기하고 있다. 이문열은 진정한 사람의 아들을 통하여 지금, 그리고 바로 여기에 의미를 갖는 신의 자화상을 그리고자 한 것이다. 이러한 인식의 전개 과정이 때로는 영지주의적인 사유로 그 경계를 넘어서고, 때로는 실존주의적인 태도를 드러냄으로써 이문열의 기독교적 상상력의 남다른 면모를 발견할 수 있는 것이다. 다만 기독교에 대한 여러 비판적 의문들에 바탕을 둔 방대한 신학적 견해가 자료를 제시하듯 나열되고 있다는 점에서는 작가의 '현학적 오만' 혹은 '성서에 대한 비판적 해석의 부족'이라는 비판을 피하기가 어려울 듯하다.

참고문헌

강웅산, 「창세기 3:1-7에 대한 인식론적 해석과 그 적용」, 『신학지남』, 신학지남사, 2008.

고홍은, 「김동리 서설」, 『동리문학연구: 서라벌문학』 8집, 서라벌예술대학, 1973.

고홍주, 「금일 조선야소교회의 결점」, 『청춘』, 1917.11.

공종구, 「최인훈의 단편소설」, 『현대소설연구』 34호, 한국현대소설학회, 2007.

권보드래, 「신소설에 나타난 기독교의 의미-〈금수회의록〉, 〈경세종〉을 중심으로」, 『한국현대문학연구』 6, 한국현대문학회, 1998.

권영민, 「안국선의 생애와 작품세계」, 『관악어문연구』 제2집, 1977.

권영민, 「개화기 지식인의 환상: 천강 안국선의 경우」, 『문학과 지성』 통권34호, 1978(겨울).

김경수, 「구원과 중생重生을 향한 탐색」, 박상륭, 《아겔다마》, 문학과 지성사, 1998.

김경완, 「개화기 기독교 소설 〈금수회의록〉 연구」, 『국제어문』 21, 국제어문학회, 2000.

김경윤, 「최인훈 소설 연구-작가의식의 내면화 문제를 중심으로」, 경북대 석사학위논문, 1984.

김대희, 「安國善氏 大韓今日善後策」, 『二十世紀朝鮮論』, 1907.

김동리, 〈마리아의 회태〉, 『문학사상』, 문학사상사, 2001.3.

김동리, 〈목공 요셉〉, 『김동리 문학전집』 2, 민음사, 1995.

김동리, 〈부활〉, 『김동리 문학전집』 3, 민음사, 1995.

김동리, 《사반의 십자가》, 『김동리 문학전집』 5, 민음사, 1995.

김동리, 『김동리 대표작 선집』 6, 삼성출판사, 1967.
김동리, 「샤머니즘과 불교와」, 『문학사상』, 1972.10.
김동리, 『고독과 인생』, 백민사, 1977.
김동리, 『생각이 흐르는 강물』, 갑인출판사, 1985.
김동리, 「나의 어머니」, 『나를 찾아서-김동리전집』 8, 민음사, 1997.
김동리, 「소꿉동무 선이의 죽음」, 『나를 찾아서-김동리전집』 8, 민음사, 1997.
김명신, 「말씀의 우주에서 마음의 우주로의 편력」, 김사인 엮음, 『박상륭 깊이 읽기』, 문학과 지성사, 2001.
김명인, 「한 허무주의자의 길 찾기」, 류철균 편, 『이문열』, 살림, 1993.
김병익, 「고통의 의미와 세계의 인식」, 《청동의 뱀》, 현대사상사, 1976.
김병익, 「한국 소설과 한국 기독교」, 『상황과 상상력』, 문학과 지성사, 1979.
김병익, 「한국소설과 한국기독교」, 김주연 편, 『현대 문학과 기독교』, 문학과 지성사, 1984.
김병익, 「자연에의 친화와 귀의」, 이재선 편, 『김동리』, 서강대학교출판부, 1998.
김병학, 『한국 개화기 문학과 기독교』, 역락, 2004.
김봉군, 「패륜의 카오스와 어둠 속의 중개자」, 『한국소설의 기독교 의식 연구』, 민지사, 1997.
김사인 엮음, 『박상륭 깊이 읽기』, 문학과 지성사, 2001.
김영찬, 『근대의 불안과 모더니즘』, 소명출판, 2007.
김우규, 「하늘과 땅의 변증법」, 『현대문학』, 1959.1.
김우규 편저, 『기독교와 문학』, 종로서적, 1992.
김윤식, 「이승우론(3)-소설적 허위와 신앙적 진실」, 『작가와의 대화』, 문학동네, 1996.
김윤식, 「김동리의 〈목공요셉〉 3부작」, 『우리 소설과의 대화』, 문학동네, 2001.

김윤식·박상륭·이문재,「우리 소설을 지키는 프로메테우스」, 문학동네, 2003.

김윤식·정호웅,『한국소설사』, 문학동네, 2007.

김인섭,「개화기소설〈성산명경〉에 나타난 기독교변증적 대화와 문학적 수사」,『배달말』 42, 배달말학회, 2008.

김정숙,『김동리 삶과 문학』, 집문당, 1996.

김진수,「되돌아 오는 삶, 불가능한 죽음-'마음의 우주'의 한 풍경」, 박상륭,《평심》, 문학동네, 1999.

김진호,「고탁사최병헌선생약력」,『신학세계』제12권 2호, 1927.

김학준,『한말의 서양정치학 수용 연구-유길준·안국선·이승만을 중심으로』, 서울대학교 출판부, 2002.

김현·최인훈,「변동하는 시대의 예술가의 탐구」, 최인훈,『길에 관한 명상』, 청하, 1980.

김희보,「기독교 문학 서설」, 김우규 편저,『기독교와 문학』, 종로서적, 1992.

류철균 편,『살림작가연구-이문열』, 살림, 1993.

문용식,「백도기의《청동의 뱀》에 나타난 주체 인식의 과정 고찰」,『문학과 종교』제13권 2호, 한국 문학과 종교학회, 2008.

민경배,「한국 교회사」, 종교교재 편찬위원회편,『종교현상과 기독교』, 연세대학교 출판부, 1978.

민경배,『한국기독교회사』, 연세대학교 출판부, 1996.

박덕규,「수직과 수평, 또는 관념과 실제」,『문학정신』, 문학정신사, 1990.

박상륭,《아겔다마》, 문학과 지성사, 1998.

박상륭,〈역증가〉,《소설법》, 현대문학, 2005.

박상륭·김사인,「누가 저 공주를 구할 것인가」, 김사인 엮음,『박상륭 깊이 읽기』, 문학과 지성사, 2001.

박혜선 역,『만종일련』, 성광문화사, 1985.

백도기,〈본시오 빌라도의 수기〉,『문학사상』170, 1986.

백도기,「작가노트-더 많은 '열림'을 위하여」,『우리시대 우리작가』 15, 동아출판사, 1987.
백홍철,「기독교와 한국의 현대소설」,『동서문화』, 계명대학교 동서문화연구소, 1967.
변선환,「탁사 최병헌과 동양사상」, 숭전대 부설 한국기독교문화연구소 편,『한국기독교의 존재이유』, 숭전대출판부, 1985.
성민엽,「기독교 문학의 가능성」,『우리시대 우리작가』 15, 동아출판사, 1987.
성민엽,「불온한 문학, 그리고 진실」, 이승우,《미궁에 대한 추측》, 문학과 지성사, 1994.
소재영,「기독교의 전래와 한국문학」,『기독교와 한국문학』, 대한기독교서회, 1993.
소재영·김경완,『개화기소설과 기독교』, 숭실대학교 출판부, 1994.
소재영·김경완,『개화기 소설』, 숭실대학교 출판부, 1999.
손우성,「하늘과 땅의 비중」,『사상계』 79호, 1960. 2.
손호현,『하나님, 왜 세상에 악이 존재합니까?-화이트헤드의 신정론』, 열린서원, 2005.
송민호,『한국 개화기소설의 사적 연구』, 일지사, 1980.
송지현,「안국선 소설에 나타난 이상주의의 변모양상 연구-〈금수회의록〉과 〈공진회〉를 중심으로」,『한국언어문학』 26, 한국언어문학회, 1988.
심광섭,「탁사 최병헌의 유교적 기독교 신학」,『세계의 신학』, 한국기독교연구소, 2003.
신광철,「탁사 최병헌의 비교종교론적 기독교변증론-〈성산명경〉을 중심으로」,『한국기독교와 역사』 7, 한국기독교역사연구소, 1997.
신춘자,「최병헌의 성산명경」,『수여성기설박사환갑기념논총』, 1989.
안국선,〈금수회의록〉, 황성서적업조합, 1908.
안국선,〈금수회의록〉, 소재영·김경완,『개화기소설과 기독교』, 숭실대학교 출판부, 1994.

안병렬,「초기 한국 기독교 지도자 탁사 최병헌 목사의 이교관」,『민속연구』제8집, 1998.

안회남,〈명상〉,『조광』제3권2호, 1937.2.

안회남,〈나의 어머님〉,『조광』제6권6호, 1940.6.

안회남,〈선고유사〉,『박문』, 1940.6.

양진오,「근대성으로서의 기독교와 기독교담론의 소설화-〈성산명경〉과〈경세종〉을 중심으로」,『어문학』제92집, 한국어문학회, 2006.

여홍상 엮음,『바흐친과 문학 이론』, 문학과지성사, 1997.

오승은,「최인훈 소설의 상호텍스트성 연구-패러디 양상을 중심으로」, 서강대 석사학위논문, 1997.

윤명구,「안국선 연구」, 서울대 석사학위논문, 1973.

윤성렬,「배재학당」,「남기고 싶은 이야기들」,『중앙일보』, 1977.3.12.

은미희,「낯섦과 낯익음, 이승우의 세상 보기」,『작가세계』63, 세계사, 2004.

이광린,「개화파의 개신교관」,『한국개화사상연구』, 일조각, 1979.

이광린,「구한말 옥중에서의 기독교 신앙」,『한국개화사의 제문제』, 일조각, 1986.

이남호 편,『이문열 문학앨범』, 웅진출판, 1994.

이남호,「신의 은총과 인간의 정의」, 이태동 편,『이문열』, 서강대학교 출판부, 2000.

이능화,『조선기독교급외교사』, 조선기독교 창문사, 1928.

이동하,「한국 현대소설에 나타난 기독교의 수용양상 연구-구한말·일제초의 작품〈성산명경〉을 중심으로」,『국어국문학』103, 국어국문학회, 1990.

이동하,『김동리』, 건국대학교 출판부, 1996.

이동하,『한국 소설과 기독교』, 국학자료원, 2003.

이동하,「복음서와 소설 사이의 거리 문제」,『한국 소설과 기독교』, 국학자료원, 2003.

이동하,「〈목공 요셉〉과 〈라울전〉에 대하여」,『한국 소설과 기독교』, 국

   학자료원, 2003.
이동하,「한국 현대소설에 나타난 기독교 비판」,『한국소설과 기독교』,
   국학자료원, 2003.
이동하,「〈본시오 빌라도의 수기〉와 관련된 몇 가지 단상」,『한국소설
   과 기독교』, 국학자료원, 2003.
이동하,「예수 부활 문제에 대한 소설적 접근의 몇 가지 유형」,『한국소
   설과 기독교』, 국학자료원, 2003.
이동하,『한국현대소설과 종교의 관련 양상』, 푸른사상, 2005.
이동하,「복음서의 빌라도, 필로와 요세푸스의 빌라도, 정찬의 빌라도」,
   『한국현대소설과 종교의 관련 양상』, 푸른사상, 2005.
이동하,『한국현대소설과 종교의 관련 양상』, 푸른사상, 2005.
이동하,「김동리 소설과 기독교의 관련 양상」, 곽상순 외,『김동리 문학
   의 원점과 그 변주』, 계간문예, 2006.
이문열,《사람의 아들》, 민음사, 1996.
이문열,『시대와의 불화』, 자유문학사, 2003.
이미란,『한국현대소설과 패러디』, 국학자료원, 1999.
이민자,『개화기 문학과 기독교사상 연구』, 집문당, 1989.
이보영,「기독교문학의 가능성」,『한국소설의 가능성』, 청예원, 1998.
이상설,『한국 기독교 소설사』, 양문각, 1999.
이승만,「옥중전도」,『신학월보』, 1903.5.
이승우,「작가의 말-10년 동안 되물은 질문」,《에리직톤의 초상》, 살림,
   1990.
이승우,《생의 이면》, 문이당, 1992.
이승우,《태초에 유혹이 있었다》, 문이당, 1998.
이승우,《구평목 씨의 바퀴벌레》, 책세상, 2007.
이유식,「속·푸로메테우스적 인간상」,『동리문학이 한국문학에 끼친 영
   향』, 중앙대학교 예술대, 1979.
이재선,『한국개화기소설연구』, 일조각, 1972.
이재선 편,『김동리』, 서강대학교 출판부, 1998.

이태동,「순수문학의 진의와 휴머니즘」, 이재선 편,『김동리』, 서강대학교출판부, 1998.

임금복,『박상륭 소설의 창작 원류』, 푸른사상, 2004.

임금복,『박상륭을 찾아서』, 푸른사상, 2004.

임영천,『기독교와 문학의 세계』, 대한기독교서회, 1991.

임종국, 반민족문제연구소 엮음,『실록 친일파』, 돌베개, 1991

장수익,「인간의 존재 방식에 대한 두 가지 탐구-이승우의《목련공원》과 정찬의《세상의 저녁》」,『문학과 사회』44, 문학과 지성사, 1998.

전대웅,「춘원문학의 주제」,『기독교사상』110호, 대한기독교서회, 1967.

전영택,「기독교문학론」,『기독교사상』창간호, 1957.8.

정한모,「기독교 전교시대와 한국문학」,『기독교와 문학』, 종로서적, 1992.

조동일,『한국문학통사』4, 지식산업사, 1986.

조신권,「안국선 문학에 미친 기독교의 영향」,『현상과 인식』1권3호, 한국인문사회과학회, 1977.

조신권,『한국문학과 기독교』, 연세대학교 출판부, 1983.

조연현,『한국현대문학사』, 성문각, 1964.

최기영,「안국선의 생애와 계몽사상上」,『한국학보』63, 1991.

최기영,「한말 안국선의 기독교 수용」,『한국기독교와 역사』5, 한국기독교역사연구소, 1998.

최명관,『방법서설, 성찰, 데까르뜨 연구』, 서광사, 1989

최병헌,〈삼인문답〉,『대한그리스도인회보』제4권 제12·13호, 1900.

최병헌,『만종일련』, 조선야소교서회, 1922.

최성민,「신 앞에 선 소설(가)의 운명-이승우론」,『작가세계』63, 세계사, 2004.

최원식,「『비율사 전사戰史』에 대하여: 아시아의 연대 II」,『문학과 역사』제1집, 1987.

최인훈,『길에 관한 명상』, 청하, 1980.
최인훈,『꿈의 거울』, 우신사, 1990.
최인훈,《화두》1, 민음사, 1994.
최인훈, 〈라울전〉,《우상의 집》, 문학과 지성사, 1995.
최인훈,「나에게 있어《광장》이전과 이후」,『문학과 사회』35호, 1996.
최재선,「한국현대소설에 나타난 신정론 연구」,『문학과 종교』13권2호, 한국 문학과 종교학회, 2008.
최재선,「〈한국 현대소설에 형상화된 신의 공의와 섭리〉에 대한 토론문」,『2009년 한국문학과 종교학회 여름학술대회 자료집』, 한국 문학과 종교학회, 2009.
최종수 역,「문예비평론」, 박영사, 1974.
하응백,「고향과 욕망」,《목련공원》, 문이당, 1998.
한승옥,「기독교와 소설문학」, 소재영 외,『기독교와 한국문학』, 대한기독교서회, 1993.
황정현,「신소설 연구」, 집문당, 1997.
황헌식,「한국기독교문학의 모색」,『기독교사상』, 1982. 1.
황효숙,「한국 현대 기독교 소설 연구-1960~70년대 소설을 중심으로」, 경원대학교 박사학위논문, 2008.
Alfred Adler, 설영환 역,『심리학해설』, 선명사, 1987.
A. N. Whitehead, Religion in the Making, New York: Macmillan Company, 1926.
바트 D. 에이먼,「정통 그리스도교에 대한 도전: 유다복음이 제시하는 또 다른 관점」, 로돌프 카세르·마빈 마이어·그레고르 부르스트, 김환영 역,『예수와 유다의 밀약 유다복음』, 네셔널 지오그라픽, 2006.
쿠르트 호호프, 한숭홍 역,『기독교 문학이란 무엇인가?』, 두란노, 1992.
David Hume, Dialogues Concerning Natural Religion, in Principal Writings on Religion including Dialogues Concerning Natural Religion and The Natural History of Religion, ed. J. C. A.

Gaskin, Oxford and New York: Oxford University Press, 1993.
Elaine Pagels, 하연희 역,『숨겨진 복음서 영지주의』, 루비박스, 2006.
F. 짐머만 지음, 이기상 옮김,『실존철학』, 서광사, 1987.
Julia Kristeva,「말, 대화, 그리고 소설」, 여홍상 엮음,『바흐친과 문학이론』, 문학과지성사, 1997.
Linda Hutcheon, 김상구·윤여복 공역,『패러디 이론』, 문예출판사, 1995.
Linda Hutcheon, A Poetics of Postmodernism-History, Theory, Fiction. New York & London: Routledge, 1988.
로돌프 카세르·마빈 마이어·그레고르 부르스트, 김환영 역,『예수와 유다의 밀약』, 내셔널 지오그라피, 2006.
Melvin Rader·Bertram Jessup, 김광명 역,『예술과 인간가치』, 이론과 실천, 1994.
Stephan A. Hoeller, 이재길 역,『이것이 영지주의다』, 샨티, 2006.
Steve Mason, 유태엽 역,『요세푸스와 신약성서』, 대한기독교서회, 2002.
Tremper Longman III, 전의우 역,『어떻게 창세기를 읽을 것인가?』, 한국기독학생회출판부, 2006.
Umberto Eco, The Name or the Rose. Tranas William Weaver. New York : Harcout Brace Jovanovich, 1983.
Willis Barnstone, 이동진 역,『숨겨진 성서2』, 문학수첩, 1994.
Willis Barnstone, 이동진 역,『숨겨진 성서3』, 문학수첩, 2006.
「사유하는 소설가 이승우」,『창조문예』, 2003.1. http//www.changmun.com.

색인

R

R군에게 53

ㄱ

가가와도요히꼬 299
가룟 유다 196
가룟 유다에 대한 증언 195
가사 상태 157
개화기 소설 68
게일 77
경교 17
경세종 44
고니시 유키나가 18
고목화 43
공의 281
공종구 279
공진회 72
관념성 277
관념소설 162
관념적 보수주의 293
교회사 203
구경적 125
구속사 142, 223
권력 216
권영민 86, 90
그노시스 59, 185, 243, 316
그레고리오 세스페데스 18

근대성 73
근대의식 73
근대적 정치성 69, 89, 90
금수회의록 43, 69, 83
금지규범 261, 265, 315
기독교 구국론 85
기독교 변증설 96
기독교적 상상력 16
기독교적 세계관 16
기독교적 인간학 119
기독교 전승 131
김경수 166
김동리 52, 125
김동인 48
김명신 167
김명인 294
김범우 21
김병익 25, 33, 194
김윤식 240
김인섭 98
김진수 163
김필수 44
김현 290
김홍집 21
김희보 35

ㄴ

나그함마디 문서 57

내재적 패러디 172
눈물 45
니이체 299

ㄷ

다정다한 40
대언자 249
대자적 존재 318, 320
데까르뜨 227
도스토예프스키 299
동양적 이상향 101
동양적 전통사상 126
동정녀 133
동정녀 마리아 133

ㄹ

라울전 281
로버트 토마스 22
린다 허천 169

ㅁ

마리아의 탄생에 관한 복음 138
마리아의 회태 131, 132
마태오 가명 복음 140
마테오 리치 19
만종일련 96, 104
메시아 콤플렉스 167
멜빈 레이더 15
명령규범 315
명문 49
모노이무스 61
목공 삼부작 131
목공 요셉 131, 142
몽유록 형식 98
몽조 42
무녀도 52

무신론적 실존주의 318
무정 47
미학적 자의식 279

ㅂ

박계주 52
박상륭 162, 221
박연폭포 45
반아 42
방거 77
방법적 자각 280
배화교 312
백도기 189
백악춘사 40
백철 47
버트람 제섭 15
변증 신학자 94
보석반지 53
본디오 빌라도 196, 198
본시오 빌라도의 수기 195
본질적 저항 281
부벽루 45
부활 131, 149
불가지론 284
비교 종교론 96
빌립복음서 59

ㅅ

사도신경 213
사람의 아들 297
사르트르 318
사반의 십자가 132, 151
사실성 279
사탄 268
삼대 51
삼인문답 106
상록수 52

상호텍스트성 170
생의 이면 250, 266
생의 형식 125
샤머니즘 141
샤머니즘적 세계관 166
서구적 근대성 68, 69
선악과 254, 261, 263, 315
섭리 281
성교정도 19
성민엽 194, 218, 250
성산명경 42, 95
성서 모티프 161, 166
성서무오설 192
성서유오설 192
성장담 142
성찰적 자의식 279
성호사설 19
세계 내 존재 237
셩산유람긔 95
소외 16
소재영 30
소현세자 18
속성 165
송상일 194
순애보 52
스크랜튼 23
스티븐 휠러 61
신성 252
신소설 68
신앙으로 49
신정론 282
신채호 50
신춘자 98
실낙원 254
실력 양성론 84
실존 281
실존자 181
실존적 224
실존적 자아 236, 266

실존적 주체 292, 298
실존주의 317
심훈 52

ㅇ

아겔다마 162, 172
아담 225
아담 샬 18
아벨 237
아펜젤러 23
아하스 페르츠 307
안국선 43, 69
안토니우스 벨릭스 198
안회남 73
알레고리 290
알렉산더 윌리엄슨 23
알렌 23
양진오 95
언더우드 23
에덴 230, 240
에리직톤의 초상 248
에온 63, 244, 262, 317
에켄드리야 240
역증가 221
연설법방 91
염상섭 51
영지주의 56, 59, 185, 243, 316
영지주의자 149
예언자 248
옥중전도 77
요세푸스 208
요셉 133
욕망 251, 261, 270
용과 용의 대격전 50
우화소설 86
우화적 86
움베르토 에코 169

원유가 114
월하의 고백 41
유가적 세계관 111
유다복음 185
유대전쟁사 202, 208
유월절 143, 309
이광수 47
이남호 297
이능화 76
이동하 97, 148, 155, 196, 300, 302
이레네우스 57
이문열 293
이벽 20, 21
이보영 298
이상설 299
이상춘 45
이상협 44
이수광 19
이승교 41
이승만 76
이승우 248
이승훈 20
이시스 311
이원긍 76
이익 19
이 잔을 49
이해조 43
인간적 고뇌 139
인력거꾼 53
인본주의 299
인성론 116

ㅈ

자기 지식 60
자유의지 227, 261, 315
자이니즘 240
장수익 250
장자 221
재봉춘 44
쟁도불공설 41
전능성 284
전도 169
전선성 284
전영택 31, 50
전통적 윤리의식 147
정치적 메시야 178
정한모 29
조로아스터교 312
조명희 53
조선책략 21
조신권 86
족장 내러티브 238
종교변증설 108
종교적 콤플렉스 165
종로감옥 75
주요섭 53
지봉유설 19
진리복음서 59

ㅊ

창세기 223, 253
창세 모티프 223, 237
창세 설화 222
창세 신화 259
창조 223
창조론 112
책임 216
천당 53
천주실의 19
천치? 천재? 51
천황점문 81
청동의 뱀 189
초현실성 141
최병헌 42, 94
최서해 53

최인훈 277
최재선 282
축자영감설 192

ㅋ

카인 234
카타콤 200
칼 구츨라프 22
클라우디아 프로큐라 199

ㅌ

탄생담 138
탄생 모티프 305
태초에 유혹이 있었다 252
테르툴리아누스 160
토론체 98, 100
토론체 소설 98
토마스 복음 146
통종교적 165
티베리우스 200

ㅍ

판켄드리야 240
패러디 169
포르시우스 베스도 198
폭력성 251
표면적 패러디 172

ㅎ

하박국 288
하와 225
하이데거 318
합리적 이성 133
허균 20
허무주의적 낭만주의 293
현대성 271

현세주의 299
현세 지향적 298
현존 227
현존재 232
형이상학적 난해성 163
형이상학적 초월성 250
호교주의 34
홍유한 20
화수분 51
화이트헤드 284
환몽구조 99
황준헌 21
황헌식 32
홈 283

차봉준 車奉俊

숭실대학교 철학과 및 동대학원 국어국문학과 졸업(문학박사)
창조문학 신인문학상 수상(평론부문)
제주대학교 교육과학연구소 특별연구원 역임
부천대학 교양학과 강사 역임
現) 숭실대학교 국어국문학과 강사
　　서강대학교 게임교육원 강사
　　숭실대학교 한국문예연구소 연구원

저서 및 논문

『기독교 전승의 소설적 형상화와 작가의식』(인터북스, 2009)
『한국 기독교문학 연구총서』1·2(박문사, 2010, 공편)
『작가작품론의 정체성과 이데올로기』(박문사, 2010, 공저)
『패러디, 관계와 소통의 미학』(인터북스, 2011)
「최인훈 패러디 소설 연구」(2001)
「조세희 소설의 생태학적 상상력 연구」(2008)
「소설의 심미성과 생태학적 상상력」(2008)
「한국 현대소설에 형상화된 신의 섭리와 공의」(2009)
「이승우 소설의 대언적 행위에 대한 세 가지 탐색」(2010) 등 다수

숭실대학교 한국문예연구소 학술총서 29
한국 기독교소설 작가작품론

초판 인쇄	2011년 8월 12일
초판 발행	2011년 8월 22일

지 은 이	차봉준
책임편집	홍선아
발 행 처	도서출판 지식과 교양
등 록	제2010-19호
주 소	132-908 서울시 도봉구 창5동 320번지 행정지원센터 B104호
전 화	02-900-4520 / 02-900-4521
팩 스	02-900-1541
전자우편	kncbook@hanmail.net

ⓒ 차봉준 2011 All rights reserved. Printed in KOREA

ISBN 978-89-94955-34-6 93230　　　　　정가 24,000원

저자와 협의하여 인지는 생략합니다. 잘못된 책은 바꾸어 드립니다.
이 책의 무단 전재나 복제 행위는 저작권법 제98조에 따라 처벌받게 됩니다.

이 도서의 국립중앙도서관 출판도서목록(CIP)은 e-CIP홈페이지(http://www.nl.go.kr/ecip)에서
이용하실 수 있습니다. (CIP제어번호: CIP2011003429)